DIE GEHEIMEN AUFNAHMEN AUS DEM WEISSEN HAUS

Das Buch

Auf Anweisung von John F. Kennedy installierten Mitarbeiter des Secret Service im Juli 1962 ein ausgeklügeltes Tonaufzeichnungssystem im Oval Office. Die Aktion war streng geheim, nur wenige Eingeweihte wussten davon. Erstmals erscheinen jetzt Auszüge dieser Gespräche in Buchform. Sie ermöglichen Einblicke in sämtliche Entscheidungsprozesse der Kennedy-Administration auf höchster Ebene. Wir erleben hautnah die Zeit der Kubakrise mit, den »Marsch auf Washington« auf dem Höhepunkt der Bürgerrechtsdebatte, die Zeit des frühen Engagements in Vietnam sowie den Beginn des Weltraumrennens. Die Aufzeichnungen bieten zudem einen faszinierenden Einblick in den Arbeitsalltag eines Präsidenten und vermitteln ein Gefühl dafür, was es bedeutet, das mächtigste Amt der Welt innezuhaben – und wohl auch das einsamste.

Der Autor

John F. Kennedy (1917–1963), Mitglied der Demokratischen Partei, war von 1961 bis 1963 der 35. Präsident der Vereinigten Staaten. Er war der jüngste gewählte US-Präsident und der bislang einzige Katholik in diesem Amt. Die Hintergründe seiner Ermordung sind bis heute nicht geklärt.

JOHN F.

KENNEDY

DIE GEHEIMEN AUFNAHMEN AUS DEM WEISSEN HAUS

Mit einem Vorwort von

CAROLINE KENNEDY

Herausgegeben von

TED WIDMER

Aus dem Amerikanischen von
Helmut Dierlamm und Dagmar Mallett

List Taschenbuch

Besuchen Sie uns im Internet:
www.list-taschenbuch.de

MIX
Papier aus verantwortungsvollen Quellen
FSC® C014496
FSC
www.fsc.org

Lizenzausgabe im List Taschenbuch
List ist ein Verlag der Ullstein Buchverlage GmbH, Berlin
1. Auflage März 2015

Titel der amerikanischen Originalausgabe: *Listening in: The Secret White House Recordings of John F. Kennedy*
(Hyperion, New York)
Umschlaggestaltung: bürosüd° GmbH, München,
nach einer Vorlage von Katja Maasböl, Hamburg
Titelabbildung: © Jacques Lowe
Satz: Dörlemann Satz, Lemförde
Gesetzt aus der Stempel Garamond
Papier: Pamo Super von Arctic Paper Mochenwangen GmbH
Druck und Bindearbeiten: GGP Media GmbH, Pößneck
Printed in Germany
ISBN 978-3-548-61224-9

INHALT

ZWEI – POLITIK

DREI – BÜRGERRECHTE

VIER – KUBA

FÜNF – DIE BOMBE

SECHS – RAUMFAHRT

SIEBEN – VIETNAM

ACHT – DIE WELT, WIE SIE IST

NEUN – GLANZ UND BÜRDE

VORWORT

CAROLINE KENNEDY

Immer wieder erlebe ich, dass Menschen mir erzählen, Präsident Kennedy habe ihr Leben verändert. Sie traten dem Friedenscorps bei, sie kandidierten bei Wahlen, sie engagierten sich in ihrer Nachbarschaft oder reisten in den Weltraum – weil er sie dazu aufgefordert hatte, weil er sie davon überzeugt hatte, dass sie etwas bewirken können.

Die Generation, der er als Vorbild diente, hat die Welt verändert – sie kämpfte für Bürgerrechte, Frauenrechte, Menschenrechte und nukleare Abrüstung. Sie hat diesen Geist an uns, die Kinder und Enkel, weitergegeben. Als erster wirklich moderner Präsident bestimmte mein Vater die zeitlosen Werte Amerikas für die Menschen weltweit neu und forderte jeden Einzelnen auf, Verantwortung zu übernehmen, diese Welt gerechter und friedlicher zu machen.

Heute, fünfzig Jahre nach seiner Präsidentschaft, ist die Zeit meines Vaters bereits Geschichte und schwindet aus dem Gedächtnis der Lebenden. Aber Präsident Kennedys Worte, sein Vorbild und sein Geist sind nach wie vor lebendig. In einer Zeit, in der viele junge Menschen von der Politik enttäuscht sind, müssen wir uns generationenübergreifend bemühen, uns wieder auf diese Ideale zu berufen.

In unsicheren Zeiten, wie wir sie jetzt erleben, wirkt die Zukunft bedrohlich, und die Herausforderungen, denen wir uns ge-

genübersehen, erscheinen nahezu unüberwindlich. Aber die Geschichte erinnert uns daran, dass Amerika und seine Verbündeten schon früher schwierige und gefährliche Zeiten durchgemacht und über die Gefahren triumphiert haben.

Die vorliegenden Tonaufzeichnungen sind deshalb ein faszinierendes Dokument, weil die historische Perspektive unsere Sichtweise derjenigen Ereignisse verändert, die wir gegenwärtig miterleben. Darüber hinaus bestimmen viele der Themen, die jene Zeit bewegten – die Überwindung der Rassendiskriminierung, die Forderung nach wirtschaftlicher Gerechtigkeit, die Frage der Interventionen der USA im Ausland –, auch weiterhin die öffentliche Diskussion. Zu sehen, wie in vergangenen Zeiten in der Schaltzentrale der Macht mit diesen Fragen, Problemen und Konflikten umgegangen wurde, kann uns lehren, Gefahren zu erkennen, kann uns Richtlinien an die Hand geben, kann uns helfen, gegenwärtige Krisen zu bewältigen.

Nach dem Schweinebucht-Fiasko ließ mein Vater verborgene Aufnahme-Mikrofone im Oval Office installieren, um später genau nachvollziehen zu können, wer was gesagt hatte, sollte es über den genauen Ablauf eines Gesprächs Meinungsverschiedenheiten geben. Mein Vater war nicht nur ein eifriger Leser, sondern auch Autor mehrerer Bücher zur Geschichte. Er wollte daher dieses Material außerdem als Quelle für die Memoiren nutzen, die er nach seiner Amtszeit zu schreiben plante. Die über 265 Stunden Bandaufzeichnungen von Gesprächen, die jetzt in der Kennedy Presidential Library in Boston abrufbar sind, gewähren einen Einblick in die Größenordnung, Komplexität und Bandbreite der Probleme, denen ein Präsident sich tagtäglich gegenübersieht. Sie vermitteln auch einen Eindruck von der menschlichen Seite des Amtes. Wir erleben die Begeisterung, die Enttäuschungen und sehen, mit welcher Zielstrebigkeit und Umsicht mein Vater seinen Dienst an der Allgemeinheit versah.

Die Rohfassung dieser Gespräche ist oft schwer verständlich und verwirrend, die Tonqualität häufig mangelhaft – manchmal ahnt man kaum, wer gerade spricht. Die Familienangehörigen wie auch die Kennedy Presidential Library arbeiten daran, diese Aufzeichnungen für die Allgemeinheit zugänglich zu machen. Im

Rahmen dieser Arbeit legen wir hiermit eine Sammlung wichtiger Auszüge in einer für ein Lesepublikum aufbereiteten Form vor.

Wir freuen uns, dass wir Ted Widmer als Herausgeber und Experten für diese Dokumente gewinnen konnten. Ted ist ein Historiker, der sich bestens auskennt mit der Geschichte der amerikanischen Präsidentschaft. Er arbeitete als Redenschreiber für Präsident Clinton, gab für die Library of America die zweibändige Anthologie berühmter amerikanischer Reden heraus und hat Bücher und Aufsätze zur amerikanischen Geschichte verfasst. Wir wollten in dieser Sammlung die aussagekräftigsten Momente aus den Aufzeichnungen präsentieren und so einen Einblick in das Denken des Präsidenten und die menschlichen Qualitäten geben, die ihn so werden ließen, wie er war: ernsthaft, entschlossen, neugierig, skeptisch, ungeduldig, hartnäckig, prinzipientreu und humorvoll. Ted hat die Bänder abgehört, transkribiert, die Auswahl vorgenommen und die Anmerkungen geschrieben.

Ich danke den Archivaren und Angestellten der Kennedy Presidential Library und der National Archives and Record Administration, denen die Konservierung, Katalogisierung, Archivierung und Analyse der Dokumente, Tonbänder, Filme, Memorabilia und Ephemera obliegt, also derjenigen Zeugnisse, aus denen Geschichte konkret besteht.

Für mich war das Abhören dieser Tonbänder ein überwältigendes Erlebnis. Ich war damals zwar noch zu klein, um zu verstehen, was um mich herum vor sich ging, aber ich erinnere mich noch an glückliche Nachmittage, die ich unter dem Schreibtisch meines Vaters verbrachte. Ich aß Süßigkeiten und bastelte Halsketten aus Büroklammern, während über mir Männerstimmen über ernste Dinge sprachen. Besonders berührt mich auf den Bändern immer die Freude in der Stimme meines Vaters, wenn mein Bruder und ich in den Raum kommen.

CAROLINE VERSTECKT SICH UNTER DEM *RESOLUTE*-SCHREIBTISCH IM OVAL OFFICE, 16. MAI 1962

Ich hoffe, dass jüngeren Zuhörern die vorliegende Auswahl interessant genug erscheint, um in ihnen den Wunsch nach weiterer Beschäftigung mit Kennedys Präsidentschaft zu wecken, und ich bin mir sicher, dass jene, die sich noch selbst an diese Zeit erinnern, neue Einsichten aus ihr gewinnen werden. Ich hoffe, dass die Leser unmittelbar in das Geschehen hineingezogen werden und dass sie das Gefühl bekommen, die Persönlichkeit meines Vaters aus einem neuen Blickwinkel zu sehen. Am meisten hoffe ich aber, dass sie sich angeregt fühlen, seinem Beispiel zu folgen und ihrem Land so zu dienen, wie er es getan hat.

DIE GEHEIMEN AUFNAHMEN AUS DEM WEISSEN HAUS

VORIGE SEITE:
MIT VERTEIDIGUNGSMINISTER MCNAMARA UND
DEM VORSITZENDEN DER VEREINIGTEN STABSCHEFS,
GENERAL MAXWELL TAYLOR, 25. JANUAR 1963

EINFÜHRUNG

TED WIDMER

»Wir sind umgeben von Mythen, die uns vom Weg abbringen«, sagte John F. Kennedy in einer Rede am 11. Juni 1962 an der Yale University. Kennedy verbrachte einen Großteil seines Lebens damit, die Mythen zu entlarven, mit denen er konfrontiert war. Als Senator hielt er wichtige Reden, in denen er die binäre Logik des Kalten Krieges auf weit abgelegenen Schauplätzen wie Vietnam und Algerien in Frage stellte. Als Historiker fühlte er sich zu dem einsamen Häuflein von Personen hingezogen, die den Mut besaßen, selbst zu denken. Mit seinen Ansichten schonte er auch ihm nahestehende Menschen nicht, etwa als er, noch am College, den pazifistischen Idealismus der Briten kritisierte, die ihr Land in den dreißiger Jahren angesichts der Bedrohung durch Nazi-Deutschland nicht auf den Krieg vorbereiteten. Das war ein impliziter Vorwurf nicht zuletzt gegen seinen Vater Joseph P. Kennedy, was allerdings ihr Verhältnis zueinander nicht getrübt zu haben schien.

Einen Monat nach der Rede an der Yale University führte er erneut einen Schlag gegen die Mythenbildung. Um Missverständnisse, Ungenauigkeiten und womöglich Schlimmeres zu vermeiden, verlangte Kennedy, dass alle Gespräche im Weißen Haus auf Tonband aufgezeichnet wurden. Im Juli 1962 installierten deshalb Mitarbeiter des Secret Service ein Bandaufzeichnungssystem im Oval Office und im Kabinettsaal des Weißen Hauses. Die Gründe dafür wurden weder von Kennedy noch von sonst jemandem je erklärt. Sogar die Existenz des Aufzeichnungssystems wurde streng geheim gehalten und war nur sehr wenigen Menschen bekannt. Evelyn Lincoln, die Sekretärin des Präsidenten, wusste davon – sie war für den Betrieb des Systems und die Archivierung der Bänder zuständig. Robert Kennedy wusste wahrscheinlich davon. (Tatsächlich griff er einige Jahre später auf die Bänder zurück, als er seine Erinnerungen an die Kubakrise, *Dreizehn Tage*, verfasste.) Wir können es aber nicht mit letzter Gewissheit sagen.

Was sich jedoch mit Gewissheit sagen lässt, ist, dass die Resultate dieser Aufzeichnungen historische Dokumente von herausragender Bedeutung darstellen. Die Bandgeräte haben eine ungeheure Menge an Informationen aufgezeichnet – 248 Stunden Gespräche im Oval Office und im Kabinettsaal sowie 17,5 Stunden Telefongespräche und diktierte private Gedanken. Sie bilden heute eine außerordentlich wichtige Quelle für die Forschung. Sie ermöglichen Einblicke in sämtliche grundsatzpolitischen Entscheidungsprozesse der Kennedy-Administration auf höchster Ebene. Und sie bieten einen sehr seltenen, faszinierenden Einblick in den Arbeitsalltag eines Präsidenten, in das, was er eigentlich *tut*. Wir bekommen minutengenau mit, was es heißt, das wichtigste Amt der Welt innezuhaben, das wahrscheinlich auch das einsamste ist. Auch frühere Präsidenten hatten schon Versuche in dieser Richtung unternommen – Kennedys drei Amtsvorgänger Franklin D. Roosevelt, Harry Truman und Dwight D. Eisenhower hatten jeweils vereinzelte Gespräche aufzeichnen lassen. Aber Kennedys Projekt hatte andere Dimensionen.

Robert Bouck, der Secret-Service-Mitarbeiter, der die Anlage einbaute, gab 1977 in einem Gespräch im Rahmen eines Oral-History-Projekts Auskunft darüber. Allerdings waren seine Erinnerungen bereits ein wenig verblasst. Zu Boucks Verantwortung gehörte unter anderem der Schutz des Präsidenten vor elektronischer Überwachung, also war er bestens dafür geeignet, ein solches Aufnahmesystem für den Präsidenten zu konzipieren. Er installierte ein Mikrofon im Fußraum des berühmten *Resolute*-Schreibtischs und ein weiteres getarntes auf dem niedrigen Tisch zwischen den beiden Sofas, wo der Präsident oft mit Besuchern Platz nahm.

Kennedy konnte das Gerät mit einem Druckknopf unter dem Schreibtisch anschalten. Bouck sagte: »Er sah aus wie ein gewöhnlicher Klingelknopf, mit dem man die Sekretärin ruft.« Auch auf dem Sofatisch gab es einen Druckknopf, nahe den Sesseln, wo die entspannteren Gespräche stattfanden.

Im Kabinettsaal befanden sich die Mikrofone an der Stelle ehemaliger Lampenanschlüsse, die jetzt von Vorhängen verdeckt waren. An seinem Platz am Kabinetttisch hatte Kennedy einen weiteren Schalter, um die Aufnahme zu starten. Die Mikrofonkabel führten zu einem Tandberg-Spulentonbandgerät, das in einem Kellerraum stand, den Evelyn Lincoln als Abstellraum nutzte. Bouck wechselte jeweils die bespielten Bänder gegen neue aus. Er nahm an, dass auch Evelyn Lincoln Aufnahmen machen konnte, war sich da aber nicht sicher. Nicht lange nach der Installation dieses Systems erweiterte Kennedy die Aufnahmepraxis beträchtlich, indem er ein weiteres Gerät einrichten ließ, mit dem er seine Telefongespräche aufzeichnen konnte. Diese Anrufe, aufgezeichnet auf sogenannten Dictabelt-Geräten der Firma Dictaphone,[1] stellen eine wesentliche Ergänzung der Aufzeichnungen dar und haben gewöhnlich auch eine bessere Tonqualität. Die Telefon- und Dictabelt-Aufnahmegeräte wurden separat eingebaut. Bouck nahm an, dass der Präsident auch in seiner Wohnung Aufnahmen machen konnte. Es gibt aber keine konkreten Belege, die diese Vermutung stützen.

Leider äußerte Bouck sich kaum zu der Schlüsselfrage, *warum* der Präsident ausgerechnet im Juli 1962 anfing, seine Gespräche aufzuzeichnen. Bouck vermutete, dass »die Spannungen mit den Russen damals ziemlich groß waren, und ich glaube, dass es ihm ursprünglich darum ging, Übereinkommen aufzuzeichnen, die diese Beziehungen betrafen«. Diese Theorie ist nicht unbegründet: Während des Schweinebucht-Fiaskos vom April 1961 wurde Kennedy in zahlreichen Fällen von den Planern dieser Operation,

---

1 Diese Aufnahmetechnik verwendete einen Plastikstreifen als Endlosschlaufe, in die eine Nadel Rillen, ähnlich wie in eine Schallplatte, presste. Es handelt sich also nicht um eine magnetische, sondern um eine mechanische Aufzeichnung. Das Dictabelt war der direkte Nachfolger des Wachszylinders.

darunter der CIA und den Vereinigten Stabschefs, falsch informiert, und es wäre ihm in der Zukunft sicher zustattengekommen, ihre allzu optimistischen Prognosen auf Band zu haben. In einem Interview für *Newsweek* 1982 vermutete Evelyn Lincoln, dass die Schweinebucht tatsächlich der Auslöser für die Bandaufnahmen war.

Aber es ist schwer zu erklären, warum Kennedy dann noch ein Jahr wartete, bis er das neue System einbauen ließ. Warum nicht schon im Sommer 1961? Warum verwandelte sich das Oval Office im Juli 1962 plötzlich in ein geheimes Tonstudio? Diese Frage wird vielleicht für immer unbeantwortet bleiben. Vielleicht spielte eine gewisse Begeisterung für Technik im Allgemeinen und die Fortschritte bei der Tonaufzeichnung im Besonderen ebenfalls eine Rolle. Es gab kaum eine Zeitschrift, die nicht in ihren Anzeigen auf die neuesten Stereoanlagen hinwies, und der norwegische Hersteller Tandberg war unter Audiophilen ein Begriff. Hierher gehört vielleicht auch, dass am 23. Juli 1962 *Telstar 1*, der erste Nachrichtensatellit, die allererste Live-Fernsehübertragung über den Atlantik schickte. Die Welt vernetzte sich, und alle wollten dabei sein.

Das Schweinebucht-Fiasko hatte die Kennedy-Administration gelehrt, wie schwerfällig die Kommunikationsmittel des Weißen Hauses waren, und als eine direkte Folge des Desasters modernisierte McGeorge Bundy, Kennedys Nationaler Sicherheitsberater, den Westflügel und ließ die neuesten technischen Spielzeuge im frisch eingerichteten Situation Room einbauen. In jenen Zeiten der sich rapide verändernden Technologien erschien es vielleicht sinnvoll, den Informationsmitteln des Präsidenten auch Tonbänder hinzuzufügen. Und zwar sehr diskret, denn natürlich waren die Gespräche weiterhin nicht für fremde Ohren bestimmt. Dass er den Einbau von Mitarbeitern des Secret Service ausführen ließ, deutet darauf hin, dass Präsident Kennedy die Bänder unter strikter persönlicher Kontrolle behalten wollte. Er hätte diese Geräte auch von Angehörigen des Militärs einbauen lassen können, aber das wäre einem größeren Publikum bekannt geworden. Diese Operation war eng begrenzt angelegt.

Gewiss gab es außer militärischen auch politische Gründe, die

Gespräche aufzuzeichnen. Im Zusammenhang mit den Rassenunruhen vor allem in Alabama und Mississippi musste Präsident Kennedy schwierige Verhandlungen mit den Gouverneuren führen, die nach einer Möglichkeit suchten, die Spannungen zu entschärfen und gleichzeitig ihr Gesicht zu wahren. Während dieser oft sehr erregten Gespräche wäre es für den Präsidenten ein Verhandlungsvorteil gewesen, den Gouverneuren erklären zu können – so, wie es Robert Kennedy offenbar getan hat –, dass ihre vertraulichen Zusagen, mit der Bundesregierung zusammenzuarbeiten, aufgezeichnet worden waren. Eine Bekanntmachung dieser persönlichen Versprechungen hätte den Gouverneuren zu Hause natürlich nicht gut zu Gesicht gestanden. Gleichzeitig hatte Kennedy keine Probleme damit, das eine vom anderen zu trennen. Gegenüber dem Bürgermeister von Jackson in Mississippi sagte er: »Ich gestatte Ihnen gern, in der Öffentlichkeit gegen mich zu reden, solange Sie es nicht unter vier Augen tun!«

Vielleicht hatte Präsident Kennedy auch im Hinterkopf, dass es interessant sein könnte, zu erfahren, was gesprochen wurde, wenn er einmal den Raum verließ, während das Band weiterlief. Allerdings gibt es keinen Beleg dafür, dass er sich solche Stellen angehört hat. Evelyn Lincoln hat später sogar gesagt, er habe sich die Bänder, soweit sie wisse, überhaupt nie angehört. Aber es gibt einen bezeichnenden Augenblick auf dem Höhepunkt der Kubakrise, als Kennedy den Raum verlässt und seine heftigsten Kritiker, die Generäle LeMay und Shoup, sich über seinen Führungsstil beklagen. Selbst wenn Kennedy diese nun wirklich nicht für seine Ohren bestimmten Bemerkungen nie abgehört hat – es ist ungemein faszinierend, dass wir dazu heute in der Lage sind, und wir können nur froh sein, dass keiner von LeMays skrupellosen Vorschlägen für einen Einmarsch auf Kuba und die Entfesselung eines Atomkriegs berücksichtigt wurde. In einem der letzten freigegebenen Bänder, das seit Januar 2012 nicht mehr der Geheimhaltung unterliegt, klärt Verteidigungsminister McNamara den Präsidenten darüber auf, dass einer seiner Marinebefehlshaber Insubordination beging, indem er gegen ausdrücklichen Befehl ein sowjetisches Schiff versenken wollte, was einmal mehr vor Augen führt, wie knapp die Welt damals an einer Katastrophe vorbeischrammte.

Ein Grund für die Tonaufzeichnungen dürfte immerhin auch in dem ausgeprägten historischen Bewusstsein des Präsidenten gelegen haben, der sich dem Urteil der Geschichte verpflichtet fühlte und daher wichtige Gespräche für zukünftige Generationen festhalten wollte. Eine naheliegende These, die vor allem durch die Tatsache gestützt wird, dass Kennedy das Band auch bei Besprechungen laufen ließ, in denen er nicht mit Kontroversen rechnen musste.

Das Problem, um das es hier geht, ist so alt wie das Präsidentenamt selbst: Wie erfahren wir, was die Menschen, denen wir so große Macht verleihen, denken und sagen? Denn haben sie nicht eine gewisse Verpflichtung, uns gegenüber Rechenschaft abzulegen? George Washington, der erste Präsident der Vereinigten Staaten, führte Tagebuch – ein ziemlich lückenhaftes Tagebuch mit nur wenigen Einträgen, die von größerem Interesse sind. (Der erste Eintrag, fünf Monate nach Amtsantritt, lautet: »Am Vormittag mit der Kutsche ausgefahren.«) Aber immerhin, er führte eins. Und wie viel weniger wüssten wir über Lincoln, wenn seine Sekretäre Nicolay und Hay nicht ihre detailreichen persönlichen Aufzeichnungen über ihn hinterlassen hätten. Doch im Allgemeinen wissen wir fast nichts darüber, was die Präsidenten hinter verschlossenen Türen gesagt haben. Wir haben ihre Briefe und die offiziellen Schriften, aber keinerlei »O-Ton«. Das ist ein bedeutender Verlust.

Wie Woodrow Wilson und Theodore Roosevelt war auch John F. Kennedy selbst Historiker – sein Buch *Profiles in Courage (Zivilcourage)* mit Porträts bedeutender Senatoren erhielt 1957 den Pulitzer-Preis in der Kategorie Biografie –, und er muss auch an seinen persönlichen Beitrag zur Geschichte gedacht haben. Dass Präsidenten der Vereinigten Staaten ihre Memoiren schreiben, hat eine lange Tradition. Thomas Jefferson begann 1821 im Alter von siebenundsiebzig Jahren, »einige Erinnerungen an Daten und Fakten bezüglich meiner selbst« niederzuschreiben, kam allerdings damit nicht bis zum Zeitpunkt seiner Wahl im Jahr 1800. Lincoln verfasste 1860 für seinen Wahlkampf eine Art Lebenslauf. Grant ist berühmt als der erste Präsident, dessen Erinnerungen zum Bestseller wurden – obwohl auch er nicht über seine Präsidentschaft schrieb. Theodore Roosevelt schaffte es dann 1913, auch über seine Jahre im Weißen Haus zu schreiben, und fast alle seine Nachfolger fühlten sich dadurch offenbar verpflichtet, es ihm gleichzutun. So lief eine ganze Armada von Autobiografien vom Stapel, die Roosevelts Umweltschutzbestrebungen eigentlich zuwiderliefen, da sie wohl den einen oder anderen Wald vernichtet haben dürften. Aber bei den meisten dieser mühsam abgefassten Elaborate hat man das deutliche Gefühl, hier wolle jemand sich ein Denkmal meißeln.

Die Kennedy-Tonbänder sind etwas prinzipiell anderes. Hier sehen wir den Präsidenten bei der Arbeit. Kein Meißel in Sicht. Er denkt nach, spricht, argumentiert – völlig unbefangen. Und er stellt von Zeit zu Zeit auch Reflexionen über sich selbst an, als ob er an seinen Memoiren in gesprochener Form arbeite – ein »Hörbuch« sozusagen, lange bevor es diesen Begriff gab. Bei einigen wichtigen Anlässen spricht er direkt in ein Diktafon, um seine Eindrücke eines historischen Ereignisses festzuhalten – am ersten Tag der Kubakrise oder als er von der Ermordung des südvietnamesischen Präsidenten Ngo Dinh Diem erfährt.

Über John F. Kennedy ist so viel geschrieben worden, dass es nur angemessen erscheint, ihn jetzt endlich selbst sprechen zu lassen. Kennedy spielte oft selbstironisch auf seine noch zu schreibenden Erinnerungen an, besonders wenn die Dinge nicht gut liefen, und nur allzu prophetisch war seine Voraussage, der Titel des Buches werde lauten: *Kennedy – The Only Years* (»Kennedy – Die einzige Amtszeit«). Zwei der Aufnahmen in dieser Sammlung stammen aus der Zeit vor der Präsidentschaft und zeigen, dass Kennedy bereits Anfang 1960, kurz nachdem er Präsidentschaftskandidat geworden war, intensiv über seinen bisherigen Lebensweg nachdachte. Diese beiden Tondokumente können als eine Art erste Skizze für das Buch gelten, das leider nie geschrieben wurde.

Unmittelbar nach dem tödlichen Attentat auf Kennedy baute Bouck das Aufnahmesystem ab, und die Bänder traten eine lange Reise durch Lagerhäuser und Regierungsdepots an, bis 1979 die Kennedy Presidential Library eröffnet wurde. Es ist unmöglich, genau nachzuvollziehen, was mit ihnen im Lauf dieser Jahre geschah und ob welche verlorengegangen sind. Einige Aufnahmen waren zwar zwischenzeitlich in Privatbesitz übergegangen,

PRÄSIDENT KENNEDY
AM TELEFON WÄHREND EINES
WAHLKAMPFBESUCHS
IN MCKEESPORT, PENNSYLVANIA,
13. OKTOBER 1962

aber sie sind wieder aufgespürt und der Sammlung eingegliedert worden.

Die Existenz der Bänder kam im Sommer 1973 ans Licht. Alexander Butterfield, ein Mitarbeiter von Präsident Nixon, hatte am 16. Juli während der Watergate-Anhörungen im Kongress erwähnt, dass die Gespräche des Präsidenten routinemäßig aufgezeichnet würden. Ein Sturm der Entrüstung brach los. Der weitere Verlauf der Anhörungen und auch Nixons rasch sinkender Stern wurden davon stark beeinflusst. Aber auch die Präsidentenbibliotheken fühlten sich zu einer Reaktion genötigt, und im selben Sommer noch erklärte die Kennedy Library, auch sie habe Tonbänder eines Präsidenten im Archiv. Inzwischen wissen wir, dass Tonaufzeichnungen unter den Präsidenten des zwanzigsten Jahrhunderts üblich waren. Fast jeder Präsident, von Franklin D. Roosevelt bis Ronald Reagan, zeichnete irgendwann einmal seine Gespräche auf.[2] Franklin D. Roosevelt hatte im Sommer 1940 mit einem Aufnahmesystem experimentiert, das Toningenieure der Firma RCA installiert hatten. Ein Mikrofon befand sich in einer Schreibtischlampe, ein zweites im Telefon des Präsidenten, aber nach 1940 ließ Roosevelts Interesse wieder nach, und es sind nur fünfzehn Stunden Bandaufzeichnungen überliefert. Harry Truman experimentierte kurz mit dem System und ließ es dann wieder abbauen. Von ihm gibt es neuneinhalb Stunden Aufnahmen in minderer Tonqualität. Dwight D. Eisenhower zeigte sich der Sache gegenüber aufgeschlossener, und aus Unterlagen geht hervor, dass er etwa zwei Dutzend Besprechungen aufnehmen ließ, aber die erhaltenen Tondokumente bieten nur wenig Interessantes.

Was 1962 einsetzte, war ein Programm ganz anderer Größenordnung. Sowohl was den Umfang als auch was die Tonqualität

---

2 Jimmy Carter war die einzige Ausnahme. Kennedys Nachfolger Lyndon B. Johnson zeichnete noch mehr Gespräche auf als sein Vorgänger, nämlich 9300 Telefongespräche und 200 Stunden Besprechungen. Nach Nixons Rücktritt war dessen Nachfolger deutlich vorsichtiger. Gerald Ford nahm nur wenig auf. Ronald Reagan setzte verstärkt Videoaufzeichnungen ein, und auch einige seiner Gespräche wurden aufgezeichnet, aber dies längst nicht in der Größenordnung wie bei Kennedy, Johnson und Nixon.

betrifft, bedeuteten die Kennedy-Tonbänder einen wahren Quantensprung.

Auch wenn die Kennedy-Bänder durchaus keine Neuerung und kein Einzelfall waren, sorgten sie doch für eine große Überraschung vor allem unter den Vertrauten Kennedys. Ted Sorensen, Redenschreiber und einer der engsten Mitarbeiter des Präsidenten, erklärte, er sei »schockiert«. Andere führende Mitarbeiter – McGeorge Bundy, Robert McNamara und Arthur Schlesinger jr. – bekannten, sie hätten nichts davon gewusst. Die Bänder fallen in jeder Hinsicht aus dem Rahmen, wenn man sie mit anderen Zeugnissen aus Kennedys Präsidentschaft vergleicht: Es sind weder offizielle Dokumente noch klassische JFK-Reden, noch Pressekonferenzprotokolle. Die Bänder sind nicht für die Öffentlichkeit aufbereitet oder überhaupt für sie bestimmt, sondern sie sind einfach historisches Rohmaterial, das besonders die harte und alles andere als glamouröse Arbeit dokumentiert, die es bedeutet, einen riesigen Staatsapparat zu lenken. Man vergisst leicht, dass dieser so außerordentlich fotogene Präsident tatsächlich jeden Tag zur Arbeit ging und den größten Teil seiner Zeit in Besprechungen verbrachte, um seine innen- und außenpolitischen Ziele umzusetzen. Dabei beschwichtigte er Senatoren und Abgeordnete, setzte sich hier und da mit sanftem Druck durch und besprach mit seinem fleißigen Mitarbeiterstab Strategien. Der Stab stellt die Nebenrollen in diesem Schauspiel. Jeder sekundenkurze Fototermin ist das Ergebnis vieler Stunden solcher Besprechungen, wie sie hier festgehalten wurden. Das Oval Office ist ein wichtiger Audienzsaal, aber er ist gleichzeitig der Kesselraum eines Staatsschiffs.

Zunächst war unklar, was mit den Bändern geschehen sollte. Anfänglich galten sie als Privateigentum der Familie Kennedy. Mit der Zeit setzte sich die allgemeine Meinung durch, dass sie in ein öffentliches Archiv gehörten. Entsprechend übergab die Familie sie 1976 an die National Archives. Ab 1983 machte die Kennedy Presidential Library die Bänder dann Historikern zugänglich. Das ging allerdings nicht von heute auf morgen: Teile der Besprechungen wurden auf Musikkassetten überspielt, und die Archivare fertigten, so gut es ging, Transkriptionen dazu an. Die ersten Freigaben bezogen sich auf bestimmte Themenkomplexe, wie etwa die

Bürgerrechtsbewegung, und waren nur für einen vergleichsweise kleinen Kreis von Forschern gedacht.

Mittlerweile stehen uns gottlob ganz andere technische Möglichkeiten zur Verfügung. Die Kennedy Presidential Library hat inzwischen die Bänder nicht nur komplett freigegeben, sondern sie auch ins Internet gestellt, sodass man sie als Stream jederzeit und überall anhören kann. Das vorliegende Buch ist eine erste Auswahl aus dem Gesamtkonvolut. Im Januar 2012 wurden die letzten fünfundvierzig Stunden Bandaufzeichnungen freigegeben, die bis in die dritte Novemberwoche 1963 – nicht nur, wie bisher angenommen, in die erste – reichen. Das Audioarchiv ist damit praktisch vollständig.[3]

Natürlich kann man von fünfzig Jahre alten Aufzeichnungen nicht erwarten, dass sie technisch perfekt sind. Die Tonqualität schwankt sehr. Ganz offensichtlich hatte man im Amtssitz der fortschrittlichsten Nation der Welt noch einige Schwierigkeiten, die menschliche Stimme aufzuzeichnen. In Evelyn Lincolns Erinnerungen gibt es eine amüsante Anekdote, in der sie und Präsident Kennedy gemeinsam versuchen, eine Gegensprechanlage zwischen ihren jeweiligen Arbeitsplätzen zu installieren, aber aufgeben, als sie sich eingestehen müssen, dass sie beide keine Ahnung haben, wie man sie bedient. Mit den Tonbändern klappte es besser, aber die Qualität der Aufnahmen war oft vom Zufall abhängig. Mitunter überschneiden sich zwei Stimmen, und jemand, der nahe am Mikrofon spricht, klingt begreiflicherweise viel lauter als ein entfernter Sprecher. Manchmal schwindet die Lautstärke ohne Grund oder steigt plötzlich an. Sogar das Rascheln von Papier kann erschreckend laut klingen. All dies vermittelt ein Gefühl von Authentizität und erinnert daran, wie simpel das Aufnahmesystem im Grunde war. Oft läuft das Band noch lange weiter, wenn längst alle den Raum verlassen haben. Einmal konnte ich hören, wie irgendwo weit entfernt Weihnachtslieder gesungen wurden.

---

3 Einige Lücken bleiben allerdings bestehen, entweder aus Gründen der nationalen Sicherheit oder wegen privater Verfügungen. Beide Formen der Freigabebeschränkung wurden und werden nach wie vor daraufhin überprüft, ob sie im Einzelfall noch zutreffen.

Eine weitere Schwierigkeit stellte die Transkription dar. Es ist eine langwierige und mühselige Arbeit, eine Unterhaltung abzuhören und aufzuzeichnen, besonders wenn mehrere Menschen gleichzeitig aus verschiedenen Ecken des Raums sprechen. Man sollte daher beim Lesen stets bedenken, dass die von mir erstellte Fassung nur eine größtmögliche Annäherung an das gesprochene Wort repräsentiert. Für die National Archives gilt im Übrigen auch nur das Tonband selbst als offizielles Dokument, nie eine Transkription. In der vorliegenden Veröffentlichung sind schwerverständliche Wörter in eckige Klammern gesetzt oder mit der Anmerkung »unverständlich« versehen.

Die Auswahl möchte ein möglichst breites Spektrum von Kennedys Besprechungen und Telefonaten bieten. Natürlich kommen alle großen Ereignisse vor, und der Leser stößt erwartungsgemäß auf Abschnitte über die Kubakrise und die Bürgerrechtsbewegung. Aber es werden auch andere Themengebiete behandelt, um die ganze Bandbreite dieser ehrgeizigen Regierung zu zeigen, die erst eine fehlgeschlagene Invasion Kubas unternahm, sich dann in der schlimmsten atomaren Konfrontation der Geschichte durchsetzte, danach die Atomtests erfolgreich einschränkte und sich gleichzeitig das Programm der bemannten Mondfahrt auf die Fahnen schrieb, die Wirtschaft stärkte und gegenüber den Entwicklungsländern eine neue Außenpolitik verfolgte, die den Kalten Krieg überwand, sowie eine immense Fülle an technischen und sozialen Fortschritten förderte, deren bedeutendster wohl der Kampf um gleiche Rechte für alle US-Bürger war.

Man hört in diesen Gesprächen Gelächter, Verärgerung, Enttäuschung und Überschwang. Das macht diese Zeugnisse so menschlich. Vielleicht erwarten wir von unseren Präsidenten eine gewisse Übermenschlichkeit, aber die vorliegenden Aufzeichnungen erinnern uns daran, dass im Oval Office Menschen aus Fleisch und Blut arbeiten. Einige der bemerkenswertesten Telefongespräche zeigen das besondere Verhältnis, das zwischen den Mitgliedern des kleinen Clubs amerikanischer Präsidenten besteht. Kennedy und Eisenhower hätten nicht verschiedener sein können, aber der Rat des vierunddreißigsten Präsidenten war dem fünfunddreißigsten, besonders während Perioden akuter militärischer

Bedrohung, offenbar sehr wichtig. Während der Kubakrise war Eisenhowers Unterstützung von unschätzbarem Wert und half Kennedy, Wogen zu glätten, die bereits gefährlich hoch schlugen. Außerdem begannen die beiden einander offenbar zu mögen. Eines der Telefonate während der Kubakrise endet mit Kennedys Abschiedsgruß: *»Hold on tight!«* – »Nicht aufgeben!«

Kennedy hat einmal gesagt: »Ich erwarte in meiner Amtszeit eine ununterbrochene Folge von Gefahren und Schwierigkeiten«, und seine Voraussage erfüllte sich nur allzu bald. Die gefährlichste Episode, die Kubakrise, eignet sich besonders gut für eine Aufbereitung mittels Tondokumenten. Fast alle wichtigen Besprechungen wurden vollständig aufgezeichnet, dazu auch viele Telefongespräche, darunter die erleichterten Anrufe Kennedys bei seinen Amtsvorgängern Eisenhower, Truman und Hoover, als die Krise überwunden war. Sich diese Bänder anzuhören heißt, Ohrenzeuge der sich entfaltenden Krise zu werden, wie man es bei Lektüre eines Geschichtsbuchs nie erleben könnte. Auch bei den Ereignissen der Bürgerrechtskonflikte jener Jahre spürt man die unmittelbare Dramatik, von den Freedom Rides im Frühling 1961 (vor Beginn der Bandaufzeichnungen) bis zu den Unruhen in Mississippi und Alabama 1962 und 1963 (die in allen Einzelheiten aufgezeichnet wurden). Die Bänder dokumentieren die komplizierten Verhandlungen mit unwilligen Gouverneuren und Kennedys Verärgerung, in eine Politik hineingezogen zu werden, die einen hohen Preis von ihm forderte, möglicherweise die zweite Amtszeit. Der Weg war oft mühsam und frustrierend, und zwar für alle Beteiligten, auch für die Liberalen, die aus Kennedy gern den großen Bannerträger ihrer Sache machen wollten (auch wenn sie ihn zuvor selten unterstützt hatten). Aber die Bänder zeigen auch, wie er im Lauf des Jahres 1963 immer mehr zu der Überzeugung gelangt, dass die Zeit reif sei für einen großen moralischen Kreuzzug, und er war gewillt, ihn anzuführen. Oft sagt der Tonfall in diesen Besprechungen und Telefonaten mehr als die gesprochenen Worte. Man hört Kennedys Nachdruck, als er Gouverneur Ross Barnett von Mississippi mahnt, die Anordnungen der Regierung zu befolgen, und Barnetts mürrisches Nachgeben. Wir hören die Wut in der Stimme von Martin Luther King, die nichts Besänftigendes mehr hat wie noch in seiner Rede »I Have a Dream«.

Ein Tag, der 28. August 1963, zeigt besonders, wie viele dieser Problemfelder sich in jener turbulenten Zeit überschnitten. Kurz nachdem King seine berühmte Rede während des Marsches auf Washington gehalten hatte, wurden die Führer der Bürgerrechtsbewegung zu einer außergewöhnlichen Strategiesitzung ins Oval Office gebeten. In dieser Besprechung forderte A. Philip Randolph, der betagte Vorsitzende der Vereinigung der Pullman-Schlafwagenschaffner, der ersten rein afroamerikanischen Gewerkschaft, den Präsidenten auf, die Führung der Bewegung zu übernehmen. Dieser Moment wird umso bedeutsamer, wenn man weiß, dass auf einer der frühesten Tonaufnahmen aus dem Oval Office, im Jahr 1940, ebenjener A. Philip Randolph im Grunde dasselbe von Franklin D. Roosevelt gefordert hatte. Inzwischen war er alt geworden, aber jetzt drang seine Botschaft durch: Der Präsident antwortete mit einem langen Diskurs über den einzuschlagenden politischen Weg und wessen Stimmen er dafür brauchen würde – eine andere Art, auszudrücken, dass es jetzt endlich voranging.

Ungefähr sechs Stunden zuvor hatte eine lange Mittagskonferenz über Vietnam versucht, die amerikanische Südostasienpolitik zu retten. Und diese Besprechung hatte weitreichende Folgen. Es kann einen schwindlig machen, wenn man bedenkt, mit wie vielen Schlüsselproblemen sich das Oval Office stündlich befassen musste. So geschützt und abgeschottet das Weiße Haus auch wirken mag, es ist doch nicht völlig von den Ereignissen auf der Straße abgeschnitten: Wenn man genau hinhört, so glaubt man im Hintergrund die Demonstranten auf der Mall marschieren und ihre Bürgerrechte einfordern zu hören, während im Vordergrund über das Vorgehen in Vietnam entschieden wird. An diesem einen Nachmittag und in diesem einen Raum wurde ein Gutteil der Geschichte der sechziger Jahre gemacht.

Natürlich haben nicht alle Probleme, die auf den Bändern zur Sprache kommen, dieses Gewicht. Ich habe versucht, die Auswahl nach Themenbereichen zu gliedern, aber sie repräsentiert nur einen Bruchteil der gesamten Aufzeichnungen. Historiker, die sich mit den Amtszeiten anderer Präsidenten befassen, sind vielleicht überrascht, wenn sie sehen, wie gründlich JFK sich auch mit Fragen befasste, die er ebenso gut an Mitarbeiter hätte delegieren können. Die Besprechungen decken einen großen Teil der Regierungsarbeit ab, die von den rein kommunalen Problemen von Provinzpolitikern bis hin zu den internationalen Fragen, die Kennedy vordringlich beschäftigten, reichte und noch weiter bis in den Weltraum. Unnachgiebig hakte er bei seinen Beratern nach, wenn es um politische Strategien ging, um mögliche Schwachstellen, um die zu erwartenden Folgen. Vor Augen hatte er stets die Notwendigkeit, seine ehrgeizige Agenda durch den Kongress zu bekommen, denn es hatte wenig Sinn, idealistische Positionen zu vertreten, wenn man sie nicht umsetzen konnte. In vielen der Besprechungen geht es darum, die Zustimmung des Parlaments zu erhalten, oft indem er die Senatoren einzeln um ihre Stimmen bittet. Gleichzeitig gab es den beständigen Druck, über Washington hinauszudenken und den mächtigen Motor der US-Regierung in Gang zu halten, im eigenen Land wie in der ganzen Welt. Kennedy wird sich beim Außenministerium nicht beliebt gemacht haben, wenn er lange Konferenzen über jede denkbare Weltgegend abhielt, oft mit ausländischen Ministern und Botschaftern, die gewiss überrascht waren, so direkt mit dem Führer der freien Welt sprechen zu können.

Deutlich wird, dass er seine Arbeit liebte. Er genoss die Möglichkeit, Ideen in Taten umzusetzen. Kennedy nannte das Präsidentenamt »das eigentliche Aktionszentrum in unserer Regierung«. Die Besprechungen zeigen einen Mann, der in diesem Zentrum wirklich agiert. »Das Präsidentenamt ist der entscheidende Ort«, sagt der Noch-nicht-Präsident in einem Gespräch mit Freunden am 5. Januar 1960, das am Anfang des vorliegenden Buchs wiedergegeben wird – und dann immer wieder: »Es ist der Sitz der gesamten Macht«, »Es ist das Zentrum des Geschehens«, und: »Es ist der Präsident, der wirklich etwas bewegt«.

Die hier veröffentlichten Bänder belegen, wie recht Kennedy hatte. Seine Energie – sein Elan, um ein Modewort der damaligen Zeit aufzunehmen – ist spürbar. Er drängt seine Berater, härter zu arbeiten und gründlicher nachzudenken. Oberflächliche Antworten lässt er nicht gelten. Er treibt die Konferenz voran, trommelt mit den Fingern auf dem Tisch, stellt kurze Fragen und geht über Irrelevantes hinweg wie ein Schreiner mit dem Hobel. In Telefongesprächen drängt er den Gesprächspartner mit ständigen kurzen Ja's, zum Punkt zu kommen, bis ein abschließendes »Alles klar« das Gespräch abrupt beendet. Manchmal spürt man Kennedys Ungeduld, wenn er es mit langsameren Sprechern zu tun hat (Averell Harriman oder Dean Rusk zum Beispiel).

Als er bei dem erwähnten Abendessen im Jahr 1960 gefragt wurde, welchen Grund er einem Collegestudenten angeben würde, in die Politik zu gehen, erwidert er, dass die Politik eine Gelegenheit sei, an der Lösungen von Problemen mitzuwirken, die einem wichtig sind. Das war eine untertriebene Art zu sagen, dass man sich in der Politik den großen Herausforderungen der Zeit stellen und vielleicht auf diese Weise jener Definition des Glücks nahekommen kann, die Kennedy so gern zitierte: »Ein Leben zu führen, das es uns gestattet, unsere ganze Kraft einem hohen Ideal zu widmen.« Der Einsatz war hoch, der Lohn auch, aber die Schwierigkeiten waren es ebenfalls. Heute, wo wir es gewohnt sind, dass man über Politik und Politiker voller Verachtung spricht, ist es ermutigend zu sehen, mit welchem Eifer Kennedy und sein Stab die vor ihnen liegenden Probleme angingen.

Kennedys Führungsstil kann man nur als unorthodox bezeichnen. Er bevorzugte ruhelose Geister, wie er selbst einer war, und mochte es, wenn ihm auch mal jemand widersprach – wie es NASA-Leiter James Webb in einer der Besprechungen tut. Es war bekannt, dass Kennedy den förmlichen Stil der Eisenhower-Regierung mit ihren inszenierten Konferenzen, die kaum echte Diskussionen zuließen, ablehnte. Er sagte offen: »Kabinettssitzungen sind völlig sinnlos. Warum sollte der Postminister sich bei einer Besprechung unserer Probleme in Laos langweilen?«

Folglich waren die informellen Gespräche im Oval Office umso wichtiger für die Festlegung von Kennedys »New Frontier«-Kurs.[4] Und wie es aussieht, sind Kennedy und seine Mit-

4 Kennedy verwendete den Begriff von der »New Frontier« als Synonym für das Neuland, das er in den Bereichen Wissenschaft, Außenpolitik, Bildung und Soziales zu betreten gedachte.

arbeiter mit dieser Arbeitsweise gut gefahren. Nicht alle Besprechungen führten zu positiven Ergebnissen. Für Vietnam gab es im Herbst 1963 mehrere Möglichkeiten des weiteren Vorgehens, von denen keine Kennedy befriedigen konnte, und der gewaltsame Staatsstreich vom 2. November beunruhigte ihn sehr, wie ein privat diktiertes Memorandum belegt. Ein weiteres vertrauliches Diktat vom 12. November zeigt ihn besorgt im Hinblick auf seine Wiederwahl, weil er die Bürgerrechtsbewegung unterstützte. Es gab also durchaus dunkle Wolken am Horizont, aber der Charakter der Präsidentschaft, wie ihn die ausgewählten Aufnahmen zeigen, ist der einer konsequenten Anpassung an die Anforderungen der Zeit und der entschlossenen Führung der Nation, gemäß dem Wahlkampfversprechen von 1960.

Als Historiker wusste Kennedy, dass die Beliebtheit eines Präsidenten schnell schwinden kann und zahlreichen Faktoren unterliegt, auf die er keinen Einfluss hat. Verärgert beklagte er sich einmal bei Arthur Schlesinger jr., dessen Vater 1948 das Ranking-System entwickelt hatte, dem die Präsidenten bis heute nicht entkommen können: »Wie zum Teufel wollen die Leute die Leistung eines Präsidenten beurteilen? Nur der Präsident selbst weiß, unter welchem Druck er steht und welche Alternativen er hat.«

Indes steht Kennedy im Ranking der Präsidenten weiterhin ziemlich weit oben, wenn auch aus Gründen, die er wahrscheinlich missbilligen würde oder die zumindest seinen feinen Sinn für Ironie herausfordern würden. Er verachtete jede Form von Sentimentalität, und die ist nur allzu oft im Spiel, wenn von John F. Kennedy gesprochen wird. Was er bewunderte, war schonungsloser Realismus. Kritiker werden darauf hinweisen, dass er vor allem am Anfang seiner Karriere der Nutznießer einer gutgeölten PR-Maschinerie war und späterhin von jener sentimentalen Camelot-Nostalgie profitierte, die bis heute immer wieder beschworen wird. Die Aufnahme der Bänder im Jahr 1962 und ihre endgültige Freigabe 2012 hat viel dazu beigetragen, der sentimentalen Sichtweise eine Abfuhr zu erteilen und das Wesen dieser Präsidentschaft wieder ins rechte Licht zu rücken.

Mythen haben ihre Berechtigung: Wir erzählen sie uns in Form von Geschichten, um komplizierte Angelegenheiten begreiflich zu machen. Und das Präsidentenamt ist gewiss eine komplizierte Angelegenheit. Aber letztlich zog John F. Kennedy die historische Sichtweise vor, denn ihre Urteile beruhen auf Tatsachen.

Die Öffentlichkeit sollte die Politik der Vergangenheit ebenso auf den Prüfstand stellen können wie die der Gegenwart. Im Fall Kennedy ist dies nun, dank der vorliegenden Bandaufnahmen und nach Abschluss der fünfzigjährigen Arbeit, die zu ihrer Freigabe führte, besser denn je möglich. Wenn wir auch nicht genau wissen, was Präsident Kennedy dazu bewogen hat, diesen bemerkenswerten Vorratsspeicher an Informationen anzulegen: Seien wir ihm dankbar, dass er es getan hat. Ich hoffe, dass die Leserinnen und Leser dieses Buches die Gespräche aus dem »Zentrum des Geschehens« – unzensiert und ungefiltert – mit Genuss und Gewinn lesen werden.

In der Rede an der Yale University, die ich eingangs erwähnte, formulierte John F. Kennedy es so:

Der große Feind der Wahrheit ist sehr oft nicht die Lüge – absichtlich, zweckgerichtet und unaufrichtig –, sondern der Mythos – hartnäckig, verführerisch und unrealistisch. Allzu oft halten wir an den Klischees unserer Vorfahren fest. Wir ordnen alle Fakten in ein vorgefertigtes Schema ein. Wir genießen die Bequemlichkeit einer Meinung ohne die Unbequemlichkeit des Denkens.

Heute, dank der vorliegenden Bänder, können die Leserinnen und Leser den Mythos hinter sich lassen und sich selbst ein Urteil über diese Präsidentschaft bilden.

EINS

GESCHICHTE

VORIGE SEITE:
PRÄSIDENT KENNEDY IN NEW ROSS, IRLAND, 27. JUNI 1963

John F. Kennedy war zwar der jüngste je gewählte Präsident und ein großer Erneuerer in einem Zeitalter der Modernisierung, doch er besaß auch einen ausgeprägten Sinn für seine Verbundenheit mit der amerikanischen Geschichte. Er lud Historiker zum Arbeiten und für Vorträge ins Weiße Haus ein, und anders als die meisten anderen Präsidenten schloss er sich auch formell ihrer Zunft an, indem er, wie vor ihm Theodore Roosevelt und Woodrow Wilson, der American Historical Association beitrat. Er war sehr belesen in amerikanischer und britischer Geschichte und schrieb selbst über eine für einen vielbeschäftigten Politiker überraschende Bandbreite von Themen. Sein Buch *Profiles in Courage (Zivilcourage)* porträtiert die großen und kleinen Helden der Geschichte unter Vermeidung all jener berühmten Namen, die 1957 für einen Bestseller eigentlich unabdingbar schienen – Lincoln, Jefferson, Washington. Stattdessen widmete Kennedy sich bewusst den eher Unbekannten (wer kannte schon Edmund Ross?) oder den Bekannten, aber nicht besonders Beliebten (Daniel Webster) und schrieb damit nicht nur einen Bestseller, sondern gewann auch noch den Pulitzer-Preis.

Aber *Profiles in Courage* ist nur ein Aspekt in Kennedys Auseinandersetzung mit der Geschichte. Es ist ein Gemeinplatz, zu betonen, wie bedauerlich es sei, dass ihm kein längeres Leben vergönnt war, aber es ist bemerkenswert, wie viel er in dieser kurzen

Zeit erlebt und erreicht hat. Kurz vor Ausbruch des Zweiten Weltkriegs besuchte er Nazi-Deutschland. Er wurde Zeuge der beunruhigenden Debatten im britischen Unterhaus, als England überlegte, wie auf Hitler zu reagieren sei. Berühmt wurde seine Militärzeit auf einem abgelegenen Pazifikstützpunkt während des Kriegs. Im Frühling 1945 berichtete er dann als frischgebackener Reporter über die Gründungskonferenz der Vereinten Nationen in San Francisco und malte ein hoffnungsvolles Bild der künftigen Weltpolitik. Einen Monat später besichtigte er mit dem US-Verteidigungsminister und Oberkommandierenden der alliierten Streitkräfte, Dwight D. Eisenhower, das zerbombte Berlin. All das lag bereits hinter ihm, als er 1946 seine politische Karriere begann.

Obwohl die sechziger Jahre vor allem eine Zeit der Erneuerung waren, färbte doch die Geschichte alle großen Ereignisse in Kennedys Präsidentschaft. Der hundertste Jahrestag des Amerikanischen Bürgerkriegs etwa hatte ohne Frage direkten Einfluss auf die US-amerikanische Bürgerrechtsbewegung und auf die Weltlage insgesamt (Kennedy nannte den Kalten Krieg einen »globalen Bürgerkrieg«). Der Irrsinn der Materialschlachten des Ersten Weltkriegs war noch nicht aus dem öffentlichen Gedächtnis verschwunden, und 1962 war Kennedy von Barbara Tuchmans Buch *The Guns of August (August 1914)* so beeindruckt, dass er es für jeden Militärstützpunkt landesweit anschaffen ließ. Die Brisanz dieses Buchs, das der Frage nachgeht, wie Nationen sich in einen selbstzerstörerischen Krieg hatten ziehen lassen, konnte am Vorabend der Kubakrise größer nicht sein. Und natürlich war der Zweite Weltkrieg das Erlebnis, das alle führenden Politiker der Vereinigten Staaten und weltweit miteinander teilten.

Kennedys Geschichtsbewusstsein schlug sich daher auch ganz selbstverständlich in den Gesprächen nieder, die er aufzeichnete. Zwei bemerkenswerte Tonbänder von Anfang 1960 zeigen, wie intensiv er sich mit den Umständen befasste, die für sein Leben bestimmend waren, von Naturgewalten bis zu den kleinen Zufällen des Alltags, die ihn schließlich zum höchsten erreichbaren Ziel in der amerikanischen Politik führen sollten. Auf einem der Bänder pariert er gutgelaunt Fragen und Spekulationen einer Gruppe von Freunden während eines Abendessens in Georgetown, auf einem anderen stellt er sehr ernsthafte Reflexionen über sein Leben an. Vielleicht wollte er – verständlich für einen Präsidentschaftskandidaten – seine Motive und Ziele erläutern oder dem amerikanischen Volk erzählen, woher er eigentlich kam – so, wie Lincoln, als er ein Jahrhundert zuvor für die Präsidentschaft kandidierte, eine kurze autobiographische Skizze verfasst hatte. Aber wahrscheinlicher ist, dass Kennedy eine Art Erinnerungsbuch plante, Memoiren, die er später einmal schreiben wollte, wie er während seiner Amtszeit oft erwähnte. Die vorliegenden Gespräche geben uns einen sehr guten Eindruck davon, wie dieses Buch ausgesehen haben könnte.

Am 3. Oktober 1961 empfing Kennedy eine Gruppe von Historikern, die Schriften von John Adams herausgegeben hatten, des ersten Präsidenten, der im Weißen Haus residiert hatte. Er sagte ihnen sehr offen: »Manche von uns halten es für klug, sich möglichst gut mit den Historikern zu stellen, um sich bei ihnen beliebt zu machen.« Er selbst, fügte er hinzu, halte es eher mit Winston Churchill, der vorausgesagt hatte, er werde in den Geschichtsbüchern gut wegkommen, weil er gedenke, sie selbst zu schreiben.

Das war natürlich nicht ganz ernst gemeint. Kennedy hatte Hochachtung vor dem kritischen Blick der Historiker, zu denen er sich selbst zählte, und er wusste, dass er sich nach dem Ausscheiden aus dem Amt auf jeden Fall ihrem Urteil, das er nicht beeinflussen konnte, stellen musste. So sagte er es auch in einer Rede im Amherst College im Oktober 1963, als er all diejenigen pries, die die Macht in Frage stellen, »denn sie entscheiden darüber, ob wir die Macht benutzen oder die Macht uns«. Aber er hatte auf jeden Fall vor, seine Sicht der Dinge selbst zu erzählen. Die Tonbänder sind ein Anfang.

RUNDFUNK-INTERVIEW, ROCHESTER, MINNESOTA, 1940

Kennedy veröffentlichte sein erstes Buch *Why England Slept* 1940, im selben Jahr, als er seinen Collegeabschluss machte. Es untersuchte die Gründe, warum Großbritannien seine Rüstungsausgaben trotz des Aufstiegs der Nazis in Deutschland nicht erhöht hatte; er bewies ein tiefes Verständnis internationaler Politik, und sein Aufruf an die USA, sich auf einen Krieg vorzubereiten, widersprach in vielen Punkten den Ansichten seines Vaters, des ehemaligen Botschafters in England, Joseph S. Kennedy. Dessen ungeachtet förderte Botschafter Kennedy die Veröffentlichung des Buchs, und eine ganze Reihe einflussreicher Rezensenten besprach es überaus positiv, darunter auch der einflussreichste von allen: Henry R. Luce, der Medienmogul und Gründer der Zeitschriften *Time* und *Life*. Von den vielen Medienauftritten des Autors aus dieser Zeit ist nur die Aufzeichnung eines einziges Rundfunk-Interviews erhalten, das ein Sender in Rochester in Minnesota mit einem sehr jungen John F. Kennedy führte, der gerade erst das College verlassen hatte.

SPRECHER Guten Abend, meine Damen und Herren. Wir freuen uns sehr, heute in unserem Studio Mr John F. Kennedy begrüßen zu dürfen, den Sohn von Botschafter und Mrs Joseph S. Kennedy, der zurzeit in unserer Stadt Dr. und Mrs Paul O'Leary einen Besuch abstattet. Mr Kennedy hat kürzlich das Buch *Why England Slept* veröffentlicht …

(Unterbrechung)

JFK BEI DER ABSCHLUSSFEIER AM HARVARD COLLEGE, 1940

Dieser junge Mann aus Boston hat eine Botschaft, die er auf sehr besonnene, realistische und unaufgeregte Art seinen Landsleuten nicht nur seiner Generation vermitteln möchte. Und jetzt wollen wir auch Ihnen, den geschätzten Hörern, Mr John F. Kennedy – seine Freunde nennen ihn Jack – gern persönlich vorstellen. Bevor wir uns allerdings mit seinem vielbesprochenen Buch befassen, würde ich ihm gern einige Fragen zu seinen bisherigen dreiundzwanzig Lebensjahren stellen. Mr Kennedy, wo haben Sie Ihre Ausbildung erhalten?

JFK Nun, ich war in Harvard. Ich habe diesen Juni gerade meinen Abschluss gemacht.

SPRECHER Und mit welchen Studien befassen Sie sich gegenwärtig?

JFK Ich hatte dort Internationale Politik belegt und möchte in den kommenden drei Jahren Jura an der Yale University studieren.

SPRECHER Darf ich Sie auch nach Ihren weiteren Zukunftsplänen fragen?

JFK Oh, da steht noch nichts fest. Ich würde später gern einmal für die Regierung arbeiten, aber das ist noch nicht entschieden.

JFK SIGNIERT DEM SCHAUSPIELER SPENCER TRACY
EIN EXEMPLAR VON *WHY ENGLAND SLEPT,* NOVEMBER 1940

KENNEDY-WAHLKAMPFLIED, 1952

Vor dem Fernsehzeitalter waren solche Lieder weit wichtiger für den Wahlkampf als heute, und so wurden tatsächlich einige davon aus Kennedys frühen Wahlkämpfen aufgezeichnet. Das folgende stammt aus dem Senatswahlkampf von 1952, in dem Kennedy den Amtsinhaber Henry Cabot Lodge besiegte – hübsch gereimte Gründe, warum man für Kennedy stimmen soll.

When we vote this November,
Let's all remember,
Let's vote for Kennedy!
Make him your selection,
In the Senate election,
He'll do more for you and me!
Look at Kennedy's history,
You'll see it's no mystery,
Why he suits us to a tee.
He's your kind of man,
So do all that you can,
And vote for Kennedy!

PRÄSIDENT HARRY TRUMAN UNTERSTÜTZT KENNEDY
IM SENATSWAHLKAMPF, BOSTON, OKTOBER 1952

BRIEF AN JACQUELINE KENNEDY, CA. 1959

Dieser wahrscheinlich 1958 oder 1959 diktierte Brief zeigt einen recht spottlustigen Kennedy, der seine Frau an seinen ironischen Beobachtungen der Sommerurlauber in Newport, Rhode Island, teilhaben lässt. Die Schriftstellerin Edith Wharton, die zeitweise in Newport lebte, hätte diese Schilderungen des Verhaltens von Angehörigen der amerikanischen Elite sicherlich unterschrieben. Kennedy, der gerade seinen politischen Aufstieg vorbereitete, gehörte dieser Szene natürlich einerseits an, ging aber auch zu ihr auf Distanz.

JFK Liebste Jackie, ich teile diesen Brief in zwei Abschnitte, einen getippten und einen handgeschriebenen. Der maschinengeschriebene enthält den Bericht über meinen Besuch in Newport. Ich bin letzten Freitagnachmittag raufgefahren, und Caroline ist wirklich wunderschön. Miss Shaw.[1] Sie fühlte sich offenbar die ersten drei oder vier Tage dort ziemlich fremd, aber dann hat sie ihren Charme entfaltet, und als ich sie traf, wirkte sie großartig in Form. Yusha[2] hatte seine Zwillinge mitgebracht, die ziemlich slawisch und eher grün aussahen. Er fuhr mit ihnen in seinem Cabrio vor. Die wunderbare irische Amme hatte sie beide auf dem Rücksitz des Buick mit heruntergelassenem Verdeck sechs Stunden lang festgehalten, wovon womöglich ihr Farbton herrührte. Alice sieht so schön und zurückhaltend wie immer aus. Sie läuft Yusha am

1 Maude Shaw war Kindermädchen im Hause Kennedy.

2 High D. »Yusha« Auchincloss (*1927); Stiefbruder von Jacqueline.

PRÄSIDENT KENNEDY MIT JOHN F. KENNEDY JUNIOR
AM BAILEY'S BEACH IN NEWPORT, RHODE ISLAND,
15. SEPTEMBER 1963

Strand zehn Meter weit voraus, und diese Entfernung wird sich vermutlich mit der Zeit vergrößern. Im Herbst will sie ins Actors' Studio[3] eintreten, und das sollte einige Ergebnisse bringen. Sie hat die drei Tage dieses Wochenendes in vertrautem Gespräch mit *(unverständlich)* verbracht. Beide sind Künstler, sie haben viel gemeinsam.

Alle waren zum Golf-Wochenende gekommen. Stanley Mortimer[4] soll Sarah Russell erzählt haben, sie hätten am Abend zuvor eine lange Diskussion gehabt und sich geeinigt, dass Blenheim[5] ein »Gasthaus« sei. Die Smiths waren da, Leverett Shaw und seine Frau. Ich nicht, sondern ich fuhr am Samstag nach Narragansett und habe mit Denny gespielt – Gouverneur Roberts.[6] Ich bin nur den Nachmittag geblieben und am Samstagabend zu den Ishams weitergefahren. John Isham hielt nach dem Essen Reden von der Art, wie wir sie auf der Hochzeit gehört haben. Die Gruppe war sehr nett. Ich wurde in die Küche mitgenommen und den Bediensteten vorgestellt, die gerade erst aus Irland gekommen waren. Ich fand sie netter als die Gäste. Ich traf Chris Dunphey, der mir erzählte, dass Mrs Ayres, Mrs Frasers Schwester, meine politischen Ambitionen nicht recht ernst nimmt und mich daher nicht unterstützen will.

Am Sonntag hab ich mir das Golfturnier angesehen. Bud Palmer und Freddy Cushing haben gewonnen. Bud Palmer und seine Frau bekommen ein Baby. Alle haben nach dir gefragt und wollten wissen, was ich in Newport suche. Ich erwiderte, dass ich gekommen sei, um meine Tochter zu besuchen. Sie war am Strand eine große Attraktion. Ganz offensichtlich liebt sie das Wasser. Ginny Ryan war mit ihren ziemlich schielenden Kindern gekommen und will fünf Wochen bleiben. Miss Shaw macht am Strand die absolut beste Figur. Sie hat einen schönen rotbraunen Badeanzug, der zu

---

3 Schauspielwerkstatt in New York.

4 Stanley Grafton Mortimer jr. (1913–1999), einer der Erben von Standard Oil.

5 Blenheim Palace, der prächtige Sitz der Herzöge von Marlborough; Geburtshaus von Winston Churchill und von Sarah Russell.

6 Dennis Roberts (1903–1994) war von 1951 bis 1959 Gouverneur von Rhode Island.

ihren Haaren passt. Um die Taille hat sie allerdings ein bisschen zugelegt.

Ich bin am Montag mit deiner Mutter zurückgeflogen, die sehr guter Dinge war. Sie hat sehr herzlich von dir und Lee gesprochen. Ich hoffe, du und Lee regt euch nicht auf über diese Geschichten, die Grace und Michael erzählen. Das sind alles nur saure Trauben, und die einzig passende Reaktion darauf ist, ihnen zu sagen, was sie für ein schönes Leben haben und was Stas und Lee[7] für ein schönes Leben … *(Aufnahme verzerrt)* Ich bin sicher, dass Lee, wenn es ihr bessergeht … sehr zufriedenstellend in England. *(Verzerrt)* Sieht so aus, als blieben wir bis zur ersten Septemberhälfte hier, also fällt die Afrikareise aus. Ich füge einen Brief bei *(verzerrt)*, den ich mir zu öffnen erlaubt habe, weil er Nachrichten über unseren geplanten Besuch enthält. Es scheint dort sehr schön zu sein, wenn wir denn hinfahren können. Vielleicht klappt es, wenn nicht dieses Jahr, dann im Dezember. Ich werde …

7 Caroline Lee Bouvier ist die Schwester von Jacqueline; sie war in erster Ehe mit Michael Canfield verheiratet, in zweiter mit Prinz Stanislas Radziwill; Grace Dudley ist Radziwills Ex-Ehefrau.

AUSSCHNITTE AUS EINER UNTERHALTUNG BEIM ABENDESSEN, 5. JANUAR 1960

Am 5. Januar 1960 nahm der Journalist James M. Cannon eine Unterhaltung auf, die er als Gast bei einem Abendessen mit einigen Freunden führte. Das war ziemlich ungewöhnlich zu einer Zeit, als Bandaufnahmen noch aufwendig und teuer waren. Noch ungewöhnlicher war, dass sich unter den Anwesenden ein Präsidentschaftskandidat befand. John F. Kennedy hatte nur drei Tage zuvor, am 2. Januar, erklärt, sich um das Amt bewerben zu wollen. Anwesend im Hause der jungen Kennedys sind zwei gute Bekannte, Ben und Toni Bradlee. Bradlee sollte später als Herausgeber der *Washington Post* während des Watergate-Skandals berühmt werden. 1960 leitete er das Washingtoner Büro von *Newsweek* und nahm wie Kennedy während des *Zweiten Weltkriegs* am Einsatz im Pazifik teil und studierte wie er an der Harvard University. Die Unterhaltung verlief ungezwungen, wie es Bradlee 1975 in seinem Buch *Conversations with Kennedy* schilderte, und Cannon fügte sich perfekt in diesen lockeren Kreis ein. Cannon, Korrespondent der *Newsweek* (später arbeitete er im Stab von Präsident Ford), schrieb gerade an einem Buch mit dem Titel *Politics USA: A Practical Guide to the Winning of Public Office,* das schnell wieder in der Versenkung verschwand. Ebenso erging es den Tonbändern, bis Cannon sie 2007 an die Kennedy Library übergab, mit der Bedingung, dass sie nach seinem Tod in deren Sammlung aufgenommen würden. Er starb im September 2011, und die gesamte Unterhaltung ist damit jetzt der Öffentlichkeit zugänglich. Sie enthält überaus aufschlussreiche und freimütige Bekenntnisse über Kennedys Gesundheitsprobleme, seine privaten Gründe, als Kandidat anzutreten, und seine Sorge, dass er für einen Politiker zu introvertiert sein könnte.

JFK Läuft das Band? Bin ich noch zu verstehen von so weit weg?

BRADLEE *(unverständlich)* Wie kam das? War Joes Tod der Auslöser gewesen?

CANNON Wie kommt es, dass Sie in die Politik gegangen sind? Warum interessieren Sie sich so dafür?

JFK In den Dreißigern haben wir uns, wenn ich nicht in der Schule war, zu Hause immer über Politik unterhalten. Zigarre?

CANNON Alles in Ordnung. Sie müssen nur laut sprechen.

JFK Es ging gar nicht so sehr darum, dass einen die großen Fragen so beschäftigt hätten, sondern es war eher, weil mein Vater sich überhaupt nur für Politik interessiert hat, für die Roosevelt-Regierung.

CANNON Wann haben Sie den ersten Schritt unternommen? Welches Jahr war das?

JFK Januar '46, die Wahl war im Juni.

CANNON Für einen Sitz in …

JFK Im Kongress.

CANNON Welcher Bezirk war das?

JFK Der elfte Kongressdistrikt, für den mein Großvater mal im Kongress gesessen hat. Aber ich kannte überhaupt niemanden in Boston. Ich hatte ja kaum je da gewohnt. Erst kam der Krieg, da war ich natürlich nicht da. Ich war an der Harvard University, davor bin ich auf die Choate School gegangen und habe in New York gewohnt. Also zog ich mit meinem Großvater ins Hotel Bellevue und begann meinen Wahlkampf, viel früher als alle anderen. *(Zu Jacqueline Kennedy und Toni Bradlee: »Wollt ihr euch lieber nach drüben setzen?«)*

BRADLEE Nein, nein, nein.

JFK Das interessiert die anderen doch gar nicht.

TONI BRADLEE O doch!

BRADLEE Wirklich, Jack! Wir finden das toll!

JFK Toni nicht und Jackie auch nicht, das weiß ich.

TONI BRADLEE Doch, Jack! Das interessiert mich sehr.

BRADLEE Blödsinn!

TONI BRADLEE Wenn es dich befangen macht, dann gehen wir …

BRADLEE Es wird alles gekünstelt klingen …

DER PRÄSIDENT UND DIE FIRST LADY MIT BEN UND TONI BRADLEE IN ATOKA, VIRGINIA, 10. NOVEMBER 1963

JACQUELINE KENNEDY Ben hat gesagt, wir sollten unterbrechen und ich soll meine Ansichten einbringen und zeigen, wie gut ich mich auskenne.

BRADLEE Und ihn provozieren! Oder etwa nicht?

CANNON Absolut.

JFK Ihr glaubt wohl nicht, dass das Gerät tatsächlich läuft?

CANNON Es läuft.

BRADLEE Hör auf, es anzustarren.

JFK Gut, dann sind wir jetzt im Januar 1946.

(Unterbrechung)

BRADLEE Und wann kam der Augenblick, in dem du dich wirklich reingekniet hast?

JFK In dem Moment, wo ich angefangen habe, war ich voll dabei, und genauso habe ich es '52 wieder gemacht und jetzt auch. Vielleicht funktioniert das landesweit aber auch nicht. Fang früh an. Sichere dir die Unterstützung von Freiwilligen, Amateuren sozusagen, die viel eher bereit sind, sich schon zu Anfang zu engagieren, und dann kommt lange, lange, lange nichts als Arbeit. Früh anfangen.

CANNON Warum?

JFK Warum man das tun sollte?

CANNON Warum tun Sie es jetzt? Warum machen Sie sich all diese Mühen? Sie sind ein reicher Mann, der sich ein leichtes Leben machen könnte. Warum setzen Sie sich in der Politik ein?

JFK Ich glaube erstens, dass die Belohnung unendlich groß ist.

CANNON Welche denn?

JFK Also, mal angenommen, man hat Jura studiert und gerade den Abschluss gemacht, so wie ich, ich bin gerade von der *(unverständlich)* gekommen, dann würde ich in eine große Kanzlei eintreten und kümmere mich um den Nachlass von irgendeinem Toten, von einem, der gerade gestorben ist, oder vielleicht plage ich mich mit einem Scheidungsprozess herum, irgendwelche Fälle eben, jemand hatte einen Unfall oder so. Kann man das denn vergleichen? Oder nehmt ruhig ernstere Fälle, sagen wir eine Klage gegen die DuPont Company in einem Musterprozess zur Antitrust-Gesetzgebung, ein Verfahren, das zwei oder drei Jahre dauern kann. Wollt ihr behaupten, das sei auch nur halb so interessant, wie als Abgeordneter an einem Gesetzentwurf zum Arbeitsrecht mitzuarbeiten oder eine Rede zur Außenpolitik zu entwerfen? Für mich ist das überhaupt kein Vergleich.

(Unterbrechung)

TONI BRADLEE Kann ich etwas fragen?

JFK Klar.

TONI BRADLEE Will jeder Politiker irgendwann einmal Präsident werden?

JFK So, wie man immer der Chef der Firma werden will, der man angehört, nehme ich an. Aber der wichtigste Unterschied ist dabei, dass das Präsidentenamt heute das Zentrum der Macht überhaupt ist.

(Unterbrechung)

CANNON Sie sagen also, dass Ihr Interesse an der Politik sich erst richtig entwickelt hat, nachdem Sie angefangen hatten, sie zu betreiben. Ist das richtig?

JFK Na ja, nein … also, zum Teil. Politik hat mich eigentlich nicht fasziniert. Am College habe ich mich auch nicht politisch betätigt.

CANNON Es brauchte also erst das befriedigende Erlebnis, mit einer Rede die Zuhörer richtig mitgerissen zu haben?

JFK Ich hatte mich nie dafür in Betracht gezogen, ich bin eigentlich nicht der Politikertyp.

BRADLEE Warum?

CANNON Nicht einmal jetzt?

JACQUELINE KENNEDY Warum? Ben erinnert mich an Adlai Stevenson. *(Gelächter)*

JFK Nein, ich meine den typischen Politiker. Ich glaube, das ist harte Arbeit. Mein Großvater war so einer. Er ging ständig zu irgendwelchen Abendgesellschaften. Er hat immer mitgesungen, wenn die Leute ein Lied angestimmt haben. Er fuhr oft in die Stadt und mit dem Zug wieder zurück und redete unterwegs mit Dutzenden von Leuten.

CANNON Warum sehen Sie sich anders? In einem anderen Kontext?

JFK Ich passe zufällig gut in die Zeit. Die politische Karriere meines Großvaters hatte ihre Grenzen, teilweise deswegen, weil er zu einer Gruppe Einwanderer gehörte, denen der Erfolg verbaut war, aber teilweise auch, weil er alles Mögliche getan hat und sich nie genügend darauf konzentriert hat, das zu bekommen, was er wirklich wollte, nämlich entweder Gouverneur oder Senator zu werden. Dazu muss man viel mehr arbeiten, die Politik ist ein viel härteres Geschäft. Es ist eigentlich nicht so wichtig, wer am … wirklich, sie versuchen … die Beurteilung ist ziemlich kalt in Hinsicht auf die Leute, die kompetent sind. Der frühere Typ des Politikers ist am Aussterben. Das Fernsehen ist nur ein Sympton. Ich glaube, dass die Probleme so schwierig sind, dass man nicht mehr einfach der nette Kumpeltyp sein kann.

CANNON Wenn Sie sagen, diese Probleme sind so schwierig, welche meinen Sie dann zum Beispiel?

JFK Ich glaube, all die Probleme, Krieg, die Zerstörungen in den USA und in der Welt, alle Probleme, städtische, landwirtschaftliche, finanzpolitische, fiskalische, arbeitspolitische, die Inflation. Ich meine, das ist alles ungeheuer verwickelt. Im neunzehnten Jahrhundert gab es dagegen im Wesentlichen nur drei Probleme: die Besiedlung des Westens, die Sklaverei und die Zoll- und Währungspolitik.

(Unterbrechung)

BRADLEE Aber hast du schon ganz entfernt daran gedacht, als du 1946 für den Kongress kandidierst hast, dass du dich eines Tages um die Präsidentschaft bewerben würdest, Jack?

JFK Nein, gar nicht.

BRADLEE Nur so als Gedankenspiel? Beim Zubettgehen?

JFK Nie, nie, nie. Ich dachte, ich könnte es vielleicht bis zum Gouverneur von Massachusetts bringen.

(Unterbrechung)

TONI BRADLEE Aber es stimmt doch, dass es einige wenige Leute gibt, die entweder das gewisse Etwas haben oder die Zähigkeit, einfach immer weiter …

JFK Ich weiß nicht. Jeder hat seine natürliche Höchstgrenze. Meine ist möglicherweise der Senat. Ich meine, in sechs Monaten wissen wir's. Aber im Repräsentantenhaus gibt es keinen Abgeordneten, der nicht gern höher hinauswill, oder überhaupt jeder, der sich für etwas einsetzt. Mein Gott, wenn es dieses Streben nicht gäbe, dann würden die USA und überhaupt alles würde dann zusammenbrechen! Das ist es, was das Land und die Welt am Laufen hält. Das ist nur ein Teil davon. Ich sage nur, dass es das Machtzentrum ist. Ich spreche nicht über das Persönliche, sondern ich rede vom Zentrum des Geschehens, das ist der bessere Begriff dafür, worum es bei der Präsidentschaft geht. Und wenn man sich engagiert, wie es viele, viele Menschen tun, nicht nur ich, dann ist das Präsidentenamt eben der richtige Ort, wenn man etwas bewirken möchte.

(Unterbrechung)

CANNON Wenn Sie mit einem Collegestudenten sprechen könnten, warum würden Sie ihn überzeugen wollen, in die Politik zu gehen?
JFK Weil ich glaube, dass sie eine Möglichkeit bietet, an der Lösung von Problemen mitzuwirken, die ihn interessieren. Das Interesse setze ich voraus. Ich würde sagen, der Bereich, in dem er am ehesten etwas ändern und Ergebnisse beeinflussen kann, ist die Politik. Zweitens, dass die persönliche Befriedigung, die diese Arbeit gibt, viel größer ist als im Geschäftsleben. Man verdient allerdings weniger, und die Stellung ist wahrscheinlich unsicherer, weil man ja immer die nächste Wahl verlieren kann. Das sind die Nachteile.
CANNON Sollte also jemand, der in die Politik gehen möchte, eine zusätzliche Einkommensquelle haben?
JFK Finanzielle Sicherheit ist natürlich für jeden wünschenswert, in welchem Beruf auch immer, aber ganz offensichtlich ist das bei der Masse, der großen Mehrheit der Politiker, nicht der Fall.
CANNON Finden Sie, dass es bei Ihnen eine Hilfe war?
JFK Also, die größte Hilfe war für mich am Anfang, dass mein Vater so bekannt war. Wenn man also eine Bekanntschaft machte, dann hatte man sozusagen schon eine Empfehlung. Das war ein viel größerer Vorteil für mich, glaube ich, als das Finanzielle … Dass ich aus einer politisch aktiven Familie komme, das war der große Vorteil.
CANNON Glauben Sie, dass die finanzielle Absicherung ein zusätzlicher Vorteil ist, weil Sie sich darum nicht sorgen müssen?
JFK Sorgen muss ich mich schon – ich könnte die Wahl ja verlieren.
CANNON Aber Sie müssen sich nicht um Ihre Familie sorgen oder dass Sie arbeitslos würden, falls Sie die Wahl verlieren.
JFK Nein, das nicht, aber ich würde nicht gern mit fünf-, sechs- oder siebenundvierzig Jahren noch einmal von vorn anfangen

müssen, nach zwanzig Jahren in der Politik. Das würde mich beunruhigen. Viele Politiker sind Anwälte und machen dann eben etwas anderes. Ich bin kein Anwalt. Ich wüsste nicht, wie ich mich entscheiden sollte. Vielleicht ein Problem auf anderer Ebene. So, als ob man ein Bein nur am Knöchel statt am Knie amputiert bekäme. Unangenehm wäre es in jedem Fall.

BRADLEE Was für eine Tätigkeit könntest du dir denn vorstellen, Jack?

JFK Ich weiß es wirklich nicht. Das hier ist einfach ...

BRADLEE Heißt das, die Politik ist eine echte Lebensaufgabe?

JFK Ich habe wirklich keine Vorstellung, was ich anfangen sollte außerhalb der Politik. Ich bin in die Politik gegangen, als ich ... Marine, College, Politik. Wohin sollte ich schon gehen? Was sollte ich anfangen? Ich könnte nichts anderes anfangen. Ich wüsste nicht, was.

TONI BRADLEE Schreiben.

JFK Nein, die Chance habe ich verpasst. Ich meine, es dauert doch bestimmt zwanzig Jahre, bis man ein anständiger Schriftsteller ist. Das braucht tägliche Übung.

(Unterbrechung)

BRADLEE Also, was ist es, das andere aufhält, aber nicht dich, Jack?

JFK Du meinst, wie man zu dem Entschluss kommt, kein höheres Amt mehr anzustreben? Ich glaube, es ist eine Menge Glück dabei. Die ganze Sache hat viel mit Glück zu tun. Wenn ich mir jetzt diese Vorwahlen ansehe, wie sie sich entwickeln. Glück und Pech. Wieso muss ich in Wisconsin antreten, im einzigen Staat, der mir nur Probleme macht, während Hubert Humphrey nirgendwo auf Probleme stößt? Das ist einfach Pech für mich.

BRADLEE Und inwieweit spielt die Persönlichkeit eine Rolle? Ich meine, warum tritt jetzt nicht Ed Muskie an deiner Stelle an?

JFK Muskie kann es noch schaffen. Wenn ich mir einen Vizepräsidenten aussuchen müsste, würde ich Ed Muskie fragen. Meiner Meinung nach hat er das Zeug zum Vizepräsidenten unter jedem beliebigen Präsidenten.

BRADLEE Auch unter dir?

JFK Nicht mit mir, aber wenn ich es nicht schaffe. Die Kandidaten, wenn ich mal spekulieren soll, wären dann Stevenson[8] und Muskie.

(Unterbrechung)

BRADLEE Worin liegt die Faszination? Die Faszination, die dir als Dreiundvierzigjährigem wichtig ist, kanntest du die auch schon mit sechsundzwanzig?

JFK Nein, aber ich war immer ziemlich erfolgreich. Erstens haber ich härter gearbeitet als meine Gegner, bei mindestens drei Gelegenheiten, mit Ausnahme von Hubert, habe ich, glaube ich, härter gearbeitet als irgendein anderer Kandidat, bei allen Wahlen, bei denen ich kandidiert habe. Natürlich brachte ich gewisse Vorteile mit, wie gesagt, 1946 und 1952, da habe ich Lodge einfach überrollt.

BRADLEE Vorteile … der bekannte Name?

JFK Ich glaube, er war einfach auch nicht zäh genug, Lodge meine ich, er hat seine Hausaufgaben nicht gemacht. Bei der Wahl '52 war er eigentlich im Vorteil. Er lag weit voraus, niemand wollte gegen ihn antreten.

BRADLEE Eisenhower?[9]

JFK Ja, schon, er hatte bei der vorigen Wahl mit dem größten Vorsprung in der Geschichte von Massachusetts gewonnen, mit 560000 Stimmen, da hat er Walsh geschlagen. Nach vier Wahlperioden war Walsh leichte Beute, würde ich sagen, aber 560000 Stimmen Vorsprung – das ist schon beeindruckend. '52, ein republikanisches Jahr bricht an, Wahlkampfmanager …

---

8 Adlai Stevenson (1900–1965), demokratischer Präsidentschaftskandidat 1952 und 1956, ehemaliger Gouverneur von Illinois und unter Präsident Kennedy UN-Botschafter.

9 Henry Cabot Lodge jr. (1902–1985) war republikanischer Senator, Botschafter bei den Vereinten Nationen und während der letzten Monate von Kennedys Präsidentschaft Botschafter in Südvietnam. JFK besiegte ihn 1952 im Wahlkampf um einen Senatssitz. 1960 traten sie abermals gegeneinander an. Lodge war der Vizepräsidentschaftskandidat von Richard Nixon. Bereits sein Großvater, Henry Cabot Lodge, hatte John F. Kennedys Großvater, John F. Fitzgerald, im Senatswahlkampf 1916 geschlagen. 1952 war er außerdem Eisenhowers Wahlkampfmanager.

BRADLEE Aber stimmt es, dass die Faszination und der Siegeswillen sich mit dem Amt verändern – so sieht es zumindest aus?
JFK Nein, ich glaube, dass einfach die eigene Perspektive sich mit der Zeit verändert. Ich weiß nicht, warum manche Politiker erfolgreich sind und andere nicht. Es ist eine Mischung aus den Zeitumständen und persönlichen Eigenschaften …
BRADLEE Und Glück.
JFK Und Glück. Ich meine, die Grenze zwischen Erfolg und Misserfolg ist wirklich dünn. So wie im Leben.
CANNON Waren Sie '56 enttäuscht, als Sie nicht als Vizepräsidentschaftskandidat aufgestellt wurden?
JFK Ja, für einen oder zwei Tage.
CANNON Wirklich? Wie haben Sie die Enttäuschung überwunden?
JFK Als ich zum Parteitag fuhr, habe ich eigentlich nicht geglaubt, aufgestellt zu werden. Ich habe eigentlich nicht geglaubt, je eine große Chance zu haben. Als Stevenson mich bat, für seine Nominierung zu stimmen. Ich dachte, ich sei draußen. Das war eine völlige Überraschung für mich, ich bin wirklich …
BRADLEE Du hast '56 für Stevenson gestimmt?
JFK Ja.
TONI BRADLEE Vielleicht tut er jetzt dasselbe für dich. *(Gelächter)*
BRADLEE Das ist ja wohl das Mindeste.
CANNON Aber hinterher waren Sie enttäuscht?
JFK Ja, ich denke schon, am nächsten Morgen waren wir enttäuscht, oder, Jackie? Ich meine, ich war erschöpft.
JACQUELINE KENNEDY Du warst furchtbar müde. Kein Wunder …
JFK Es war eine so knappe Entscheidung, und ich war enttäuscht.[10] An diesem Abend war ich wirklich enttäuscht.

---

10 John F. Kennedys erster Versuch, ins Weiße Haus einzuziehen, war seine Kandidatur für die Vizepräsidentschaft im Jahr 1956. Adlai Stevenson, Präsidentschaftskandidat der Demokraten, hatte seinen Vizepräsidentschaftskandidaten entgegen den Gepflogenheiten nicht selbst bestimmt, sondern ließ den Parteitag darüber abstimmen.

CANNON Haben Sie geglaubt, Sie würden gewinnen?

JFK Kefauver hatte es verdient. Ich dachte immer, dass *(unverständlich)* er hatte Stevenson in zwei oder drei Vorwahlen geschlagen …

BRADLEE Du hast damals nicht an den Vorwahlen teilgenommen, oder?

JFK Nein, aber er, deswegen hatte er es verdient.

CANNON Gab es ein Gefühl von *(unverständlich)*?

JFK Danach? Nein, das ist vorbei.

CANNON Es war schon am nächsten Morgen vorbei. Sie konnten guten Gewissens sagen … Sie konnten am nächsten Tag nach Hause fahren oder nach Hyannisport, oder wohin auch immer, und sagen: »Ich habe es versucht.«

JFK Ganz so leicht war es zwar nicht, weil ich so furchtbar erschöpft war, aber ich muss sagen, ich dachte, das war schon ein ziemlich knappes Ergebnis, und ich hatte zwar nicht geglaubt, ich würde gewinnen, aber ich habe viel besser abgeschnitten, als ich angenommen hatte. Ich dachte, Kefauver hat den Sieg verdient, und deswegen war ich nicht verzweifelt. Heute wäre das etwas ganz anderes. Ich würde viel länger brauchen, um darüber hinwegzukommen.

CANNON Wie überwindet ein Politiker dieses Gefühl, wenn er verloren hat? Die Enttäuschung der Niederlage?

JFK So viel habe ich ja nicht verloren. Ich war immer noch Senator, und außerdem hatten wir die Präsidentschaftswahl ja sowieso verloren.

CANNON Hatten Sie damit gerechnet?

JFK Im September hatte ich noch gedacht, Stevenson könnte gewinnen, er hatte eine ziemlich gute Chance. Am Ende des Parteitags waren wir alle in Hochstimmung. Ich dachte sogar noch im September, er sei auf dem richtigen … mausert sich *(unverständlich)*.

CANNON Warum hatten Sie ihm den Sieg zugetraut?

JFK Na ja, eine Zeit lang war Stevenson sehr aktiv im Wahlkampf und Eisenhower nicht. Und ich habe ja nur mit Demokraten geredet.

CANNON Sie sagen also, Sie haben in der Politik noch nicht

viele Enttäuschungen wegstecken müssen. Haben Sie je verloren?

JFK Nein, und ich bin bei fünf Wahlen angetreten.

CANNON Die Einzige, die Sie je verloren haben, war die für die Vizepräsidentschaftskandidatur.

JFK Genau.

CANNON Und das hat Sie eigentlich nicht sehr getroffen.

JFK Nein. Nur kurz danach, an dem Tag selbst, da schon.

CANNON Was haben Sie gemacht … was haben Sie sich gesagt, als es passiert war?

JFK Am Tag der Abstimmung war ich enttäuscht, und ich war verdammt müde, und wir waren so dicht dran, und dann haben wir verloren. Mit achtundzwanzig Stimmen Rückstand oder so. Und ich war enttäuscht.

CANNON Was haben Sie getan? Sind Sie zurück ins Hotel und ins Bett, oder haben Sie einen Drink genommen?

JFK Nein, ich glaube, wir sind danach mit Eunice essen gegangen, oder, Jackie? Und dann sind wir zurückgekommen.

JACQUELINE KENNEDY Jack war ja in den fünf Tagen in Chicago kaum ins Bett gekommen. Keiner war zum Schlafen gekommen, außer vielleicht zwei Stunden pro Nacht. Es war unglaublich … brutal. Ich weiß gar nicht, wie diese Männer die Kraft aufbringen, fünf Tage lang nicht zu schlafen und ununterbrochen zu reden …

BRADLEE Können Sie sich erinnern, dass Sie je in die Politik gehen wollten?

CANNON Nein, eigentlich nicht.

JFK Und jetzt sind Sie hier, wo Geschichte gemacht wird, in Washington. Haben Sie sich nie gewünscht, lieber Politiker als Reporter zu sein?

BRADLEE Genau.

CANNON Ich könnte es mir nicht leisten. Ich habe zwei Kinder und …

JFK Wahrscheinlich nicht, heutzutage. Aber nach dem Krieg? Wie alt sind Sie jetzt, zweiundvierzig, dreiundvierzig? Einundvierzig. Also, sagen wir 1945 zum Beispiel, da hätten Sie es tun können.

CANNON Es war damals eher ungünstig.
JFK Wie war das, '45 waren Sie noch in der Armee?
CANNON Stimmt.
JFK Als Sie dann nach Hause gekommen sind, waren Sie ziemlich *(unverständlich)*.
CANNON Ja, aber ich war ... Ich rede ja hier nicht von mir.
JFK Nein, ich meine, warum war es nicht möglich '45?
CANNON Na ja, das Problem waren eigentlich die Finanzen. Ich glaube, wenn man ein ehrlicher Politiker bleiben will, muss man finanziell unabhängig sein.
JFK Das sehe ich anders. Vielleicht ist es für mich ein bisschen schwieriger, darüber zu reden, aber ich habe eine Menge Politiker mit Geld gesehen und finde nicht, dass ... Es gibt so viele Arten der Unehrlichkeit. Geld ist nur ein Faktor dabei. Ich glaube eigentlich nicht, dass man irgendwie beweisen kann, dass man Geld braucht, um politisch erfolgreich zu sein, oder dass Leute mit Geld ehrlicher sind.
BRADLEE Oder auch weniger ehrlich, meinst du.
JFK Nein, ehrlicher. Leute mit Geld. Man kann sie nicht so leicht bestechen, aber im Senat oder im Repräsentantenhaus gibt es sowieso keine Bestechungsversuche mit Geld, nur in absoluten Ausnahmefällen. Niemand denkt, dass irgendjemand einen Senator bestechen würde, außer vielleicht ...
BRADLEE *(unverständlich)*
JFK Also, das sind vielleicht ganz seltene Einflüsse, aber sogar Ben, der ziemlich strikt ist, würde sagen, vielleicht die Wahlkampfspenden, aber wir bekommen ja alle Spenden, die einen von den Gewerkschaften, die anderen von Firmen, und ich glaube, dann geht man wirklich eher auf sie ein, aber man muss ja auch auf die Wähler eingehen, auf die Veteranen und andere Interessengruppen. Ich glaube also nicht, dass diese Vorstellung ... du kannst nicht behaupten – ich nenne ihn jetzt mal, aber nicht deswegen –, dass Averell Harriman[11] und diese Leute sich eher politisch pros-

11 W. Averell Harriman (1891–1986), Erbe eines Eisenbahnmoguls, war seit der Präsidentschaft Franklin D. Roosevelts ein führender Politiker der Demokraten, zunächst als Botschafter in der Sowjetunion (1943–1946) und in Großbritannien

tituieren würden als andere in den USA. Weil sie in ihrem Beruf unbedingt erfolgreich sein wollen. Also, Geld ist nicht unbedingt die Voraussetzung.

BRADLEE Es gibt tausend Gründe, nicht in die Politik zu gehen, die ich … Jemand hat mich mal gedrängt, ich solle mich in New Hampshire politisch engagieren. Gott behüte! Es gab haufenweise Gegengründe, vor allem dass ich sowieso nicht gewählt worden wäre. *(Gelächter)* Könnt ihr euch das vorstellen, ein Demokrat in New Hampshire? Um Himmels willen! Ich meine, ich habe ernsthaft darüber nachgedacht. Zweitens fühlen manche Menschen sich einfach unwohl, ständig unter Beobachtung der Öffentlichkeit zu stehen. Das ist ein Gefühl, das dir und solchen Leuten nicht nur nichts ausmacht, sondern das sie positiv umwerten. Andere Leute bringt das völlig aus dem Konzept, es verunsichert sie. Das ist eine Sache an der Politik – wer diese Fähigkeit hat und wer nicht, das ist ein wichtiger Faktor bei der Entscheidung, in die Politik zu gehen.

JFK Was ich dazu noch sagen möchte – obwohl ich vielleicht nicht der Richtige dafür bin, weil ich ja nicht ganz unbemittelt bin, es ist natürlich schon leichter für mich – aber ich meine wirklich, wenn man es sich objektiv ansieht, dass Geld, wenn man sich das Repräsentantenhaus und den Senat ansieht … Ich weiß, dass die meisten meiner Kollegen keine finanziellen Mittel haben und trotzdem Erfolg in der Politik haben. Ich meine, die meisten, die Geld haben, gehen nicht in die Politik, und wenn sie es tun, dann sind sie nicht besser als ihre Kollegen. Ich meine, sie sind genauso anfällig für Beeinflussungen, in vielerlei Hinsicht sogar mehr, weil sie unbedingt diese unglaubliche Chance nutzen wollen, aus dem ziemlich begrenzten Kreis auszubrechen, in dem sie sich sonst bewegen. Also wollen sie unbedingt Erfolg haben. Deshalb bin ich der Ansicht, wenn man eine Wahl verliert, dann ist das Finanzielle ein Zusatzproblem, aber nicht das Hauptproblem. Das Hauptproblem ist, dass man im besten Alter dieses faszinierende Leben auf-

---

(1946), dann als Handelsminister (1946–1948) und Gouverneur von New York (1955–1958). In der Kennedy-Administration war er assistierender Staatsminister im Außenministerium und enger Berater des Präsidenten in Sachen Atombombenteststoppabkommen, Vietnam und Sowjetunion.

geben muss, wonach du ja gefragt hast. Ich überlebe es natürlich, aber es ist ein großer Verlust.

BRADLEE Wie steht es mit dem Bild, das man von sich selbst hat? Das einzige vergleichbare Gebiet, das mir einfällt, sind Filmstars.

JFK Nein, aber ich glaube, dass ich persönlich die Antithese zu einem Politiker bin, wie ich meinen Großvater immer wahrgenommen habe – als den typischen Politiker. Ich meine, er war in jeder Hinsicht das Idealbild. Er tat genau das am liebsten, was man von Politikern erwartet. Heute allerdings, glaube ich …

CANNON Ihnen geht es nicht so?

JFK Nein, mir gefällt es nicht. Im Flugzeug lese ich lieber ein Buch, anstatt mich mit dem Typ auf dem Nebensitz zu unterhalten, und mein Großvater hätte sich am liebsten mit *allen* anderen Passagieren unterhalten. Ich mag auch keine Abendgesellschaften.

TONI BRADLEE Du machst aber immer den Eindruck, als würdest du sie mögen. Was natürlich sehr geschickt ist.

BRADLEE Aber Jack, das Bild in der Öffentlichkeit, das heutzutage so wichtig ist …

JFK Ich glaube, ich passe einfach zufällig gut in die Zeit. Ich meine, ich glaube, die Leute mögen das nicht mehr.

JACQUELINE KENNEDY Ich denke, das ist der Politikertyp wie im neunzehnten Jahrhundert, so wie dein Großvater, der bei den Leuten nicht mehr ankommt, oder?

BRADLEE Inzwischen müssen Politiker ständig auf Sendung sein.

JFK Bill Fullbright – der ist nicht auf Sendung. Er hat eine besondere Persönlichkeit. Ich habe eine besondere Persönlichkeit, die … Ich sehe nicht aus wie ein Politiker, und das ist alles, was mir zugutekommt. Nicht alle Politiker sind extrovertiert. Ich würde sagen, im Senat gibt es jedenfalls eine Menge, die nicht extrovertiert sind.

BRADLEE Nenn mir einen!

JFK Der es nicht ist? Mike Mansfield ist nicht extrovertiert, John Cooper ist es nicht, Richard M. Nixon ist es nicht. Stuart Symington wäre ein ziemlich sonderbarer Extrovertierter, wenn er einer ist. Ich glaube nicht, dass er einer ist. Hubert ist einer. Ich nicht.

BRADLEE Doch, bist du, Jack! Oder nicht?

JFK Nein, glaube ich eigentlich nicht.

BRADLEE Aber du magst es doch. Und du lebst davon.

JFK Das stimmt zwar. Ich meine ja nur, was ich am liebsten tun würde. Ich geh abends einfach nicht gern aus.

BRADLEE Ich weiß. Ich will dich nicht provozieren.

JFK Schon klar. Ich wäre froh, wenn ich wie Hubert Humphrey wäre. Der lebt richtig auf, wenn er fünf Tage am Stück Wahlkampf macht. Das ist Schwerstarbeit. Ich glaube nur einfach nicht, dass man heutzutage noch dieser Persönlichkeitstyp sein muss, um in der Politik Erfolg zu haben. Ich glaube vielmehr, dass man ein Gefühl der Ernsthaftigkeit, der Intelligenz und vor allem der Integrität vermitteln können muss. Das muss man darstellen. Der Kumpeltyp ist passé, in vielerlei Hinsicht, stattdessen muss man diese drei Eigenschaften haben. Manche Menschen können es. Ich glaube, ich kann es gut. Ich meine, ich bin doch politisch ziemlich erfolgreich. Ich glaube, ich kann es ganz gut. Aber es hat nichts damit zu tun, sich ins gesellschaftliche Leben zu stürzen. Tanzen *(unverständlich)* oder am Unhabhängigkeitstag.

CANNON Ist das etwas, was Ihnen angeboren ist?

JFK Während meines ersten Wahlkampfs hat mir jemand gesagt, nach meiner Rede sei er überzeugt gewesen, ich würde in zehn Jahren Gouverneur von Massachusetts sein. Ich glaube, da habe ich von Anfang an den richtigen Ton getroffen.

BRADLEE Hat diese Aussage etwas in dir ausgelöst?

JFK Nein, ich habe es selbst nicht für möglich gehalten, aber gefreut habe ich mich. Ich hatte mich ja nie als typischen Politiker gesehen. Mein Vater jedenfalls bestimmt nicht, der hielt mich für hoffnungslos. Ganz sicher …

CANNON Erzählen Sie mir mehr darüber.

JFK Ich meine, Joe war wirklich dafür geboren, und ich bestimmt nicht.

BRADLEE Und warum Joe? Ich habe ihn ja nie gekannt, aber warum er?

JFK Joe war eher ein Typ, ein extrovertierter Typ.

BRADLEE Und warum hat dein alter Herr dich für hoffnungslos gehalten?

JFK Ich wog damals etwa hundertzwanzig Pfund. *(Gelächter)*

Wo war das Bild, das wir gesehen haben, mit Franklin Roosevelt, in der Zeitung?

JACQUELINE KENNEDY Ja, genau. Auf deinem alten Wahlkampffoto?

JFK Nein, das andere, das wir letztens gesehen haben, im *Boston Globe,* am Sonntag.

BRADLEE Jack, lange bevor ich dich kennengelernt habe, als ich noch über die Bundesgerichte im District of Columbia berichtet habe, da bist du da aufgetaucht in den Missachtungsfällen, du bist angekommen und hast ausgesagt: »Ja, es gab ein Quorum. Ja, ich war dabei. Ja, ich und ein anderer Typ waren da, und die Beschlussfähigkeit war gegeben.« Und du hast furchtbar ausgesehen. Ich sehe dich noch vor mir. Du wogst hundertzwanzig Pfund und warst ganz grün im Gesicht. Wirklich.

JFK Der *Boston Globe* hat am Sonntag ein Bild von der Veteranenparade von '47 gebracht, Franklin Roosevelt und ich, und ich sah wie eine Leiche aus.

BRADLEE Aber diese Farbe war wirklich phantastisch. Du warst buchstäblich grün ...

JFK Niereninsuffizienz.

BRADLEE Das war 1948, es muss '48 oder '49 gewesen sein.

JFK '47 oder '48, würde ich sagen. Worauf ich hinauswill, ist, deswegen hat mein Vater nicht geglaubt, dass ich für die politische Laufbahn geeignet sei *(unverständlich).*

BRADLEE Dabei warst du schon seit zwei Jahren Kongressabgeordneter. Warst du als Kandidat für den Kongress auch so grün im Gesicht?

JFK Und ob. Sogar noch grüner.

TONI BRADLEE Woran lag das? Atebrin?

JFK Es war Atebrin, Malaria und wahrscheinlich Niereninsuffizienz.

BRADLEE Diese verdammte Addison-Krankheit?

JFK Ja, genau, das haben sie gesagt, dass ich die Addison-Krankheit habe. Jack *(unverständlich)* hat mich heute gefragt, ob ich sie habe.

BRADLEE Wer?

JFK Drew Pearsons Mitarbeiter. Ich sagte, nein, wenn man die

Addison-Krankheit hat, wird man braun und so. *(Gelächter)* Meine Güte. Sieh mal, das ist die Sonne.

TONI BRADLEE Die Sache mit deinem Rücken kam danach.

JFK Nein, die Rückenprobleme hatte ich '45.

BRADLEE Dann bist du aber später operiert worden.

JFK Die Operation hatte ich auch schon '45. Das kam alles zusammen. Ich war ein Wrack.

BRADLEE Wann kam der große Schnitt, direkt nördlich von deinem Allerwertesten, wann war das?

JFK Das war '45, dann noch mal '54 und noch mal '56.

JACQUELINE KENNEDY Ja, es ging ihm schon besser, und dann ist seine Krücke gebrochen, und er musste wieder ins Krankenhaus.

CANNON Ärgert es Sie manchmal, dass Sie Ihr Privatleben aufgegeben haben? Sie haben ja keins mehr ... jeder kennt Sie jetzt.

JFK Das ist natürlich das Schöne an Jamaica. Man kann jetzt nirgends mehr hingehen, ohne dass ... Aber es macht mir nichts aus. Es gehört zum Wahlkampf dazu, also freut es mich sogar. Wenn ich 1945 die Straße entlanggegangen bin, hat mich niemand erkannt. Ich versuche jetzt seit fünfzehn Jahren, bekannt zu werden. Ich meine, es gefällt einem persönlich nicht unbedingt, aber als Investition von Energie ist es ...

CANNON Wie reagieren Sie, wenn jemand Sie anspricht: »Ich habe Sie im Fernsehen gesehen«?

JFK Wenn er aus Massachusetts kommt? *(Gelächter)* Dann ist es in Ordnung. Macht mir nichts aus. Ich möchte ja, dass er für mich stimmt, also ist das in Ordnung.

CANNON Unternehmen Sie etwas, um Ihre Privatsphäre zu schützen? Haben Sie ein privates Telefon mit Geheimnummer?

JFK Schon. Aber die Nummer hat sich anscheinend herumgesprochen.

(Unterbrechung)

JFK Haben wir alles besprochen?

BRADLEE Ich hätte gern noch zwei Minuten über die Faszination der Politik gesprochen. *(Gelächter)* Ich komme noch mal auf den Mann zurück, der mir gesagt hat, ich solle gegen Styles Bridges[12] antreten. Und zwei Minuten habe ich einfach drauflosgeredet. Und da war dieses wunderbare Gefühl, den Menschen etwas zu sagen zu haben – was du vorhin meintest. Jemand muss dir das erst einmal sagen. »Du kannst dies und das werden.« Nicht unbedingt Präsident, aber du kannst hoch hinauskommen. Das ist pures Adrenalin.

JFK Das stimmt. Es motiviert. Man befasst sich mit ... Das Leben ist ein Kampf, und da kämpfst du in einer absolut tollen Arena. Es ist, als ob man jeden Samstag gegen Yale spielt.

BRADLEE Aber was für ein Drama! Ich weiß nicht, irgendwie ...

JFK Was könnte interessanter sein als diese Art Schachspiel-Kampf, der uns in den nächsten sieben Monaten bevorsteht?

BRADLEE Sag was dazu, das ist es nämlich, was mich bei dir besonders interessiert.

JFK Ich meine, sieh dir diese nüchternen Entscheidungen an, die getroffen werden müssen, auf Leben und Tod. Ich meine, Kandidatur in Wisconsin? Was passiert dann mit Mike DiSalle?[13] Und wie geht man damit um?

CANNON Es gibt 175999995 Menschen, die das nicht interessiert. Sie sagen: »Was könnte interessanter sein?« Warum interessiert es Sie so, aber all die Millionen Menschen nicht?

JFK Na ja, wenn sie mit dabei wären ... Ich meine, ihr eigenes Leben ist ja schon interessant, für sie. Ich kämpfe denselben Kampf wie sie, auf einer anderen Ebene, auf hochdramatische Weise – für die große Sache, für die Präsidentschaft der Vereinigten Staaten, mein Schachwettkampf geht immer weiter. Im Sport, überall, wo es Zuschauer gibt, ist es doch dasselbe. Johnny Unitas,[14] er könnte es interessant finden, in einem Hinterhof vor vier Zuschauern zu spielen, aber er spielt für die Colts, die beste Mann-

---

12 Styles Bridges (1898–1961), republikanischer Gouverneur von New Hampshire (1935–1937) und langjähriger Senator (1937–1961).

13 Michael DiSalle (1908–1981), demokratischer Gouverneur von Ohio (1959–1963).

14 Johnny Unitas (1933–2002), Footballspieler-Legende.

schaft in den USA, um die Weltmeisterschaft. Ich meine, ich muss sagen, er dürfte es ziemlich aufregend finden. Ich will die Präsidentschaft nicht damit vergleichen, aber was ich sagen will, ist, was könnte es Faszinierenderes geben, als in den Wahlkampf um die Präsidentschaft zu ziehen, angesichts der Hindernisse und Hürden, die vor mir liegen.

DICTABELT-AUFNAHME, CA. 1960

Diese Aufnahme, vermutlich von Anfang 1960, zeigt, wie Kennedy intensiv über sein Leben nachdenkt und über die Gründe, warum er in die Politik gegangen ist, die er mit einigem Understatement »meinen gegenwärtigen Beruf« nennt. Er bekennt, dass er sich nach Kriegsende »orientierungslos« gefühlt habe und eher zufällig in die Politik geraten sei. Aber er wusste auch, dass er sie im Blut hatte, und akzeptierte sein Schicksal mit guter Miene und fest entschlossen, hart zu arbeiten. Bestimmte Sätze aus der Unterhaltung unter Freunden vom Januar erscheinen auch hier wieder, was nahelegt, dass die Aufnahme nicht lange danach erfolgte. Aber hier hören wir ihn seine Geschichte ohne Unterbrechung und in deutlich bündigerer Form darlegen. Eine ähnliche Version stellte er James Cannon für dessen Buch *Politics U. S. A.* zur Verfügung. Diese Proto-Memoiren schildern einige der frühesten Phasen seines Eintritts in die Politik und seinen ständigen Drang, ins »Zentrum des Geschehens« vorzustoßen. Ende 1960 sollte er sich dann genau dort wiederfinden.

JFK Mrs Lincoln, ist der Stecker drin? Ist das Gerät angeschlossen? Ist es angeschlossen? Eins, zwei, drei, vier, fünf, sechs, sieben, acht, neun, zehn. In gewisser Hinsicht ist es wichtig und wünschenswert, dass die Menschen in einer freien Gesellschaft so über Politik und die Politiker denken. Ein Politiker kann große Macht haben, und zu dieser Macht gehört es notwendig, dass ihr Grenzen gesetzt sind.

Aber es bleibt die Tatsache, dass die Politik eine unserer am meisten missbrauchten und vernachlässigten Professionen geworden ist ... Aber es ist diese Profession, es sind diese Politiker, die die großen Entscheidungen über Krieg und Frieden, Wohlstand und Rezession treffen, die Entscheidung, ob man zurück oder nach vorn schaut. Im weiteren Sinne hängt inzwischen alles davon ab, wie die Regierung entscheidet.

Wenn man sich also dafür interessiert, wenn man mitentscheiden möchte, wenn man eine ausgeprägte Meinung zu einer politischen Frage hat, ob zu den Gewerkschaften, zu den Geschehnissen in Indien, zur Zukunft der amerikanischen Landwirtschaft, was auch immer, dann scheint mir die Übernahme politischer Verantwortung der gegebene Weg, dieses Interesse in Handeln umzusetzen. Wer so denkt, für den ist es nur natürlich, einen Teil seines Lebens den öffentlichen Angelegenheiten zu widmen. Wie bei so vielen Lebensentscheidungen war es eine Kombination verschiedener Faktoren, die auf mich einwirkten und mich schließlich dazu veranlassten, mich für meine gegenwärtige Profession zu entscheiden.

Bei Kriegsende war ich ziemlich orientierungslos. Ich zögerte, mein Jurastudium wieder aufzunehmen. Eine Karriere in der Wirtschaft interessierte mich nicht besonders. Sehr interessant fand ich dagegen die nationalen und internationalen Angelegenheiten, und ich stammte sowohl mütterlicher- wie väterlicherseits von drei Generationen Politikern ab. Während ich aufwuchs, drehten sich zu Hause fast alle Unterhaltungen um die Politik. Mein Vater, der viel Energie ins Geschäft gesteckt hatte, interessierte sich als Sohn eines Senators des Staates Massachusetts auch sehr für Politik. Meine Mutter teilte dieses Interesse. Ihr Vater war Bürgermeister und Kongressabgeordneter gewesen, und meine beiden Großonkel waren Senatoren, und ein Vetter meines Vaters war Bürgermeister von Brockton, Massachusetts.[15]

---

15 JFKs Vater Joseph P. Kennedy (1888–1969) übte diverse politische Ämter aus. Er war 1934 und 1935 der erste Vorsitzende der US-Börsenaufsicht (Securities and Exchange Commission) sowie von 1938 bis 1940 Botschafter in England. JFKs Großvater väterlicherseits, P. J. Kennedy (1858–1929), war eine prominente Gestalt der Bostoner Demokraten und vertrat East Boston sowohl in der ersten wie in der zweiten Kammer des Parlaments von Massachusetts. JFKs Großvater

Für die irischen Einwanderer in Boston gab es nicht viele Möglichkeiten, wenn man nach oben wollte. In die Geschäftswelt bekam man keinen Fuß hinein. Wer nicht Arbeiter bleiben wollte, musste in die Politik gehen. Also gingen sie alle in die Politik, sämtliche Kennedys und Fitzgeralds. Aber in der Schule oder am College habe ich nie daran gedacht, selbst einmal in einer Wahl anzutreten. *Ein* Politiker in der Familie genügte, und das sollte mein Bruder Joe werden.[16] Ich sah mich selbst nicht als typischen Politiker, während er alle Voraussetzungen für den Erfolg mitbrachte. Mit vierundzwanzig Jahren wurde er 1940 als Delegierter zum Parteitag der Demokraten geschickt, und ich glaubte, eine sichere Karriere liege vor ihm. Ich erinnere mich, dass ich im ersten Semester an der Harvard University war, als Henry Cabot Lodge in den US-Senat gewählt wurde. Ich hätte damals kaum geglaubt, dass ich eines Tages im Senatswahlkampf gegen ihn antreten und ihn besiegen würde. Wahrscheinlich sitzt an irgendeinem College jetzt gerade ein Erstsemester, der noch nicht weiß, dass er eines Tages mich im Wahlkampf schlagen wird.

Mein Bruder Joe wurde im August 1944 über Europa mit seinem Flugzeug abgeschossen, und damit endeten alle Hoffnungen, die wir in ihn gesetzt hatten. Aber erst mehr als ein Jahr später fing ich an, selbst über eine politische Karriere nachzudenken. Als der Krieg ausbrach, wusste ich nicht, was ich anfangen sollte ... und ich fand es nicht besonders schlimm, dass ich es nicht wusste. Ich war 1944/45 etwa ein Jahr lang im Krankenhaus gewesen, um mich von einer Verwundung im Pazifik-Krieg zu erholen. Dann berichtete ich als Reporter von der Konferenz von San Francisco, den britischen Unterhauswahlen und der Potsdamer Konferenz, alle drei 1945.[17]

---

mütterlicherseits, John F. Fitzgerald (1863–1950), genannt »Honey Fitz«, hatte eine anekdotenreiche politische Laufbahn als Kongressabgeordneter und Bürgermeister von Boston. Joseph P. Kennedys Vetter Charles Hickey war Bürgermeister von Brockton, Massachusetts.

16 Joseph P. Kennedy jr. (1915–1944).

17 Die Gründungskonferenz der Vereinten Nationen fand vom 25. April bis 26. Juni 1945 in San Francisco statt; bei den britischen Parlamentswahlen am

JOHN F. KENNEDY IM WAHLKAMPF
UM EINEN SITZ IM REPRÄSENTANTENHAUS,
IM NORTH END VON BOSTON, 1948;
IM HINTERGRUND DIE PAUL-REVERE-
STATUE UND DIE OLD NORTH CHURCH

Es gab also nie den Moment der Wahrheit für mich, in dem ich meine politische Karriere klar vor mir ausgebreitet sah. Ich kam im Herbst '45 nach der Potsdamer Konferenz zurück, wusste nicht, was ich mit mir anfangen sollte, und der Leiter des Boston Community Fund bat mich um Hilfe für seine Aktion. Das war Mike Kelleher, der später mein Budgetleiter wurde, als ich 1952 für den Senat antrat. *(Unverständlich)*

Das bedeutete, ich würde zum ersten Mal in meinem Leben öffentlich sprechen müssen. Meine erste Rede überhaupt trug den Titel »England, Irland und Deutschland: Sieger, Neutrale, Besiegte«. Ich brauchte drei Wochen, um sie zu schreiben. Gehalten habe ich sie bei einem Treffen der Amerikanischen Legion.[18] Diese Rede kam ziemlich gut an. Danach sprach mich ein Politiker an, der mir riet, in die Politik zu gehen, ich könne in zehn Jahren Gouverneur von Massachusetts sein. Das war, als ich über eine politische Laufbahn nachzudenken begann. Ich hatte es bis dahin nie in Erwägung gezogen. Später im selben Herbst wurde James M. Curley[19] zum Bürgermeister von Boston gewählt, und sein Sitz im Repräsentantenhaus wurde frei. Das war der Sitz für den elften Kongressdistrikt, derselbe, den mein Großvater fünfzig Jahre vorher im Kongress vertreten hatte.

Es kam also mehreres zusammen: die Zeit, ein glücklicher Zufall und meine damalige Lebenssituation. Ich zog mit meinem Großvater ins Hotel Bellevue und begann den Wahlkampf. Seitdem bin ich eigentlich ununterbrochen im Wahlkampf. Das Fie-

---

26. Juli 1945 verbuchte der Labourkandidat Clement Attlee einen Überraschungssieg gegen den konservativen Premierminister und Kriegshelden Winston Churchill; die Potsdamer Konferenz der Regierungschefs der Siegermächte USA, UdSSR und Großbritannien fand vom 16. Juli bis 2. August 1945 statt. JFK berichtete über diese drei historischen Ereignisse als junger Zeitungskorrespondent und Beobachter.

18 American Legion; Veteranenorganisation der U.S. Army.

19 Der legendäre James M. Curley (1874–1958) war vier Amtsperioden lang Bürgermeister von Boston und diente als Vorlage für die Figur des Frank Skeffington in Edwin O'Connors Roman *The Last Hurrah*. Er war außerdem Kongressabgeordneter und Gouverneur von Massachusetts.

ber hatte mich erfasst, und ich erkannte, was für eine Erfüllung in einer politischen Karriere liegen kann. Ich sah, wie ideal sie die griechische Definition des Glücks erfüllt: Ein Leben zu führen, das es uns gestattet, unsere ganze Kraft einem hohen Ideal zu widmen.[20]

Ich hätte wieder Jura studieren können, wie es so viele nach der Entwurzelung durch den Krieg taten, in eine große Anwaltskanzlei eintreten und *(unverständlich)* oder einen Scheidungsfall oder in einer Unfallsache auftreten. Aber wie kann man das mit den Aufgaben eines Kongressabgeordneten vergleichen, der an einem Gesetzentwurf zur Außenpolitik oder zur Arbeitsmarktpolitik mitarbeitet. Ich hätte vielleicht an einem großen Antitrust-Prozess gegen einen großen Konzern teilnehmen können, der vielleicht zwei oder drei Jahre gedauert hätte, aber wie kann man das mit einem Leben im Kongress vergleichen, wo man bis zu einem gewissen Grad mitentscheidet, in welche Richtung sich unser Land bewegt?

Selbst der Journalismus hat seine Nachteile, der erste Beruf, in dem ich mich versucht habe. Ein Reporter *berichtet* nur, was geschieht; er sorgt nicht dafür, *dass* etwas geschieht. Selbst die guten Reporter, solche, die mit Feuereifer ihre Storys schreiben, die die Faszination spüren, wenn sie ihre Nase ins Zentrum des Geschehens stecken, selbst sie haben immer nur mit Ereignissen aus zweiter Hand zu tun. Man berichtet, was sich ereignet, aber man nimmt nicht selbst aktiv teil.

In der Politik hatte ich zunächst einmal den großen Vorteil eines bekannten Namens, der mir sehr zugutekam. In Boston war ich allerdings ein Fremder. Ich habe immer noch das Notizbuch von damals, das Seite um Seite mit Namenseinträgen all der neuen

---

20 Das Zitat (»A full use of your powers along lines of excellence in a life affording scope«) wurde von JFK so oft gebraucht, dass man geneigt ist, es ihm zuzuschreiben. Er hatte es aber vermutlich von Dean Acheson, der es wiederum aus Henry W. Nevinsons Buch *Changes and Chances* von 1923 hatte (siehe Acheson, *Present at the Creation: My Years in the State Department*, S. 239). Das Zitat ist auch Edith Hamilton zugeschrieben worden, die es in ihrem Klassiker *The Greek Way* von 1930 anführt.

Bekanntschaften gefüllt ist, die ich während meines ersten Wahlkampfs machte.

Als Kandidat hatte ich mehrere Nachteile. Ich war praktisch ein Außenseiter. Ich wohnte im Hotel. Ich hatte kaum je in meinem Wahlbezirk gelebt. Meine Familie stammte zwar von hier, aber ich war zehn Jahre lang in New York gewesen, und dann hatte ich auch noch in Harvard studiert, an einer Institution, die damals im elften Kongressdistrikt nicht gerade beliebt war. Aber ich fing früh an – und das ist meiner Meinung nach der wichtigste Schlüssel zum politischen Erfolg –, im Dezember, obwohl die Vorwahl erst im Juni stattfand.

Meine Hauptgegner, der Bürgermeister von Cambridge und der Sekretär von Bürgermeister Curley, fingen traditionsgemäß erst zwei Monate vor der Wahl mit dem Wahlkampf an, und da führte ich schon. Im Jahr 1952 fing ich schon anderthalb Jahre vor der Wahl im November an, anderthalb Jahre vor Senator Lodge. Das mache ich bis heute so. Ich finde, dass die meisten Bewerber um öffentliche Ämter viel zu spät mit ihrem Wahlkampf beginnen. Wenn man bedenkt, wie viel Geld Coca-Cola und Lucky Strike Tag für Tag in die Werbung stecken, obwohl sie als Markennamen überall bekannt sind, kann man sich vorstellen, wie schwierig es ist, zu einer bekannten Figur in der Politik zu werden. Die Vorstellung, dass die Leute einen in zwei, drei Monaten so gut kennenlernen, dass sie einen dann wählen, ist völlig falsch. Die meisten von uns befassen sich nicht ständig mit Politik oder mit Politikern. Politiker interessieren uns nur dann, wenn eine Wahl ansteht. Im Bewusstsein der großen Mehrheit einen Eindruck zu hinterlassen ist für den Politiker eine langwierige und mühsame Aufgabe, besonders in einer Vorwahl, wenn man noch nicht die Unterstützung der Partei hat.

Als ich erst einmal angefangen hatte, arbeitete ich sehr hart und versuchte vor allem die Unterstützung freiwilliger Wahlhelfer zu gewinnen, die viel eher bereit sind, sich schon früh einzusetzen, als Politiker, die seit langen Jahren im Amt sind. Meiner Meinung nach ist das Prinzip, mit dem man einen Wahlbezirk oder einen Sitz im Kongress gewinnt, dasselbe, mit dem man die Präsidentschaftswahl gewinnt, und am wichtigsten ist dabei die Bereitschaft, viele Jahre lang zu schuften, zu schuften und noch einmal zu schuften.

Mitten im Wahlkampf bot mir der Bürgermeister von Cambridge den Job seines Sekretärs an, falls ich mich zurückzöge und ihm den Sieg ließe. Ich lehnte ab. Nach einem harten Kampf gewann ich mit einem komfortablen Vorsprung.

Und fast augenblicklich erlebte ich die Politik als so faszinierend, wie ich sie mir vorgestellt hatte. Gleich zu Anfang bekam ich im Kongress den Posten des Junior-Demokraten im Arbeitsmarktausschuss. Damals ging es um die Vorlage zum Taft-Hartley-Gesetz.[21] Ich war gegen die Vorlage, und eines Tages debattierte ich in Harrisburg in Pennsylvania mit einem Junior-Republikaner darüber, der ebenfalls im Ausschuss saß und dafür war ... Sein Name war Richard Nixon. Und heute, vierzehn Jahre später, debattieren wir wieder.

Warum sieht sich ein Politiker irgendann nach einem höheren Posten um, obwohl der alte ihn doch einmal völlig zufriedengestellt hat? Und warum will er immer höher hinaus?

Der Grund ist teilweise das gewöhnliche Bedürfnis, voranzukommen – die Motivation, die die Welt in Bewegung hält. Wichtiger ist aber vielleicht die Erkenntnis, dass ein höheres Amt bessere Gelegenheit bietet, die Richtung zu bestimmen, die das Land, die Welt einschlagen wird. Es gestattet uns, unsere Kraft noch besser einzusetzen.

Als Abgeordneter im Repräsentantenhaus engagierte ich mich besonders für meinen Wahlkreis in Boston, zum Beispiel für die Zukunft des Bostoner Hafens, und ich engagiere mich hier immer noch. Aber im Repräsentantenhaus ist man nur einer von 435 Abgeordneten. Man muss schon viele, viele Jahre dort bleiben, um in die einflussreichen Gremien zu gelangen oder um in wichtigen Fragen mitentscheiden zu können. Nach sechs Jahren im Repräsentantenhaus sagte ich mir, dass ich im Senat bessere Wirkungsmöglichkeiten hätte. Ich war bereit für den nächsten Schritt.

---

21 Das Taft-Hartley-Gesetz von 1947 war eine Ergänzung des National Labor Relations Act von 1935 und diente der Kontrolle gewerkschaftlicher Aktivitäten.

Entsprechend wurde mir während meiner Zeit als Senator klar, dass es das Präsidentenamt ist, das das wirkliche Zentrum der Macht darstellt, nicht der Senat – das war vielleicht 1840 so, ist es heute aber nicht mehr. Zum Beispiel das Arbeitsmarktgesetzt – ich hatte 1958 zwei Jahre Arbeit mit dieser Vorlage verbracht, dann hielt Präsident Eisenhower eine fünfzehnminütige Rede und entschied damit die Abstimmung im Repräsentantenhaus. Zwei Jahre gegen eine Viertelstunde. Ich habe ein Jahr lang an dem Vorschlag gearbeitet, eine Wirtschaftsdelegation nach Indien zu schicken. Das Außenministerium war dagegen. In der Konferenz wurde der Vorschlag abgelehnt. Ich habe ein Jahr an einem Gesetzentwurf zur Novellierung des Battle Act[22] gearbeitet, um mehr Handel mit Ländern hinter dem Eisernen Vorhang, zum Beispiel mit Polen, zu ermöglichen. Der Präsident zog seine Unterstützung am Tag der Abstimmung zurück. Wir verloren mit einer Stimme. All das, was ich gern erreicht hätte – der Präsident kann dies durchsetzen, aber nicht der Senat, besonders in der Außenpolitik.

Der Senat wirkt oft mächtiger, als er in Wirklichkeit ist. Heutzutage hat die Administration die Kontrolle, das ist jedenfalls meine Meinung, und in der Administration wiederum ist es der Präsident, der die Kontrolle hat und Ergebnisse beeinflussen kann, während wir im Senat eine untergeordnete Rolle spielen, was die entscheidenden Fragen der nationalen Sicherheit, Verteidigung und Außenpolitik angeht.

Der Präsident, wie alle öffentlichen Amtsträger, sieht sich heutzutage ernsten und komplexen Problemen gegenüber, die es im neunzehnten Jahrhundert noch nicht gab. Damals hatte es die politische Führung mehrere Generationen lang lediglich mit der Erschließung des Westens, den Problemen der Sklaverei und den Fragen von Zöllen und der Währung zu tun. Inzwischen ist die Politik unendlich kompliziert geworden. An einem Tag befassen

22 Der Battle Act oder Mutual Defense Assistance Control Act war ein Gesetz von 1951, das amerikanische Hilfsleistungen an Länder untersagte, die mit der UdSSR Handel trieben. Namensgeberin war die Abgeordnete Laurie Battle aus Alabama.

wir uns mit Arbeitsrecht, am nächsten mit wichtigen außenpolitischen Fragen, am Tag darauf mit Finanz- und Währungspolitik, dann wieder damit, auf welche neuen Waffen wir am meisten Gewicht legen sollte.

Mit dieser neuen Komplexität und Dringlichkeit der politischen Probleme haben sich, so glaube ich, auch die Politik und die Politiker verändert. Der leutselige Kumpeltyp von einst verschwindet von der Bühne. Viele Senatoren, die ich kenne, sind zurückhaltende, nachdenkliche Männer und alles andere als extrovertiert.

Wer heute als Politiker erfolgreich sein möchte, muss Intelligenz und Integrität besitzen und ausstrahlen, und er muss bereit sein, hart zu arbeiten. Geld erleichtert die Sache natürlich. Finanzielle Sicherheit ist in jeder Tätigkeit wünschenswert, aber sie ist ganz sicher keine Vorbedingung für Erfolg. Es ist eine Tatsache, dass finanziell unabhängige Menschen nur selten erfolgreiche Politiker sind. Die meisten von ihnen gehen gar nicht erst in die Politik, und für einige, die es getan haben, war das Finanzielle eher ein Risiko. Jedenfalls ist es nicht die entscheidende Frage, wie unsere Geschichte klar zeigt. Franklin Roosevelt hatte ein gewisses Privatvermögen, aber Lincoln hatte keins, und beide waren erfolgreiche politische Führer und große Präsidenten.

Rückblickend würde ich sagen, dass ich die Wahl meines Berufs nie bereut habe, auch wenn ich nicht weiß, was die Zukunft noch bringt. Ich hoffe, dass alle Amerikaner, Männer wie Frauen, ungeachtet ihrer sonstigen Berufe in Betracht ziehen, einen Teil ihres Lebens der Politik zu widmen. Winston Churchill hat einmal gesagt: »Demokratie ist die schlechteste aller Regierungsformen – abgesehen von all den anderen, die von Zeit zu Zeit ausprobiert worden sind.« Auf jeden Fall ist sie die anstrengendste, sie fordert von uns mehr Einsatz als jedes andere Regierungssystem. Besonders heute, wo im feindlichen Lager hell die Wachtfeuer brennen, müssen wir – so ist meine Meinung – alle willens sein, einen Teil unserer Kraft dieser anstrengenden Disziplin der Selbstverwaltung zu widmen. Die Faszination der Politik liegt nicht in der Glorie des Amts, sondern darin, dass man auf allen Ebenen entschlossen am Leben der Nation teilhat und eine kleine

Rolle spielt bei der Entscheidung der Frage, ob – wie es Faulkner ausdrückt – »die Freiheit nicht nur überdauern, sondern auch siegen wird«.[23]

23 Zitat aus William Faulkners Dankesrede bei der Verleihung des Literaturnobelpreises am 10. Dezember 1950.

TREFFEN MIT GENERAL DOUGLAS MACARTHUR, 16. AUGUST 1962

Am 16. August 1962, kurz nachdem die Tonbänder installiert waren, kam General Douglas MacArthur, zweiundachtzigjährig, nach Washington, um sich mit einem Festbankett auf dem Capitol Hill feiern zu lassen. Er nutzte die Gelegenheit zu einem Besuch im Weißen Haus, wo Präsident Kennedy sich freute, ihn zu einem Gespräch empfangen zu können. Kennedy bewunderte MacArthur schon lange, sowohl für seine persönliche Tapferkeit als Soldat im Ersten Weltkrieg wie auch für seinen strategischen Weitblick in den folgenden Kriegen. Sie waren sich bereits im April 1961 in New York begegnet, direkt nach dem Schweinebucht-Fiasko. MacArthur hatte Kennedy damals wichtige öffentliche Unterstützung geboten. Nun, ein Jahr darauf, trafen sie sich zu einer entspannten Unterhaltung, in der es um Politik allgemein, um Südostasien (MacArthur riet hier zur Vorsicht) und um ihr gemeinsames historisches Interesse ging. Eine Unterbrechung erfuhr das Gespräch durch den Anruf von Kennedys Vater, der (acht Jahre jünger als MacArthur) von den Folgen eines Schlaganfalls gezeichnet war. JFK beschäftigte sich in diesen Tagen gerade intensiv mit dem Ersten Weltkrieg, und er beschrieb dem General das kürzlich erschienene Buch *August 1914* der Historikerin Barbara Tuchman. MacArthur schilderte im Gegenzug einige seiner Erlebnisse in diesem Krieg, darunter die Begegnung mit einem jungen französischen Panzeroffizier namens Charles de Gaulle. Im folgenden Auszug macht MacArthur seiner Abneigung gegen die Medien und die Schwierigkeiten eines Lebens als öffentliche Figur Luft.

MACARTHUR Sie haben Probleme geerbt, die Sie wahrscheinlich gerade gelöst haben werden, wenn Sie abtreten, und Ihr Nachfolger kassiert dann die Anerkennung.
JFK *(lacht)* Das geht schon in Ordnung.
MACARTHUR So geht es den Pionieren ja immer.
JFK *(lacht)*
MACARTHUR Jedes einzelne Problem, mit dem Sie sich rumschlagen, ist entweder ein Überbleibsel der – oder die meisten – von der Eisenhower-Administration oder noch von der davor, die er unter den Teppich gekehrt und Ihnen hinterlassen hat. Aber allgemein bessert sich die Lage. Sie legen vermutlich mehr Gewicht auf diese Zeitungskommentatoren, die der schlimmste Haufen von Lügenbolden sind, den die Welt je gesehen hat.
JFK Oder die hinterher sagen: »Ich hab's ja gleich gesagt.«

(Unterbrechung)

JFK So?
MACARTHUR Dieses Gerede, dass die Republikaner das Repräsentantenhaus erobern, ist reiner Mumpitz. Sie haben nicht mehr Chancen, es zu erobern, als ich habe, darüber hinwegzufliegen.

(Unterbrechung)

JFK Ja, genau. Kennen Sie diesen Romney? Sind Sie Romney mal begegnet? George Romney?[24]
MACARTHUR Nur flüchtig.
JFK Ja, ja.
MACARTHUR Er hat keine Chance.
JFK Was glauben Sie – Rockefeller? Meinen Sie, er hat …

---

24 George Romney (1907–1995) war Chef von American Motors, Gouverneur von Michigan (1963–1969) und 1968 republikanischer Präsidentschaftskandidat. Sein Sohn Mitt Romney (*1947) war von 2003 bis 2007 Gouverneur von Massachusetts und trat 1994 erfolglos gegen Edward M. Kennedy um einen Senatssitz an. 2012 wurde er als republikanischer Präsidentschaftskandidat nominiert.

TREFFEN MIT GENERAL DOUGLAS MACARTHUR,
16. AUGUST 1962

MACARTHUR Er wirkt sehr repräsentativ und entspricht damit den Anforderungen. Er hat das richtige Aussehen. Aber er ... zuerst einmal, Mr President, ist er praktisch unbekannt. Ich habe es ausprobiert. Neulich habe ich hundert Leute nach ihm gefragt, wie sie mir über den Weg liefen. Die Hotelpagen. Die Fensterputzer. Die Dienstmädchen. Das Personal. Meinen eigenen Vorstand und noch andere. Und von diesen hundert kannten, mit Ausnahme der Vorstandsmitglieder, nur ganze zwei den Namen Romney.

JFK Tatsächlich?

MACARTHUR Und so wird man nicht Präsident. Gestern kam eine Meldung raus – sie stand in der *New York Times* –, die auch nicht immer zuverlässig ist.

JFK *(lacht)*

MACARTHUR Es hieß darin, er wird '64 nicht antreten.

JFK Ja, das habe ich gehört.

MACARTHUR Nun, er *(lacht)* ... Es war ein schlauer Zug, denn selbst wenn er nominiert worden wäre, hätte er die Wahl nicht gewonnen. Er müsste sich erst einmal als Gouverneur von Michigan profilieren und dann die Kampagne ganz von vorn beginnen. Nein, kümmern Sie sich nicht um diese Schlaumeier von Kommentatoren, die irgendetwas schreiben müssen. Das ist nun mal ihr Beruf, wissen Sie. Und am leichtesten ist es immer, sich die prominenteste Persönlichkeit vorzunehmen und sie schlechtzumachen. Ich weiß noch, wie ich einmal den alten Hearst sprechen hörte. William Randolph Hearst.[25] Er sprach mit einer Gruppe junger Reporter, die er gerade angeheuert hatte. Und er war damals auf der Höhe seiner Macht als Zeitungszar. Und er sagte: »Also«, sagte er, »worum es bei meinen Zeitungen geht«, sagt er, »ist, dass sie sich verkaufen.« Und er sagt: »Trockene und langweilige Blätter«, sagt er, »erfüllen diesen Zweck einfach nicht.« Und er sagt: »Wenn Sie keine Sensation haben«, sagt er, »machen Sie eine.« Und irgendein Typ fragt: »Mr Hearst, wie macht man eine Sensation?«

---

25 William Randolph Hearst (1863–1951) war ein legendärer Zeitungsverleger, Erfinder des Boulevardjournalismus und das Vorbild für die Titelfigur des Films *Citizen Kane* von 1941. Außerdem war er demokratischer Kongressabgeordneter (1903–1907).

Ganz einfach, sagt er, suchen Sie sich den vertrauenswürdigsten, ehrlichsten, prominentesten Mann in Ihrer Gesellschaft aus und attackieren Sie ihn.

JFK *(lacht)*

MACARTHUR Er sagt: »Er wird natürlich alles von sich weisen«, sagt er, »und dann haben Sie Ihre Sensation.«

JFK Genau. Dann haben sie ihre Sensation.

MACARTHUR Und es gibt viele solche Unsitten. Sie werden zwar empört leugnen, aber viele von ihnen benehmen sich wirklich so. Ihre Hauptware ist das Lamentieren über die Prominenten.

PRÄSIDENT KENNEDY
MIT SEINEM AMTS-
VORGÄNGER
EISENHOWER,
10. SEPTEMBER 1962

TREFFEN MIT DWIGHT D. EISENHOWER, 10. SEPTEMBER 1962

Die Unterschiede zwischen John F. Kennedy und seinem Vorgänger im Amt des Präsidenten, Dwight D. Eisenhower, hätten größer kaum sein können. Der ehemalige Oberkommandierende der alliierten Streitkräfte in Europa brauchte eine Weile, um mit dem ehemaligen Marineleutnant warmzuwerden, der immerhin 27 Jahre jünger war als er. Er bezeichnet ihn oft als »that young whippersnapper« (»Jungspund«). Kennedy war Eisenhower während dessen achtjähriger Dienstzeit nie begegnet und hatte im Wahlkampf von 1960 nicht mit Kritik an seinem selbstzufriedenen Führungsstil gespart. Doch unter dieser oberflächlichen Ablehnung verbarg sich aufrichtiger Respekt, der nur noch größer wurde, als die beiden sich persönlich kennenlernten. Kennedy profitierte bei mehreren Gelegenheiten von Eisenhowers militärischer und politischer Erfahrung, besonders während der Kubakrise. Das folgende Gespräch fand nach der Kubakrise statt. Man klagt gemeinsam über das schwere Schicksal, mit Frankreich verbündet zu sein, tauscht Gedanken zum Kalten Krieg und über seinen Brennpunkt Berlin aus und spricht über Ikes Erinnerungen daran, wie es gegen Ende des Zweiten Weltkriegs zu den ersten Spannungen mit der Sowjetunion kam.

PRÄSIDENT KENNEDY SPRICHT
AUF DEM RUDOLPH-WILDE-PLATZ
(HEUTE JOHN-F.-KENNEDY-PLATZ)
IN WEST-BERLIN, 26. JUNI 1963

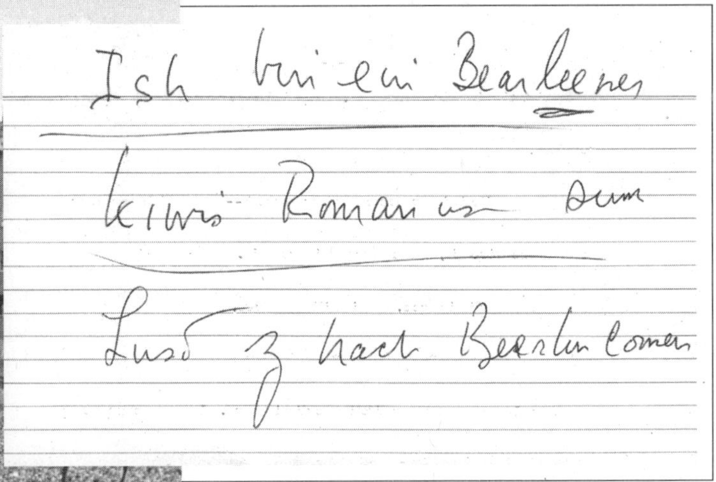

Ish bin ein Bearleener

Kiwis Romanus sum

Lust z nach Bearlin comen

ISH BIN EIN BEARLEENER
KIWIS ROMANUS SUM
LUST Z NACH BEARLIN COMEN

PRÄSIDENT KENNEDYS STICHWORTKARTE FÜR DIE BERLINER REDE MIT ZITATEN IN ANGENÄHERTER LAUTSCHRIFT FÜR EINE BESSERE AUSSPRACHE DES DEUTSCHEN (»LASST SIE NACH BERLIN KOMMEN«) UND LATEINISCHEN (*»CIVIS ROMANUS SUM«* – »ICH BIN EIN BÜRGER ROMS«)

EISENHOWER Natürlich habe ich persönlich schon lange so gedacht, Mr President, von Anfang an. Wenn die glauben, dass wir nicht viele Kräfte nach Berlin verlegen können, dann können sie es sagen. Ich würde meinen, dass ... sie heißt er gleich, Chruschtschow,[26] er hat mir in Camp David gesagt – er sprach darüber, dass wir mehr Truppen in Westdeutschland brauchen würden, es gab damals eine öffentliche Diskussion über die Entsendung von einigen Divisionen – und er sagte zu mir: »Was wollen die eigentlich?«, sagte er. »Für jede Division, die die nach Deutschland schicken, kann ich zehn schicken, ohne die geringste Mühe.« Und ich sagte: »Das wissen wir.« Und ich sagte: »Aber das ist es nicht, worüber wir uns Sorgen machen.« Und ich sagte: »Ich sage Ihnen ganz offen, ich will keinen konventionellen Krieg führen. Wenn Sie den Krieg erklären, wenn Sie einen weltweiten Krieg auslösen, dann wird es keine konventionellen ... dann wird er nicht konventionell sein.« Und das sagte ich ihm ganz offen. Und er sagte: »Gut.« Er sagte: »Dann bin ich erleichtert. Wir können uns das beide nämlich nicht leisten.« »Ja«, sagte ich, und ich sagte: »Okay, damit bin ich auch einverstanden.« *(Gelächter)*

JFK Genau. Genau.

EISENHOWER Aber sehen Sie, wovor diese Leute Angst haben ... ich meine, der Kern seiner Argumentation war, wenn man versucht, es von Anfang an konventionell auszufechten, wann geht man zu Atomwaffen über? Das passiert erst, wenn man selbst sozusagen in Gefahr gerät, und er sagte: »Das heißt, Europa ist wieder verloren.« Und das ...

JFK Aber natürlich haben wir all diese Atomwaffen in West-Berlin stationiert, wie Sie wissen. Alles, worüber wir ... worüber die Deutschen sich Sorgen machen, ist, dass die Russen Hamburg einnehmen, das ja nur ein paar Meilen hinter der Grenze liegt, und dann sagen: »Jetzt verhandeln wir.« Und deswegen hat sich Norstad[27] diese Strategie ausgedacht. Ich glaube, die einzige Schwierig-

26 Nikita Sergejewitsch Chruschtschow (1894–1971), von 1953 bis 1964 Generalsekretär der KPdSU und de facto Staatschef der UdSSR.

27 Lauris Norstad (1907–1988), US-amerikanischer Luftwaffengeneral und Oberkommandierender des strategischen NATO-Kommandos Europa.

keit ist, dass keiner … dass wir, wenn wir nicht das Berlin-Problem hätten und die Notwendigkeit, uns über die Transitstrecken den Zugang zu erhalten, dann würden wir sagen, dass jeder Angriff auf irgendeinen Teil West-Deutschlands für uns der Grund wäre, Atomwaffen einzusetzen. Aber das werden sie natürlich nie tun. Doch das ist die Schwierigkeit, eine Position 120 Meilen hinter ihren Linien zu halten.

EISENHOWER Mr President, ich erzähle Ihnen jetzt was. Ich kann nicht alles belegen. Aber Clay[28] war dabei. Der arme alte Smith ist ja leider nicht mehr am Leben. Wir haben damals unsere Regierungen angefleht, nicht nach Berlin zu gehen. Wir … Ich habe gefordert, wir müssten eine provisorische Hauptstadt an der Grenze zwischen der britischen, der amerikanischen und der sowjetischen Zone bauen. Ich hab gesagt: »Das geht nicht, wir können das nicht machen.« Na ja, es war eine politische Entscheidung in der beratenden Kommission, diesem European Advisory Council, in London. Und wurde später bestätigt und … Aber Mr Roosevelt hat mir zwei Mal gesagt – ich rede von meinen Bedenken – und er sagt: »Ike« – er war ja immer sehr ungezwungen im Umgang –, er sagte: »Ike«, sagte er, »mach dir keine Sorgen um Onkel Joe. Ich kümmere mich um Onkel Joe.«[29] Genau das hat er zu mir gesagt. Einmal in Tunis und dann noch mal, als ich am ersten oder zweiten oder dritten Januar '44 hier war. Es war das letzte Mal, dass ich ihm begegnet bin. Er wollte eben einfach nicht glauben, dass diese Leute sind, was sie nun mal sind – harte und skrupellose Na-Sie-wissen-schon.

28 Lucius Clay (1897–1978), Armeegeneral, von 1947 bis 1949 Militärgouverneur der amerikanischen Besatzungszone in Deutschland und Berater von Präsident Kennedy in Berlin-Fragen.

29 Spitzname für Josef Stalin.

TREFFEN MIT VIZEADMIRAL HYMAN RICKOVER, 11. FEBRUAR 1963

Hyman Rickover ist eine der legendären Gestalten der Militärgeschichte des 20. Jahrhunderts. Er wurde 1900 in Polen geboren, wanderte 1905 mit seiner Familie wegen der damaligen antisemitischen Pogrome in die USA aus und wuchs in New York und Chicago auf, wo er seinen Abschluss an der John Marshall High School machte. Danach wurde er an der Marineakademie der USA zugelassen und begann seine beispiellose Karriere zur See mit dreiundsechzig aktiven Dienstjahren. Rickover zeichnete sich durch großes Organisationstalent, unermüdlichen Arbeitseifer und sehr eigenwillige Ansichten aus. Nach prägenden Einsätzen auf U-Booten wurde er im Laufe der vierziger und fünfziger Jahre zum »Vater der Nuklearmarine«, berühmt für sein technisches Fachwissen, bewundert für seine strategische Klugheit und bekannt für sein großes Interesse an der Personalpolitik der Marine: Er bestand darauf, mit jedem Offiziersanwärter persönlich das Berwerbungsgespräch zu führen. Einer von ihnen, Jimmy Carter, sagte später, Rickover habe – nach seinen Eltern – den größten Einfluss auf ihn gehabt. Rickover überreichte Präsident Kennedy bei ihrem Treffen eine Tafel mit einem alten Gebet bretonischer Fischer, die Kennedy auf seinem Schreibtisch im Oval Office aufstellte: »O Herr, dein Meer ist so groß, und mein Boot ist so klein.«

Rickover interessierte sich, was für einen Kalten Krieger an vorderster Front eher ungewöhnlich war, sehr für Bildungsfragen und die Rolle der Schulen bei der Verbesserung sozialer Verhältnisse. Im Jahr 1960 erschien seine Schrift *Education and Freedom*, in der es unter anderem heißt: »Die Bildung ist das wichtigste Problem der USA in unserer Zeit.« Rickover forderte eine »massive Erhöhung« des schulischen Niveaus. Zwei Jahre später veröffent-

TREFFEN MIT VIZEADMIRAL HYMAN RICKOVER,
11. FEBRUAR 1963

lichte er einen detaillierten Vergleich amerikanischer und Schweizer Schulen, der zu dem Schluss kam, dass die USA auf diesem Gebiet praktisch überall unterlegen seien. Im folgenden Gespräch nutzte Rickover die Gelgenheit, für seine Position zu werben, indem er geschickt Kennedys privilegierte Kindheit und Jugend mit seiner eigenen als Einwanderer der ersten Generation verglich.

JFK Ich habe gerade heute Morgen einen ziemlich guten Artikel in der *Baltimore Sun* über Schulabbrecher gelesen, in Baltimore und anderen Städten, welcher Prozentsatz, welche Gründe. Ein ziemlich häufiger Grund ist Mangel an Interesse und so weiter. Warum bekommen denn Kinder eigentlich, wenn sie, besonders im Fernsehen und generell in unserer Überflussgesellschaft, sehen, keine Lust, es auch zu etwas zu bringen und ...
RICKOVER Ich glaube ... also, nehmen wir einmal zwei entgegengesetzte Extreme, zum Beispiel meinen Fall und Ihren Fall. In Ihrem Fall hatten Sie Eltern, die gesehen haben, dass Geld sich auch negativ auswirken kann. Und sie haben darauf geachtet, dass es sich bei Ihnen nicht auswirkt. Sie haben ja intelligente Eltern. In meinem Fall wurde ich, so wie ich aufwuchs ... wir hatten oft nicht genug zu essen, und oft musste man rausgehen und kämpfen, und niemand sah, wie wichtig die Schule ist. Ich glaube, daran liegt es. Und in dem Bereich dazwischen, da hat man dann die Probleme.
JFK Mir steht dabei vor Augen, wie mir eingebläut worden ist, dass man sich aktiv und erfolgreich am Lebenskampf beteiligen müsse. Und dabei wuchs ich in einer sehr luxuriösen Umgebung auf, es war also eine sehr harte Lektion. Und Sie, aus Ihrer eigenen Lebenserfahrung ...
RICKOVER Ihre Eltern waren in dieser Hinsicht eine wirkliche Ausnahme. Die große Mehrheit der Eltern, die jetzt *(unverständlich)* Kinder haben, versucht einfach nur alles, um ihnen möglichst alles leichtzumachen. Dabei wirken sie aber nur dem entgegen, was sie eigentlich erreichen wollen.
JFK Wenn Sie glauben, dass es jedem angeboren ist, ein Überlebensinstinkt, der da ...
RICKOVER Und ob ich das glaube! Weil denen alles zu leicht ge-

macht wird. Einige von ihnen erwarten dann, dass ihre Eltern sich schon um alles kümmern werden. Dann ziehen sie zu Hause aus und heiraten, erwarten aber immer noch selbstverständlich, dass die Eltern sie unterstützen. Und die Eltern tun es. Ich kann Ihnen beliebig viele Fälle nennen, wo die Eltern besser daran getan hätten, die Kinder einfach hinauszuwerfen. Im Leben jedes Tieres – und der Mensch ist auch ein Tier – kommt der Augenblick, wo man sich selbst versorgen muss. Das ist genau das Problem. Heute kann man diese Argumente vorbringen, und die Gesellschaft unterstützt einen. Das war vorher nicht so. Das ist das Problem, dem wir uns stellen müssen, und wir müssen es schaffen. Entschuldigen Sie, wenn ich Sie aufhalte – Sie sind der vielbeschäftigste Mann der Welt.

JFK Na ja.

RICKOVER Ich will Ihnen jetzt nicht alle meine Ideen vortragen. Aber wenn Sie wirklich etwas für dieses Land tun wollen, dann nehmen Sie sich das Bildungswesen vor. Ohne Bildung schaffen Sie es nämlich nicht.

ZWEI

POLITIK

VORIGE SEITE:
SENATOR JOHN F. KENNEDY STÄRKT SICH WÄHREND DES VORWAHLKAMPFS IN EINEM SCHNELLRESTAURANT IN NASHUA, NEW HAMPSHIRE, 5. MÄRZ 1960

Auf dem Parteitag der Demokraten von 1956 verlor Kennedy (knapp) die Wahl um das Amt der Vizepräsidentschaft. Es war die einzige Niederlage seiner Laufbahn. Statt sich entmutigen zu lassen, beschloss Kennedy nun erst recht, sich voll reinzuhängen (»From now on I'm going to be the total politician«). Er suchte Kontakt zu politischen Führern der alten Schule und TV-Programmmachern der neuen Schule, er schuf sich ein landesweites Netz von Beziehungen und stand 1960 als ein beeindruckender Präsidentschaftskandidat da. Obwohl er bei dem Abendessen im Januar desselben Jahres behauptet hatte, nicht das Temperament dafür zu haben, genoss er die politische Basisarbeit ganz offensichtlich. Präsident Eisenhower hatte einmal gesagt: »Das Wort ›Politik‹, ich mag es nicht besonders.« Kennedy erwiderte: »Ich mag das Wort ›Politik‹ sogar sehr. Das ist die Art und Weise, wie man als Präsident etwas bewegt.«

Anders als alle seine Vorgänger im Amt des Präsidenten erledigte Kennedy einen großen Teil seiner politischen Arbeit am Telefon. Er griff zum Hörer und gratulierte Gouverneuren, Senatoren und Abgeordneten, wenn sie erfolgreich waren, sprach ihnen Mut zu, wenn sie verloren, und bat sie um Unterstützung, wenn er selbst welche brauchte. Letzteres geschah ziemlich oft, während er die Agenda der »New Frontier« vorantrieb, häufig gegen starke Widerstände. Selbst als Präsident und mit einer demokratischen Mehrheit ab 1960 musste er sich mit einem störrischen Kongress herumschlagen. Republikaner und konservative Demokraten, darunter die sogenannten *boll weevils* (»Baumwollmaden«), wie die Südstaaten-Konservativen genannt wurden, blockierten seine Vorhaben in den meisten wichtigen Ausschüssen. Viele dieser Telefonanrufe zeigen, wie Demokratie funktioniert. Der Präsident tut, was er kann, um eine Gesetzesvorlage durchzubringen, und wechselt dabei zwischen persönlicher Zuvorkommenheit und politischem Druck. Trotz der Hindernisse brachte die Kennedy-Administration in ihren ersten beiden Amtsjahren 653 Vorlagen ins Parlament, fast doppelt so viele wie Eisenhower, und immerhin 304 davon wurden als Gesetz verabschiedet.

John F. Kennedys erklärter Wille, an allen Fronten Neuland zu betreten, stieß verständlicherweise nicht nur auf Gegenliebe, auch in der eigenen Partei nicht. Die Demokratische Partei verlor wegen Kennedys Eintreten für die Bürgerrechtsbewegung viele Stimmen – was vielleicht auch dem Umstand geschuldet war, dass viele Wähler inzwischen in die Vorstädte zogen und andere Prioritäten hatten. Aber Kennedys großer Sachverstand in allen aktuellen Fragen, sein geschickter Einsatz des Fernsehens, seine häufigen Pressekonferenzen und sein unkomplizierter Umgang mit den Menschen stellten sicher, dass seine Popularität nicht sank.

TELEFONAT MIT GOUVERNEUR EDMUND BROWN, 7. NOVEMBER 1962

Die Demokraten schnitten bei den Kongresswahlen zur Halbzeit von Kennedys Präsidentschaft 1962 relativ gut ab, indem sie zwei Senatssitze dazugewannen, dafür vier im Repräsentantenhaus verloren. Ein schwerer Verlust für die Republikaner war die Niederlage Richard Nixons, der gerade erst die Präsidentschaftswahl 1960 verloren hatte und sich jetzt auch in der Wahl zum Gouverneur von Kalifornien gegen Edmund »Pat« Brown mit fast 300000 Stimmen Rückstand geschlagen geben musste, obwohl er in den Umfragen bis zuletzt geführt hatte. JFK gratulierte Gouverneur Brown und sprach auch mit dessen Sohn Edmund »Jerry« Brown, der später, 1974 und dann wieder 2010, als Gouverneur von Kalifornien in die Fußstapfen seines Vaters treten sollte.

VERMITTLUNG Mr President?
JFK Ja.
VERMITTLUNG Er ist in einem Konferenzraum unten im fünften Stock. Wir holen ihn gerade.
JFK Okay, keine Eile.
VERMITTLUNG Danke.
JFK *(Sprung in der Dictabelt-Aufzeichnung)* … dazu 1960. Zum Teufel, er hatte sie alle so auf Kurs gebracht *(Sprung)* … oder?
PAT BROWN Dazu kann ich Ihnen nur sagen …
JFK Dazu werde *ich* Ihnen etwas sagen. Mit Ihrem Sieg haben Sie ihn reif für die Klapse gemacht.
PAT BROWN Na ja, Sie haben mir die Befehle gegeben, und die führe ich aus …

TREFFEN MIT DEM KALIFORNISCHEN GOUVERNEUR
EDMUND »PAT« BROWN, 20. APRIL 1961

JFK *(kichert)* Ich verstehe. Aber seine Abschiedsrede! Du liebe Zeit …[1]

PAT BROWN War das nicht schrecklich?

JFK Na ja, eigentlich nicht, es zeigt eher … *(Sprung)*. Was, glauben Sie, wird jetzt passieren?

PAT BROWN Ich glaube nicht, dass er darüber hinwegkommt. *(Sprung)* … die Führer.

JFK Genau.

PAT BROWN Knight[2] hat ihn einfach stehenlassen und ist weggegangen, *(unverständlich)* er mir gesagt *(Sprung)*. Komischer Typ. *(Sprung)* Ich halte ihn in der Tat für einen Psychotiker. Ein talentierter Mann, aber verrückt.

JFK Ja.

PAT BROWN Es gibt viele solcher Paranoiker. Die sind … Aber *(Sprung)* gute Arbeit.

JFK Mit was für einem Vorsprung hat Kuchel[3] gewonnen?

PAT BROWN Kuchel hatte ungefähr … tausend Stimmen Vorsprung. Die Kubageschichte hat ihm wirklich geholfen. *(Sprung)* … ist zurückgeflogen, und das hat wirklich geholfen. Aber wir haben jetzt hier ein Parlament *(Sprung)* … dreiundfünfzig, Zweidrittelmehrheit, und wir haben zwei Drittel im Senat. Also, Kalifornien *(Sprung)* … das kann ich sagen. Wir haben unsere Verantwortlichkeiten, die ich *(Sprung)* muss.

JFK Ja, ja.

PAT BROWN Aber ich würde gern eine Art Modell Ihres *(Sprung)* Gesetzgebungsprogramms daraus machen, das ich gern

---

1 Am 7. November 1962 gab Richard Nixon nach seiner unerwarteten Niederlage bei der kalifornischen Gouverneurswahl im Beverly-Hilton-Hotel eine Pressekonferenz, in der er der Presse, »die sich so freut, dass ich verloren habe«, Vorwürfe machte und bekanntgab: »Ab jetzt steht Ihnen Nixon als Prügelknabe nicht mehr zur Verfügung, denn, meine Herren, diese Pressekonferenz ist meine letzte.« Auf den Tag genau zehn Jahre später wurde er dann zum Präsidenten gewählt.

2 Goodwin Knight (1896–1970), Gouverneur von Kalifornien (1953–1959.

3 Thomas Kuchel (1910–1994), gemäßigter republikanischer Senator aus Kalifornien (1953–1969).

voranbringen möchte. Kommen Sie doch einfach mal hierher und bleiben ein paar Tage im …

JFK Ich hatte vor, im Dezember ein paar Tage zu kommen. Ich muss im Dezember nach Los Alamos *(Sprung)*, aber ich rufe Sie vorher noch an. *(Sprung)*

PAT BROWN *(Unverständich)* Gut … Würden Sie mir noch einen Gefallen tun? Würden Sie meinen Sohn Jerry[4] kurz begrüßen? Er studiert gerade an der Yale Law School und hat mir in San Francisco sehr geholfen.

JFK Oh, gut. Sehr schön.

PAT BROWN Sag hallo zu ihm. Hier ist jetzt mein Sohn Jerry.

JERRY BROWN Hallo, Mr President.

JFK Jerry, wie geht es Ihnen?

JERRY BROWN Sehr gut.

JFK Ich war im November zu einem Wahlkampftermin bei Ihnen oben *(Sprung)* diese Leute *(unverständlich)*. *(Lacht)*

JERRY BROWN *(unverständlich)* die Studenten *(Sprung)*.

JFK *(lacht)* Ah ja. Gut.

JERRY BROWN *(Sprung)* haben Sie auf jeden Fall.

JFK Ich habe ihnen gesagt, dass … meine Güte *(Sprung)* ich könnte nur *(Sprung)* mit weniger als *(Sprung)*.

JERRY BROWN Sie werden Kalifornien mit zehnmal mehr Vorsprung gewinnen als vorher …

JFK Wir versuchen es jedenfalls. Also dann, alles Gute *(Sprung)*. Machen Sie's gut. Wiederhören, Jerry.

---

4 Edmund G. »Jerry« Brown (*1938) ist seit 2011 der 39. Gouverneur von Kalifornien. Bereits 1975–1983 hatte er das Amt als 34. Gouverneur inne. 1976, 1980 und 1992 kandidierte er um die Präsidentschaft.

TELEFONAT MIT JUSTIZMINISTER ROBERT F. KENNEDY, 2. MÄRZ 1963

Präsident Kennedy telefonierte sehr häufig mit seinem Bruder, Justizminister Robert F. Kennedy, mit dem er alle möglichen Themen besprach. Der hier wiedergegebene Anruf ist ein gutes Beispiel für den vertrauten Umgang, den beide pflegten. Kaum jemand sonst nennt den Präsidenten auf den Tonbändern »Jack«, und wir hören, wie sie sich mit gutem Humor darüber amüsieren, dass ihre Gegner dachten, die Kennedys bereiteten eine Falle vor, von der sie selbst gar nichts wussten. Man bemerkt außerdem einen interessanten Unterschied zwischen den Brüdern: JFK ist beunruhigt, dass seine Zustimmungswerte in den Umfragen von 76 auf 70 Prozent gefallen sind, und RFK erinnert ihn daran, was für ein phantastisch hoher Wert das eigentlich ist. Arthur M. Schlesinger jr. hat den Charakter der beiden so beschrieben: »John Kennedy war ein als Romantiker getarnter Realist und Robert Kennedy ein als Realist getarnter Romantiker.«

RFK Hallo, Jack?

JFK Ja?

RFK Was man dabei bedenken muss – ich weiß nicht, wieweit du dich damit befassen willst, aber was man dabei bedenken muss, ist – dein Vorschlag am Dienstag, das war etwas, was zu dem ursprünglichen Plan dazukam.

JFK Ja. Ja klar.

RFK Es wurde nichts zurückgenommen, und es war auch nicht schon vorher im Gespräch oder Teil eines anderen Plans …

JFK Ja, das stimmt.

RFK Du hast das am Dienstag einfach noch hinzugefügt.

JFK Ja.

RFK Und die Sache war vorher auch noch nicht im Gespräch.

JFK Ja.

RFK Es war etwas, was du ins Gespräch gebracht hast, um zu helfen.

JFK Du hast davon gehört, dass …

RFK Aber, weißt du, wenn die im Senat darüber reden …

JFK Ja. Da wird heutzutage einfach alles runtergemacht. Rowland Evans[5] hat gesagt, er habe mit Dirksen[6] geredet. Dirksen hat gesagt: »Ich kapier's nicht.« Er sagt: »Ich kapier's einfach nicht. Die Kennedys scheinen etwas zu planen. Die wollen uns in eine Falle locken. *(Gelächter)* Die sind nämlich ziemlich gerissen.«

RFK Ja klar. Wir wissen nur noch nicht, wie wir die Falle zuschnappen lassen.

JFK Genau.

RFK Aber das kriegen wir auch noch raus.

JFK O Mann, das sagt ja wohl mal wieder alles über die Presse, oder?

RFK Aber trotzdem … die Umfrage …

JFK Was?

RFK Noch nicht gesehen? Du bist runter auf 70 Prozent.

JFK Wann?

RFK Hm?

JFK Von wann ist die?

RFK Die Gallup-Umfrage.

JFK Von wann war die?

RFK Vor zwei Tagen oder so.

JFK Die habe ich gar nicht gelesen.

RFK Doch. Von 76 Prozent runter auf 70.

JFK Wirklich?

RFK Aber mit einer Zustimmung von 70 Prozent bist du …

---

5 Rowland Evans (1921–2000), ein führender konservativer Washingtoner Polit-Journalist in Presse und Fernsehen. Seit 1963 schrieb er mit seinem Partner Robert Novak den *Inside Report*.

6 Everett Dirksen (1896–1969), republikanischer Senator für Illinois (1951–1969) und Fraktionschef im Senat (1959–1969).

JFK Ja.
RFK … liegst du gleichauf mit einem Republikaner.
JFK Was?
RFK Meine Güte, 70 Prozent, nur 18 sind gegen dich.
JFK Tatsächlich?
RFK Also, ich verstehe nicht, was die … Die Presse ist dir ganz offensichtlich nützlich.
JFK Aber wie meinst du das, gleichauf?
RFK Gleichauf mit einem Republikaner.
JFK Ach, du meinst die Zustimmung und Ablehnung?
RFK Genau. Und dann die Unabhängigen.
JFK Ich kenne diese Umfrage gar nicht. Stand die in der *Post*?
RFK Keine Ahnung, in welcher Zeitung. Ich habe sie am Mittwoch oder Donnerstag im Flugzeug gelesen.
JFK Ach so.
RFK Wenn du glaubst, du musst dir Sorgen machen, denk einfach daran, was sie gerade mit Nelson Rockefeller[7] machen.
JFK Wieso? Was denn?
RFK Also, in den Bars heißen die Drinks jetzt Nelson- oder Rockefeller-Cocktail. Alle Zutaten wie immer, aber 15 Prozent teurer. *(Gelächter)*
JFK Ernsthaft?
RFK Und auf der Straße haben sie Plakate aufgehängt …
JFK Ja.
RFK Da steht: »Treten Sie ein, trinken Sie einen Rockefeller-Cocktail!« Alles kostet 15 Prozent mehr. In jeder Bar! Wie fändest du das, wenn du ständig von so was verfolgt wirst?
JFK Ja, aber er hat noch Glück, dass diese Zeitungen nicht …
RFK Hast du den Artikel über ihn im …
JFK Im *Wall Street Journal*?
RFK … im *Wall Street Journal* gesehen? Nicht sehr vorteilhaft.
JFK Ja.

---

7 Nelson Rockefeller (1908–1979) war republikanischer Gouverneur von New York (1959–1973), später Vizepräsident (1974–1977) unter Gerald Ford und lange Jahre ein möglicher Bewerber um die Präsidentschaft.

RFK Ich glaube, er hat im Moment wirklich Probleme. Schwierigkeiten.

JFK Ja.

RFK Und du hast keine. Ich habe dich im Fernsehen gesehen.

JFK Wir haben in einem Monat sechs Prozent verloren, oder?

RFK Seit Januar.

JFK Seit der Kongress wieder tagt.

RFK Ja, dann werden die Meinungen wieder parteiischer. Aber du musst dir das mal klarmachen: volle 70 Prozent!

JFK Ja.

RFK Das ist mehr, als du 1960 hattest.

JFK Okay.

RFK Alles klar.

TELEFONAT MIT JUSTIZMINISTER ROBERT F. KENNEDY, 4. MÄRZ 1963

Einer der vielen typischen Anrufe, in denen RFK und JFK sich über den Klatsch und Tratsch der Politszene unterhalten. Die beiden sind sich so einig, dass sie sich immer wieder das Wort aus dem Mund nehmen.

JFK Hallo?
RFK Jack?
JFK Ja.
RFK Oh, Ed Guthman[8] war neulich auf einer Party …
JFK Ja.
RFK … und hat sich mit Doris Fleeson[9] unterhalten.
JFK Ja.
RFK Sie ist offenbar ziemlich verbittert.
JFK Ja.
RFK Aber das war sie ja schon immer. Aber ich weiß auch gar nicht, wie es ihr heute geht, ob sie Kontakte hat …
JFK Worüber ist sie denn verbittert?
RFK Sie ist einfach mit allem unzufrieden.
JFK Ja.
RFK Aber so kennt man sie ja. *(Sprung)*

---

8 Edwin O. Guthman, RFKs Pressesprecher; Pulitzer-Preisträger 1950 für seine journalistische Arbeit bei der *Seattle Times*.

9 Fleeson (1901–1970) war 1945 die erste landesweit erscheinende politische Kommentatorin.

JFK Ja … *(Sprung)* … dort Republikaner sein, und sie mag McCone[10] nicht, und sie ist … War es denn irgendwas Spezielles?

RFK Nun, er hat nicht … Sie war wohl einfach allgemein unzufrieden, aber ich weiß nicht, ob … Sie wirkt immer so, als ob sie auch freundlich sein könnte, wenn ihr nur jemand ein bisschen Aufmerksamkeit schenken würde.

JFK Tja, nicht einfach.

RFK Stimmt's?

JFK Sie ist immer auf Konfrontationskurs, immer unzufrieden. Es gefällt ihr nicht … dass wir die Republikaner einladen, oder dass wir nicht entschieden genug für, was weiß ich, die Bürgerrechte eintreten oder was auch immer. Sie wirkt immer beleidigt. Ich habe gar keinen Kontakt mit ihr.

RFK Ja.

JFK Und …

RFK Auf jeden Fall solltest du daran denken, falls du was von ihr hörst.

JFK Du triffst sie nie, oder?

RFK Nein, eigentlich nicht. Nein … aber sie ist einfach eine Querulantin.

JFK Ja. Rennt herum und liegt den Leuten in den Ohren. Jemand … Sag mal, es gibt ein Gerücht, dass John McCone gesagt hat, dass er zurücktritt, sobald sich ihm die Gelegenheit dazu bietet.

RFK Ach, Marquis Childs.[11]

JFK Hast du davon gehört?

RFK Weißt du, was Marquis Childs …

JFK Ja.

RFK … Ed Guthman erzählt hat?

JFK Ja? Was hat er Ed Guthman gesagt?

---

10 John A. McCone (1902–1991) wurde am 29. November 1961 zum CIA-Direktor ernannt, nachdem Allen Dulles wegen des Schweinebucht-Fiaskos zurückgetreten war.

11 Marquis William Childs (1903–1990), Kommentator für die *St. Louis Post-Dispatch* und Autor von Biographien.

RFK Er hat gesagt, dass diese Information von der CIA selbst kommt, um der Regierung zu schaden.

JFK Von der CIA?

RFK Genau. Hast du seinen Artikel heute gelesen?

JFK Ja. Der beruht offenbar auf dem, was ihm John gesagt hat.

RFK John McCone kam ziemlich gut darin weg.

JFK Ja, aber so gut nun auch wieder nicht. Wie auch immer …

RFK Ja, das hat Dave auch … er hat gesagt: »Ich habe die Story geschrieben, damit klar ist, wie das bei denen läuft.«

JFK Was? Dass die das lancieren?

RFK Ja. Ich sage dir …

JFK Aber er hat es natürlich so formuliert, als wäre es eine reine Interna der …

RFK Der CIA.

JFK … CIA. Aber er behauptet, die CIA streut es aus?

RFK Ja. Und ich glaube, er hat gesagt, insbesondere John McCone.

JFK Und dass McCone recht hat?

RFK Na ja, dass John McCone … dass sie versuchen, sich in ein gutes Licht zu rücken.

JFK Ja.

RFK Und er hat gesagt: »Da kommt das her«, sagt er.

JFK Ja, ja. Dieser John McCone ist ein Mistkerl.

RFK Ja.

JFK Ja. Und wir haben ihn an der Backe. Hast du ein …?

RFK Es gab eine Zeit, da war er sehr nützlich.

JFK Ja, aber die ist lange vorbei … Und diesen Wirbel, den er … Natürlich hacken jetzt alle auf ihm rum. Das ist das Problem. Selbst schuld. Jeder sagt, dass er ein Vollidiot ist. Aber du meinst, die Sache mit den 1500 Terroristen und Guerillakämpfern, die sie da ausbilden, das war nicht immer so. Die haben 1500 Schüler und Studenten. Aber wie viele davon wirklich als Guerillerakämpfer ausgebildet werden, ist eine ganz andere Frage. Man kriegt nie präzise Angaben.

RFK Ja.

JFK Die …

RFK Es gibt da noch so ein Problem. Willst du es hören?

PRÄSIDENT KENNEDY BESPRICHT SICH MIT JUSTIZMINISTER
ROBERT F. KENNEDY VOR DEM OVAL OFFICE, 3. OKTOBER 1962

JFK Ja.

RFK Die TFX-Sache.[12]

JFK Ja.

RFK Kümmert sich jemand darum? Es geht darum, wie dieser Auftrag zustande gekommen ist?

JFK Ja. Ja.

RFK Die Zeitungsleute denken nämlich, da ist jetzt was Neues rausgekommen.

JFK Nicht dass wir wüssten. Was soll denn rausgekommen sein?

RFK Na ja, sie glauben, da ist irgendwas ...

JFK Was?

RFK Etwas Komisches soll da gelaufen sein, aber ich glaube einfach, dass jemand lieber ...

JFK Weißt du, was da gelaufen ist? *(Lacht)* Niemand wollte nach Topeka in Kansas. *(Lacht)* Das ist alles, was gelaufen ist. *(lacht)*

RFK Ja. Aber ich fände es gut, wenn sich jemand darum kümmert. Die Anhörungen durchgeht und so.

JFK Na ja, ich weiß nicht. Ich denke, das war bloß dein Freund John McClellan.[13]

RFK Ja.

JFK Aber ich bin sicher, da ist gar nichts herausgekommen, und man wird auch nichts mehr herausfinden. Ich weiß, was da gelau-

---

12 »Tactical Figther, Experimental«: die Bezeichnung des Pentagon für den Faltflügel-Überschalljäger F111. Das FTX-Programm war ein Erbe der Eisenhower-Administration und wurde von einer besonders schwierigen Auftragsvergabe überschattet.

13 John McClellan (1896–1977) vertrat lange Jahre Arkansas als Abgeordneter im Repräsentantenhaus (1935–1939) und als Senator (1943–1977). Er war Vorsitzender des Bewilligungsausschusses des Senats und verschaffte als solcher seinem Bundesstaat beträchtliche finanzielle Mittel für den Bau und Ausbau von Deichen, Wasserstraßen und dergleichen. Er war ebenfalls Vorsitzender des Senatsausschusses für staatliche Tätigkeiten (Government Operations Committee). Bekannt wurde er vor allem in den fünfziger Jahren durch sein aggressives Auftreten als Vorsitzender des ständigen Senatsunterausschusses für Untersuchungen (Subcommittee on Investigations), der sich mit Betrugsdelikten, Misswirtschaft und Korruption in der Regierung befasste. 1955 berief er Robert F. Kennedy als juristischen Berater in dieses Komitee.

fen ist, nämlich gar nichts, und zwar wegen Topeka. *(Lacht)* Dorthin wäre der Auftrag gegangen, da sitzt der Bewerber mit dem zweitbesten Gebot.

RFK Ja. Stimmt, ich erinnere mich an die Diskussion.

JFK Ja. Und das ist alles.

RFK Ja.

JFK Also, mal sehen. Diese Geschichte … und Doris … und was war noch?

RFK Nur noch John McCone.

JFK Also, was wir mit dem guten alten John machen, weiß ich auch nicht.

RFK Außer … Ich nehme an, wenn ihm jemand mitteilen könnte, dass es …

JFK Ich dachte, du könntest ihm sagen, dass, zuerst dass …

RFK Sie sagen …

JFK … die wir von den Presseleuten wüssten, dass sie irgendeinen Mist erzählen, um sich zu profilieren, auf Kosten der Regierung, dass es eine Menge Gerede auf dem Capitol Hill gibt und so weiter. Ich würde das John gern wissen lassen. Vielleicht sieht er selbst ein, dass das nicht sehr schlau war.

RFK Ja.

JFK Du triffst ihn nicht zufällig, oder? Kommt er …

RFK Doch, ich treffe ihn am Donnerstag, Mittwoch. Er kommt zum Abendessen.

JFK Hm-hm. Er kommt morgen rauf, um auszusagen. Ich dachte, du könntest …

RFK Er war …

JFK … könntest es ihm vielleicht am Dienstagabend sagen.

RFK … allerdings besser in der Zeugenaussage, oder?

JFK Stimmt, obwohl … Diese Sache mit … Ich weiß nicht, woher Marquis Childs das hat, weißt du das?

RFK Ja.

JFK Hat er es von McCone?

RFK Von McCone. Das hat er zumindest Ed Guthman gegenüber angedeutet.

JFK Verstehe. Also, ich meine … diese Daten rauszugeben, wenn er die Nachrichten schickt und all das. Meine Güte, er hat die

Nachrichten nie an jemand anders geschickt. *(Sprung)* Warum ist er nicht aus den Flitterwochen zurückgekommen?[14]

RFK Na ja, ich weiß, dass …

JFK Hm?

RFK Also, ich denke …

JFK *(lacht)* Ich glaube, das ist das Einzige, was er nicht …

RFK Also, ich denke, Marquis Childs war von der Geschichte nicht sonderlich beeindruckt.

JFK Meinst du?

RFK Ich denke, was er gesagt hat, war eigentlich nur, woher die Information stammt und dass es gegen dich gerichtet war, also gegen die Regierung. Er wollte uns also nur sagen …

JFK Ja.

RFK … dass das gerade abläuft.

JFK Ja, ich schlage vor, du sagst das John einfach am Mittwochabend.

RFK Okay.

JFK Gut.

---

14 Am 20. September 1962 teilte John McCone JFK erstmals seinen Verdacht mit, dass die Sowjets auf Kuba Raketen stationieren könnten. McCone befand sich zu diesem Zeitpunkt auf Hochzeitsreise in Paris und war trotz der alarmierenden Information nicht geneigt, seine Flitterwochen vorzeitig zu beenden. Er schickte daher das später so genannte »*honeymoon telegram*«.

TELEFONAT MIT JUSTIZMINISTER ROBERT F. KENNEDY, UNDATIERT

In diesem Telefongespräch klagen JFK und RFK über die nachteilige Berichterstattung ihrer Regierungsarbeit in den Blättern des Medienmoguls Henry R. Luce. Luce hatte JFK großzügig Publicity verschafft, als er noch ein aufstrebender junger Politiker war, aber wie die nachfolgende Unterhaltung zeigt, konnte die Stimmung jederzeit umschlagen. Im weiteren Verlauf des Gesprächs geht es dann um die Einrichtung von Schulen auf Militärbasen und die schwierige Beziehung zu den Führern der Bürgerrechtsbewegung.

RFK Jack?
JFK Ja. Was hältst du von dem, was *Newsweek* über dich geschrieben hat?
RFK Na ja, ich glaube, es war schon in Ordnung. Nicht sehr aktuell, oder?
JFK Nein, aber ich fand es auch in Ordnung.
RFK Meinst du?
JFK Klar. Wenn du dagegen das *Time Magazine* liest ... hast du es schon gelesen?
RFK O Gott, das bin ich?
JFK Ja, ich habe heute mit Harry Luce gesprochen.
RFK Hattest du *Time* da schon gelesen?
JFK Ja.
RFK Hast du was gesagt?
JFK Und ob. Ich habe ihn eine Dreiviertelstunde lang zusammengestaucht. Er meinte: »Ich war nicht da, ich war in Phoenix, und es sieht doch gar nicht so schlimm aus.« Ich habe ihm gesagt: »Für mich sieht das ziemlich schlimm aus.«

RFK Was für Mistkerle!

JFK Ja.

RFK Mit dieser verdammten Geschichte sind sie ja wohl wirklich übers Ziel hinausgeschossen. Oder?

JFK Absolut. Aber ist das nicht seltsam? Man sieht, dass er die Zügel nicht mehr fest in der Hand hat. Da kommt er zu mir, lädt mich zu diesem Abendessen ein, nicht wahr ...

RFK Ja.

JFK ... und er kommt hier an ... man sollte doch meinen, dass er wenigstens versucht, mir beizupflichten, um mir den Wind aus den Segeln zu nehmen.

RFK Genau. Was hast du ihm geantwortet?

JFK Oh, ich habe den Schwarzen Peter erst mal bei ihm gelassen, so nach dem Motto: Soll er doch erst wieder ein paar anständige Artikel schreiben. Aber dann habe ich es mir überlegt und hab zu ihm gesagt: »Ich lasse Sie wissen, ob ich kommen kann.« Aber ich bin mir unsicher, ich will ihm keine falschen Hoffnungen machen, weil er jetzt bestimmt ein paar gute Artikel bringen wird, und dann *muss* ich zu ihm gehen, und ich glaube, *Newsweek* und Graham und so weiter, die würden glauben ... Ich meine, nach diesem Artikel, das würde aussehen wie ...

RFK Ja. Wir haben die sachlichen Fehler notiert. Es geht da um die kubanischen Gefangenen und ... einfach unglaublich! Ich meine, wie viele ... Die haben sich einfach ...

JFK Ja. Ja.

RFK ... nicht die geringste Mühe geben.

JFK Genau. Das ist, nicht wahr ... Ich meine, das ist doch reine Böswilligkeit. Aber ich nehme an, die sehen das nicht mal so.

RFK Er merkt es gar nicht, er sieht das überhaupt nicht ...

JFK Ja, er merkt das gar nicht. Sie waren sehr fair während des Wahlkampfs, und das war, weil ... *(unverständlich)*

RFK Ja.

JFK Er ist der Schweinehund da. Dabei war er doch im Wahlkampf dabei, und da waren sie ziemlich gut, daher glaube ich nicht, dass Luce böswillig ist, ich glaube, ihm fehlt einfach das Gespür. Die Sache selbst interessiert ihn höchstwahrscheinlich gar nicht, aber ihm fehlt auch das Gespür dafür. Er könnte nicht ... Ich glaube nicht, dass er die Sache bereut, obwohl es fünf Leserbriefe gab, die ziemlich gestänkert haben. Auf jeden Fall werde ich ihm wohl schreiben, dass ich eher nicht komme.

RFK War er gut drauf?

JFK O ja, freundlich, sehr angenehm.

RFK Weswegen ich dich eigentlich anrufe, ist dieser verdammte Schulbau.

JFK Ja?

RFK Die Schulen in den Stützpunkten.

JFK Ja.

RFK Wolltest du, dass diese Schulen gebaut werden?

JFK Nein, ich hab mich damit noch gar groß befasst, ich hab nur …

RFK Im Erziehungsministerium hieß es … also, Ribicoff[15] hat die Sache letzten März bekanntgemacht.

JFK Ja.

RFK Und weil ich dachte, dass du nicht …

JFK Das stimmt.

RFK … gerade glücklich darüber bist …

JFK Na ja, ich habe mich einfach nicht damit auseinandergesetzt.

RFK Und dann haben sie – es ist eigentlich ziemlich lächerlich –, dann haben sie im Januar eine Bekanntmachung veröffentlicht … weil sie Ted Sorensen so verstanden hatten, dass du sie dazu aufgefordert hättest. Sie haben also noch zwei weitere Schulen ausgeschrieben, sechs sind schon angekündigt. Zum Beispiel Fort McClellan, da wollen sie eine Schule für … nein, die hier, Fort Rucker, Klasse eins bis sechs. 892 Kinder leben auf dem Stützpunkt, insgesamt vierzehn Negerkinder, und die Gesamtkosten belaufen sich auf geschätzt 742 000 Dollar.

JFK Nur wegen dieser vierzehn Kinder?

RFK Genau. In Fort Stewart sind es dreiundzwanzig, das macht 297 000 Dollar, in Robbins Air Force Base sind acht Negerkinder, 594 000 Dollar. Fort Jackson, achtzehn Kinder, 234 000 Dollar.

JFK Fort Jackson? Wo liegt Fort Jackson?

---

15 Abraham Ribicoff (1910–1998), Gesundheits- und Erziehungsminister (1961–1962) und Senator für Connecticut (1963–1981).

RFK Fort Jackson, South Carolina. In Myrtle Beach …

JFK Und was schlägst du vor?

RFK Und dann noch zwei dazu, das macht acht. Kostet ungefähr drei Millionen. Wir haben im Moment ein Gerichtsverfahren laufen.

JFK Ja.

RFK Das wird sich wahrscheinlich noch ein Jahr hinziehen, oder anderthalb Jahre und vielleicht sogar zwei Jahre, bis es dann an den Obersten Gerichtshof geht. Für diese acht Schulen geben sie ungefähr 3 Millionen Dollar aus und bekommen vielleicht noch ein zusätzliches Jahr, für etwa fünfzig bis sechzig Kinder …

JFK Ja.

RFK … Negerkinder. Das zieht sich jetzt schon ewig hin, und es scheint mir einfach verdammt viel Geld zu sein. Also …

JFK Na ja, das Problem ist eher ein politisches, oder?

RFK Ja. Wegen der Bekanntmachung.

JFK Ja. Aber hat Roy Wilkins vorher das Erziehungsministerium kritisiert, als das Ganze losging?

RFK Nein. Aber ich denke …

JFK Was wir hätten tun sollen, ist, wir hätten es am Anfang einfach …

RFK Genau.

JFK … rein juristisch behandeln sollen. Es ist dumm, dass sich das so weit entwickeln konnte.

RFK Na ja, das war ein Fehler …

JFK Ja.

RFK … der Ende Januar gemacht wurde.

JFK Ja.

RFK Aber ich habe denen gesagt, dass …

JFK Ja.

RFK … wir sofort in dieser verdammten Sachen die Koordination übernehmen.

JFK Ja.

RFK Wollen wir es dabei belassen, wenn du in der Sache keine dezidierte Meinung hast?

JFK Ich möchte gern mit Ted Sorensen darüber sprechen, er hat sich ja damit befasst.

———

RFK Alles klar.

JFK Ich will mich erst informieren. Vielleicht gibt es noch irgendwelche Aspekte, die wir bedenken müssen, von denen ich nichts weiß.

RFK Also, ich würde sonst versuchen, eine Lösung zu finden, mit der alle leben können. Vielleicht klappt es ja auch nicht, aber …

JFK Oder vielleicht kannst du …

RFK Celebrezze[16] meinte nur, du würdest dich persönlich für die Sache interessieren, deshalb dachte ich …

JFK Nein, eigentlich nicht. Ist mir ziemlich egal. Es ist nur die Frage, wie man das jetzt politisch löst.

RFK Aber bevor wir etwas unternehmen, sollten wir erst mit Ted sprechen.

JFK Okay, gut. Ich rede mit ihm. In Ordnung.

---

16 Anthony J. Celebrezze (1910–1998), Bürgermeister von Cleveland (1953–1962); 1962 ernannte Kennedy ihn zum Gesundheits- und Erziehungsminister.

TELEFONAT MIT SENATOR EDWARD M. KENNEDY, 7. MÄRZ 1963

Präsident Kennedys jüngerer Bruder Edward M. Kennedy war einer der großen Gewinner der Kongresswahlen von 1962. Er gewann dort den Senatssitz, den er bis zu seinem Tod 2009 innehaben sollte. Im folgenden Telefongespräch unterhält er seinen Bruder mit amüsanten Anekdoten aus der politischen Szene von Massachusetts.

EMK Also, das hat hier wirklich den Vogel abgeschossen, das hat mir einer von der Wolle-Kommission erzählt, und alle lachen sich halb schlapp, dass da jemand ankommt und will die Auslandsimporte einschränken, und was macht er? Fährt in einem Mercedes-Benz vor!
JFK Wer denn?
EMK Herter.[17]
JFK Ach, wirklich?
EMK Ja, und er fährt anscheinend in der Gegend rum mit amtlichen Nummernschildern »Gouverneur von Massachusetts« oder so …
JFK *(lacht)*
EMK Die Leute sehen ihm fassungslos nach.
JFK *(lacht)*

---

17 Christian Herter (1895–1966), republikanischer Kongressabgeordneter, Gouverneur von Massachusetts (1953–1957) und Außenminister unter Präsident Eisenhower (1959–1961).

PRÄSIDENT KENNEDY ÜBERGIBT DAS WORT AN SEINEN BRUDER, SENATOR EDWARD M. KENNEDY, AUF EINER SPENDENVERANSTALTUNG DER DEMOKRATEN VON MASSACHUSETTS IN DER BOSTONER ARMORY-FESTHALLE, 19. OKTOBER 1963

EMK Er ist zu dieser Schafwolle-Tagung gegangen. Der Typ, der mir das erzählt hat, sagt, das war, als hätte man die Luft aus einem Ballon gelassen.

JFK Klar.

EMK Aber …

JFK Aber natürlich ist das schwierig. Ich sage dir, wir haben gestern zwei Stunden darüber gesprochen …

EMK Ja.

JFK … was wir wegen der Wolle unternehmen können. Diese Leute wollen den Markt nämlich nicht aufgeben.

EMK Ja.

JFK Und es ist einfach …

EMK Also, er hat ein …

JFK Christian ist eigentlich ein großer Anhänger des Freihandels, und wir sowieso, und wir treffen uns morgen mit Pastore[18] und besprechen das dann.

EMK Er hat, also, Mike hat die Sache wirklich gut im Griff, und er hat das ganze Problem unglaublich gut …

JFK Genau.

EMK … rübergebracht.

JFK Okay, gut, sehr schön.

EMK Alles klar.

JFK Dann auf bald.

EMK Auf bald.

---

18 John Pastore (1907–2000), demokratischer Senator für Rhode Island (1950–1976).

TELEFONAT MIT SENATOR GEORGE SMATHERS, 4. JUNI 1963

Als Präsident pflegte Kennedy weiterhin viele Freundschaften im Senat (dem er acht Jahre lang angehörte), besonders zu George Smathers,[19] einem Demokraten aus Florida, der sein Trauzeuge wurde und die Wahlkampfkampagne in den südöstlichen Bundesstaaten leitete. Smathers war kein großer Anhänger der Bürgerrechtsbewegung, aber seine Freundschaft bedeutete Kennedy viel, und wie das folgende Gespräch zeigt, hatten sie ganz offensichtlich den gleichen Sinn für Humor.

JFK *(liest ein nicht ganz ernstgemeintes Schreiben vor)* »... wie aus Ihren Schreiben an mehrere Regierungsstellen in den letzten achtzehn Monaten hervorgeht, scheinen Sie die ernsthafte Sorge zu haben, dass die Vereinigten Staaten Gefahr laufen, von den Vereinten Nationen angegriffen zu werden. Das wäre in der Tat eine sehr ernste Lage, und – um Sie in dieser Frage nicht im Unklaren zu lassen – ich freue mich, Ihnen mitteilen zu können, dass der Präsident gemäß seinem Amtseid die Vereinigten Staaten vor jedwedem Angriff zu beschützen entschlossen ist. Der Präsident geht allerdings nicht davon aus, dass den Vereinigten Staaten derzeit ein Angriff droht, weder von den Vereinten Nationen noch von Island, dem Tschad oder Samoa. Er möchte allerdings klarstellen, dass er, woher auch immer ein solcher Angriff kommen möge, seine ihm von der Verfassung der Vereinigten Staaten übertragenen Aufgaben vollständig erfüllen wird.«

---

19 George Smathers (1913–2007), von 1951 bis 1969 Senator für Florida und enger Freund JFKs.

SMATHERS Sehr schön.

JFK »Zwar sind wir gegenwärtig mit zahlreichen anderen Angelegenheiten befasst, möchten Sie jedoch wissen lassen, dass wir uns stets freuen, wenn Sie uns Ihre Sorgen anvertrauen.«

SMATHERS Ganz prächtig, wunderbar. *(Lacht)* Schöner Brief, sehr nett.

JFK Kann ich das so lassen?

SMATHERS Finde ich schon. Und könnten Sie ihm noch … ja, lassen Sie eine Abschrift an mich gehen, damit …

JFK Genau, das setze ich noch dazu: »Abschrift an Senator Smathers«.

SMATHERS Ja, das wäre nett.

JFK Okay.

SMATHERS Ich finde, das ist gut so.

JFK Okay. Danke.

SMATHERS Mr President, ich bin stolz auf Sie. *(Gelächter)* Das ist wirklich nett … Samoa. *(Gelächter)* Aber das – das ist genau das, was dieser alte Trottel hören muss. Er kann diesen Brief nicht vorzeigen …

JFK Nein.

SMATHERS … und damit wird das aufhören.

JFK Den kann er nicht vorzeigen. Sonst kommt der nächste.

SMATHERS Alles klar. Hören Sie, ich habe auch mit anderen über diesen Kerl gesprochen …

JFK Ja.

SMATHERS Bei den Verhandlungen. Das sind selbst Südstaatler, das sind seine Leute. Die lassen die Hosen runter, und er kann machen, was er will.

JFK Ja.

SMATHERS Aber sie wollen versuchen, eine Einigung zu erzielen, und …

JFK Was für Südstaatler waren das?

SMATHERS Hm?

JFK Was waren das … Ich meine, haben Sie denen erklärt, was meiner Ansicht nach ihr Problem ist?

SMATHERS Ja.

JFK Und sie sind sich dessen bewusst, oder?

SMATHERS Ja, Sir.

JFK Ich verstehe.

SMATHERS Jawohl, und die sind sich alle einig, dass dieser Kerl da eigentlich nichts zu suchen hat. Ich habe gefragt: »Warum zum Teufel habt ihr ihn dann auf diesen Posten gesetzt?«

JFK Ja.

SMATHERS Verdammt noch mal.

JFK Ja.

SMATHERS Na ja, er hat gesagt, er sei der Richtige, ich weiß nicht, ein paar Eisenbahnbosse wollten ihn.

JFK Ja.

SMATHERS Aber da gibt es auch ein paar richtig schlaue Burschen – der, mit dem ich gesprochen habe, zum Beispiel.

JFK Ich würde ihn in irgendein Büro setzen, damit er das Material vorbereitet, und dann würde ich einen so richtig charmanten Burschen …

SMATHERS Genau.

JFK … damit an die Öffentlichkeit schicken.

SMATHERS Dan Loomis[20] sollte das machen. Er ist wirklich …

JFK Na ja, ich weiß nicht, da wird jetzt nicht mehr mit Murmeln gespielt, seit wir dabei sind.

SMATHERS Das stimmt.

JFK Also, die sollten sich wirklich keine Sorgen darum machen, ob Wolfe vielleicht beleidigt sein könnte. Wenn er nicht der Richtige für das ist, was wir wollen, dann …

SMATHERS Das stimmt.

JFK … sollten sie eben den Burschen mit Charme holen. Ich meine, Wolfe soll ruhig hinter den Kulissen alles in der Hand haben, aber dieser andere soll es …

SMATHERS Da haben Sie recht.

JFK … nett und elegant aufbereiten. Das ist mein Rat in dieser Sache.

SMATHERS Ich werde einfach sagen, das sei meine Entscheidung …

---

20 Daniel S. Loomis, Vorsitzender des Industrieverbands Association of American Railroads.

JFK Genau.
SMATHERS ... und Sie damit aus der Sache raushalten, wenn es Ihnen recht ist.
JFK Aber vertreten Sie den Standpunkt sehr entschlossen.
SMATHERS Werde ich tun.
JFK Okay.
SMATHERS Alles klar, Sir.
JFK In Ordnung.
SMATHERS Der Leitartikel im *Star* ärgert Sie hoffentlich nicht?
JFK Welcher?
SMATHERS Gestern Abend.
JFK Habe ich zum Glück nicht gelesen.
SMATHERS Na ja, er ist ...
JFK Worum ging's? Um Sie?
SMATHERS Nein, um Sie. *(Lacht)* Wenn es um mich ginge, hätte ich schon viel früher geschrien. *(Gelächter)* O Gott, Drew Pearson[21] hat tatsächlich angekündigt, dass er über mich was schreiben will, weil mein Vater sich den Besitz von Farbigen angeeignet haben soll.
JFK Nun ja, darüber machen wir uns gar nicht erst Gedanken. Es wird so viel über uns geschrieben, ich lese das gar nicht alles.
SMATHERS Ich weiß. Ich finde, Sie stehen gut da. Wirklich, Sie sind in einer starken Position im Moment. Verdammt, Sie werden auch Florida gewinnen.
JFK Okay, okay, wir sehen uns.
SMATHERS Okay.
JFK Okay.
SMATHERS Wiederhören.

---

21 Bekannter Washingtoner Kommentator.

TELEFONAT MIT LOU HARRIS, 23. AUGUST 1963

Politische Nachrichten und Informationen waren nicht nur das tägliche Brot für JFK, sondern seine Leib- und Magenspeise, und er beschaffte sie sich, wo immer er konnte, ob aus Zeitungen, von Freunden oder von Meinungsforschern. Der letzteren Kategorie gehörte Lou Harris an. Der 1921 geborene Harris war vier Jahre jünger als Kennedy und einer der führenden Köpfe seiner Zeit, was die Entwicklung moderner, computergestützter Umfragetechniken betrifft. JFK engagierte ihn 1960, um für seinen Wahlkampf die Prognosen durchzuführen, und Harris beriet ihn auch als Präsidenten weiter.

JFK Hallo.
HARRIS Mr President.
JFK Lou, wie geht es Ihnen?
HARRIS Sehr gut, Sir. Wir wollen jetzt bald mit einer Befragung starten, und ich habe gedacht, ob Sie vielleicht noch irgendwelche Fragestellungen hinzufügen möchten. Es geht vor allem um Vergleiche von möglichen Gegnern, wie Goldwater und Rockefeller oder Romney und, sagen wir, Nixon – was halten Sie davon?
JFK Hm.
HARRIS Sehen Sie mal, wo er gerade steht.
JFK Natürlich. Er wird am besten abschneiden, oder?
HARRIS Ich glaube schon. Ich glaube auch, er wäre ein ganz guter Gegenkandidat.
JFK Ja.
HARRIS Andererseits, was ist mit *(unverständlich)*, was halten Sie von ihm?

JFK Ja, er hat nicht dieselbe starke Position, aber … ich meine, nehmen Sie ihn dazu. Sie führen Romney immer noch mit denselben Zahlen an, oder? Ich hatte gedacht, Sie würden die ändern.

HARRIS Nein, Sir, um ehrlich zu sein, die Leute von *Newsweek* haben die in die Finger bekommen, und dann konnte ich nichts mehr machen. Ich glaube nicht, dass er wirklich so gut abgeschnitten hat.

JFK Nein, er ist bei der Eisenhower-Geschichte sogar ziemlich untergegangen.

HARRIS Richtig. Und aus gutem Grund, oder?

JFK Ja. Eigentlich macht es keinen Unterschied.

HARRIS Es ist eine gute Möglichkeit zu zeigen, wo Ihre wahren Stärken liegen.

JFK Natürlich ist Eisenhowers Stärke eher punktuell, Nixon wäre der bessere Test.

HARRIS Das stimmt. *Wenn* ein Republikaner, dann …

JFK Eben, das ist keine Frage der Parteipolitik. Da spielt der militärische Hintergrund ein wichtige Rolle.

HARRIS Jetzt bekommen wir eine genaue Übersicht über die Weißen, was diese ganze Negersache angeht. Das ist etwas, was die Leute unbedingt wollen, und ich glaube, besonders …

JFK Ich habe den Eindruck, das Thema ist ein bisschen abgekühlt, aber ich kann mich irren.

HARRIS Na ja, das werden wir herausfinden. Wir machen außerdem eine Vorher-und-nachher-Umfrage zum Stichwort »Marsch auf Washington«. Eine Menge Leute sagen, ich bin nicht sicher, aber dass er in der einen oder anderen Richtung viel bewirken wird.

JFK Ja, ja.

HARRIS Was die Fragen betrifft, also, ich möchte gern feststellen, wie viel uns der Atomteststopp gebracht hat.

JFK Ja, das würde mich interessieren.

HARRIS Und wie es den Leuten schmeckt, dass wir auf einmal so gut Freund mit den Russen sind … *(unverständlich)* Wir haben da einen Umfragewert, der wird während des Eisenbahnerstreiks bekanntgegeben. Mal sehen, wie verlässlich unsere Zahlen sind. Bei unserer letzten Umfrage zu dem Thema waren sie anscheinend ziemlich verlässlich.

JFK Ja, ja.

HARRIS Und dann der ganze Bereich Entwicklungshilfe. Mal sehen, wie viel das gebracht hat.

JFK Und die Steuersenkung. Die Zustimmung war vorher ziemlich niedrig. Wie lautet da Ihre Frage, Lou?

HARRIS Zur Steuersenkung haben wir sogar drei Fragen. Ich will mal etwas versuchen, Mr President, das vielleicht hilft, die Sache ein bisschen ins rechte Licht zu rücken. Wenn man nämlich die Leute fragt, ob sie für eine Steuersenkung sind, bekommt man Zustimmung etwa im Verhältnis zwei zu eins. Aber wenn man dann fragt, ob sie glauben, dass eine Steuersenkung – oder auch keine Steuersenkung – der Wirtschaft hilft, dann bekommt man etwa zweieinhalb zu eins.

JFK Ja.

HARRIS Und dann fragt man, würden Sie die Steuersenkung lieber verschieben, bis der Haushalt konsolidiert ist – dann hat man ein Verhältnis von fünfzig zu fünfzig.

JFK Ja, das stimmt. Ich verstehe.

HARRIS Die Antwort ist also, glaube ich, dass, auch wenn die Steuersenkung berechtigt ist, die Sorge, ob sie der Wirtschaft hilft ... *(Sprung)*

JFK Ja.

HARRIS Ich glaube, es war absolut richtig, dass Sie die Sache so vorangetrieben haben in den letzten paar Monaten. Am Anfang, als *(unverständlich)* sich hinstellte und sagte, die Ausgaben zu erhöhen sei doch prächtig, das war einfach tödlich.

JFK Ich wollte eigentlich eine Fernsehansprache dazu halten, bevor es zur Abstimmung kommt.

HARRIS Das ist bestimmt eine gute Idee. Meinen Sie, es kommt durch?

JFK Ja, ich glaube schon, aber ich fürchte, die Republikaner werden uns viel rausstreichen. Mein Gott, die stellen sich vielleicht quer! Ich rede nicht viel darüber, aber ich ...

HARRIS Die andere Sache ist, ob Sie glauben, es würde vielleicht helfen, Fragen zum Thema Kongress einzubauen, weil ich denke, dass die Wähler mit dem Kongress zunehmend unzufrieden sind.

JFK Ja.

HARRIS Ich finde nicht, dass Sie dafür die Prügel einstecken sollten.
JFK Warum machen Sie nicht …
HARRIS Ich habe das Gefühl, Mr President, dass die Menschen immer besser über politische Fragen informiert sind, aber dass sie die Abgeordneten immer schlechter kennen. In Washington bekommt man leicht den Eindruck, dass nur die Abgeordneten zählen und die politischen Fragen unwichtig sind. Wenn wir das herausstellen könnten, wäre viel erreicht.
JFK Ich glaube, wenn Sie fragen würden, ob sie der Arbeit des Kongresses zustimmen oder nicht, also eine ganze Menge …
HARRIS Genau, ich könnte dazu sehr gezielt Fragen stellen.
JFK Wann wollen Sie damit fertig sein?
HARRIS Starten wollen wir wahrscheinlich Ende nächsten …
JFK Meiner Meinung nach haben Sie gute, interessante Fragen. Ich glaube, die Eisenhower-Frage war wirklich eine interessante neue Sache.
HARRIS Schön.
JFK Wo ist Gallup? Was macht er gerade? Bereitet er eine neue Umfrage vor?
HARRIS Hm, weiß ich nicht. Er hatte eine ziemlich üble Umfrage zum Negerproblem neulich, er hat Weiße gefragt: »Glauben Sie, dass Neger in Ihrer Gemeinde wirklich Chancengleichheit haben?« Oder: »Glauben Sie, dass sie benachteiligt werden?« Und so weiter.
JFK Ja.
HARRIS Ich weiß nicht, ich geb ihm keine große Chance, um ehrlich zu sein, nach allem, was ich gehört habe. Wir sind jetzt bei einer ganzen Menge Zeitungen unter Vertrag.
JFK Tatsächlich?
HARRIS Ja, Sir. Sie vertreiben uns landesweit, wir machen einen Probelauf bis Labor Day. *Detroit Free Press* und die Knight-Zeitungen haben uns schon genommen, die *(unverständlich)* und *Newsday* hier oben in New York.
JFK Ich vermute, jede Zeitung, die nicht mit Gallup zusammenarbeitet, würde Sie gerne nehmen.
HARRIS Ja, ich denke, das könnten wir schaffen. Mr President,

ich glaube, ich habe ein paar Ideen für '64, die nicht schlecht sind, was diese ganze Südstaatensache angeht, und eine zum Thema Bildungswesen. Ich bin am Dienstag in Washington und werde mit Evelyn darüber sprechen.

JFK Okay. Okay.

HARRIS Falls Sie mich gern sprechen möchten …

JFK Ich glaube, das Problem im Süden … Natürlich, die letzten Zahlen waren ziemlich schlecht. Für Gallup liege ich schon am Boden.

HARRIS Na ja, im Osten hält er Sie für den großen Gewinner und im Süden für den großen Verlierer. Ich bin sicher, dass Eisenhower im Norden zehn Punkte darüberläge, ich meine, im Osten, und im Süden acht Punkte drunter.

JFK Sie glauben also nicht, dass wir im Süden so schlecht dastehen?

HARRIS Nein, und ich glaube auch diese 74 Prozent nicht. Es läuft so gut wie bei Ihnen in Massachusetts. Also, ich glaube es nicht. Sorge macht mir nur, dass er Ihnen einen Rückgang um zehn Prozent in den nächsten drei Monaten bescheren wird. Schlimme Sache. Denn ich glaube, es ist in Wahrheit alles viel ausgeglichener. Was den Süden angeht, bin ich überzeugt, dass es besser ist, wenn Sie erst nach der Sitzungsperiode aktiv werden, aber ich glaube, die Gouverneure sind in dieser Hinsicht viel besser als die Senatoren – das sind die Leute, die wirklich politische Macht haben. Und ich glaube, da kann man eine Menge bewirken. Ich hätte da ein paar Ideen. Soll ich das schriftlich ausarbeiten?

JFK Okay, alles klar, ich sehe Sie dann nächsten Dienstag.

TELEFONAT MIT BÜRGERMEISTER RICHARD DALEY, 28. OKTOBER 1963

Als im Sommer und Herbst 1963 die Regierungsvorlage zum Bürgerrechtsgesetz die Instanzen durchlief, brauchte Kennedy alle seine Verbündeten, um sie durchzubringen. Als ein demokratischer Abgeordneter namens Roland Libonati aus Illinois abtrünnig wurde, konnte nur noch einer helfen – der legendäre Parteichef von Chicago, Richard Daley. Daley war ein alter Freund Kennedys und hatte ihm 1960 geholfen, den wichtigen Staat Illinois zu gewinnen. Im folgenden Gespräch versichert Boss Daley dem Präsidenten ohne Umschweife, dass Libonati »für jedes gottverdammte Gesetz stimmt, das Sie wollen«. Aber Daleys hatte seine Macht überschätzt. Libonati stimmte nicht für das Bürgerrechtsgesetz. Er zahlte dann allerdings den zu erwartenden Preis und wurde 1964 nicht wieder als Kandidat aufgestellt.

JFK Was den Justizausschuss betrifft, der versucht, diese Bürgerrechtssache zustande zu bekommen …

DALEY Ja.

JFK Roland Libonati macht uns einfach einen Strich durch die Rechnung.

DALEY Tatsächlich?

JFK Ja, er stellt sich auf die Seite der extremen Liberalen, die am Ende gar keine Vorlage haben werden. Wir hatten dann eine Vorlage zusammengestellt, und er stimmt für die der Liberalen. Dann fragte ich ihn: Stimmen Sie wenigstens für dieses Paket, das wir mit den Republikanern zusammen auf den Weg bringen und mit dem wir wirklich gut leben können, und er sagt: »Nein.«

DALEY Er wird dafürstimmen. Er stimmt für jedes gottverdammte Gesetz, das Sie wollen.

JFK *(lacht)* Sie meinen, Sie kriegen ihn rum?

DALEY Klar kriege ich ihn rum. Wo ist er? Bei Ihnen?

JFK Er ist nebenan.

DALEY Also, Sie haben Kenny ... sagen Sie Kenny, er soll ihn mir an die Strippe holen.

JFK Oder würden Sie lieber mit ihm sprechen, wenn er wieder in seinem Büro ist? Das ist vielleicht besser, sonst denkt er noch ...

DALEY Das ist besser, richtig. Aber er wird es tun. Letztes Mal habe ich ihm gesagt: »Hör zu, es ist mir scheißegal, worum es geht, du stimmst für alles, was der Präsident vorschlägt – so läuft das, so wollen wir das, und so läuft das.«

JFK Das wäre sehr gut.

DALEY Ich nehme ihn mir vor, sobald er im ...

JFK *(lacht)*

DALEY Was versuchen die damit zu erreichen? Wollen die Sie auflaufen lassen?

JFK Na ja, ich denke, noch können wir die Sache wieder einrenken.

DALEY Ja, aber ...

JFK Aber diese Leute, das ist natürlich ...

DALEY Was zum Teufel ist nur mit unseren eigenen Leuten los?

JFK Das ist genau die Sache. Aber es ist schon in Ordnung. Krol war ... Philadelphia. Billy hat ihn rumgekriegt, und wenn Sie jetzt Libonati umstimmen.

DALEY Also, ich greife mir Libonati.

JFK Okay, schön.

DALEY Wiederhören.

JFK Danke, Dick.

DREI

BÜRGERRECHTE

VORIGE SEITE:
PRÄSIDENT KENNEDY BEI EINEM TREFFEN MIT VERTRETERN DER NATIONAL ASSOCIATION FOR THE ADVANCEMENT OF COLORED PEOPLE (NAACP) IM OVAL OFFICE IM WEISSEN HAUS, WASHINGTON, D. C., 12. JULI 1961.

PRÄSIDENT KENNEDY (IM SCHAUKELSTUHL) UND BISCHOF STEPHEN G. SPOTTSWOOD, VORSTANDSVORSITZENDER DER NAACP (RECHTS MIT DEM RÜCKEN ZUR KAMERA). HINTEN STEHEND (VON LINKS NACH RECHTS): MEDGAR EVERS, ERSTER SEKRETÄR DER NAACP-SEKTION MISSISSIPPI; CALVIN LUPER, PRÄSIDENT DES NAACP-JUNGENDRATS VON OKLAHOMA CITY; EDWARD TURNER, PRÄSIDENT DER NAACP VON DETROIT; JACK E. TANNER, PRÄSIDENT DER NAACP-SEKTION NORDWESTLICHE STAATEN; NICHT IDENTIFIZIERTE PERSON; REVEREND W. J. HODGE; DR. S. Y. NIXSON; C. R. DARDEN, PRÄSIDENT DER NAACP-STAATENKONFERENZ MISSISSIPPI; KELLY M. ALEXANDER, VORSTANDSMITGLIED; ZWEI NICHT IDENTIFIZIERTE PERSONEN (HALB VERDECKT); KIVIE KAPLAN, VORSITZENDER DES MITGLIEDERAUSSCHUSSES; WEITERE NICHT IDENTIFIZIERTE PERSONEN

Am 27. September 1940 stand A. Philip Randolph von der Brotherhood of Sleeping Car Porters[1] bei einem der ersten Gespräche, das je im Oval Office aufgenommen wurde, vor Franklin Roosevelt und forderte eine bessere Behandlung der Afroamerikaner. In den beiden folgenden Jahrzehnten kam es zu vielen Durchbrüchen: 1948 wurde die Rassentrennung in den Streitkräften aufgehoben; 1954 erklärte der Oberste Gerichtshof im Fall »Brown vs. Board of Education« die Rassentrennung an Schulen für verfassungswidrig; 1957 erzwang Präsident Eisenhower die Zulassung von Schwarzen an der Little Rock Central High School in Arkansas, indem er zu ihrem Schutz 1200 Soldaten in die Stadt entsandte. Dennoch: Die Entwicklung verlief zu langsam nach Ansicht der Afroamerikaner, die endlich gleichberechtigte Staatsbürger werden wollten.

Der Generationenwechsel, für den Kennedys Präsidentschaft stand, und die Hoffnungen, die er mit seinen Reden weckte, verstärkten nur diesen Wunsch nach Veränderung, und zwar in einer Weise, auf die die Regierung Kennedy zunächst nicht vorbereitet war. Kennedy war sich schmerzhaft dessen bewusst, wie knapp sein Wahlsieg gewesen war, und er zitierte gern Thomas Jeffersons

1 Die Vereinigung der Pullman-Schlafwagenschaffner war die erste rein afroamerikanische Gewerkschaft.

Einsicht: »Große Neuerungen sollten nicht mit knappen Mehrheiten erzwungen werden.« In seiner Antrittsrede hatte er sehr eindrucksvoll über die Freiheit auf der ganzen Welt gesprochen, aber zu der großen Frage, wie die Vereinigten Staaten diesem Anspruch im eigenen Land gerecht wurden, hatte er fast nichts gesagt.

Doch der Lauf der Geschichte ließ sich nicht aufhalten. Kennedy hatte bei den afroamerikanischen Wählern einen Nerv getroffen. Sie hatten das Gefühl, auch sie könnten von der New Frontier im Bereich der amerikanischen Innenpolitik profitieren; mehr als 70 Prozent der Schwarzen stimmten für Kennedy, fast doppelt so viele, wie vier Jahre zuvor für Adlai Stevenson gestimmt hatten – gut möglich, dass er die Präsidentschaft ihrer Unterstützung verdankte. Im Januar 1961 versuchte der Schwarze James Meredith vergeblich, sich für die University of Mississippi zu bewerben. Zur gleichen Zeit fuhren die sogenannten Freedom Riders[2] in Bussen durch den Süden und prangerten den systematischen Rassismus an, durch den die Afroamerikaner unterdrückt wurden. Als im Sommer 1962 die Tonbandgeräte im Weißen Haus erstmals angeschaltet wurden, hatte sich die Regierung Kennedy schon ein Stück weit bewegt. Doch sie hatte noch einige Arbeit vor sich, um mit der Bürgerrechtsbewegung gleichzuziehen. Diese Arbeit ist auf den folgenden Bändern dokumentiert. Es wird deutlich, dass Präsident Kennedy sich vorbehaltlos dafür einsetzte, die widerstrebenden Gouverneure der Südstaaten notfalls dazu zu zwingen, sich den Entscheidungen der Zentralregierung zu fügen. Der Widerstand war groß: Viele amerikanische Zeitungen kritisierten die Regierung Kennedy, und der Mehrheit der amerikanischen Wähler ging der Wandel zu schnell. Kennedy hatte die öffentliche Meinung stets im Blick, und er wusste, dass er mehr Wähler verlor als gewann, indem er sich an die Spitze der Bürgerrechtsbewegung stellte. Trotzdem wurde immer deutlicher, dass die Zeit für diese Entwicklung reif war. JFK war dabei, eine neue

---

2 Die Freedom Riders demonstrierten für die Abschaffung der verfassungswidrigen Rassentrennung, indem sie mit Überlandbussen in die Südstaaten der USA fuhren und sich über die dort praktizierte Rassentrennung in öffentlichen Verkehrsmitteln hinwegsetzten.

Außenpolitik zu betreiben, die sehr bewusst auf Afrika und Asien zuging. Wie sollte er das glaubhaft tun, wenn er in einer Bundeshauptstadt lebte, in der noch immer in fast allen Bereichen Rassentrennung herrschte? Das Konkurrenzdenken des Kalten Krieges – und der Ärger über gelegentliche kritische Bemerkungen seitens der Sowjets wegen dieser Zustände – erhöhte den Druck, die amerikanische Realität mit der amerikanischen Rhetorik endlich in Einklang zu bringen. Die Verhältnisse nahmen zuweilen sonderbare Formen an: Eine der wichtigsten Geheimbotschaften, eine private Mitteilung, die Kennedy während der Kubakrise an Chruschtschow schickte, wurde in der sowjetischen Botschaft verschlüsselt und selbstverständlich von einem jungen Schwarzen expediert.

Ein wichtiges Argument für Veränderungen lieferte aber die amerikanische Geschichte selbst. 1961 jährte sich zum hundertsten Mal die Präsidentschaft von Abraham Lincoln und damit der Beginn des Amerikanischen Bürgerkriegs, was eine starke Wirkung auf historisch sensible Geister hatte, zu denen gewiss auch Kennedy gehörte. Die Bezüge waren in der Tat nicht zu übersehen. So zum Beispiel, als Martin Luther King seine berühmte Rede vor dem Denkmal des Sklavenbefreiers Lincoln hielt. Manchmal waren sie auch eher privater Natur, wie etwa als Kennedy Militäreinheiten entsandte für die Durchsetzung der Rassenintegration an der University of Mississippi: Den Befehl unterzeichnete er auf einem Tisch, der Ulysses Grant, dem Befehlshaber der Nordstaatenarmee im Bürgerkrieg, gehört hatte. Eine persönliche Geste, von der in den Medien nichts bekannt wurde.

Während die Bänder im Weißen Haus im Sommer und Herbst 1963 weiterliefen, wurde klar, dass die Regierung den Rubikon überschritten hatte. Obwohl Meinungsumfragen ergaben, dass Kennedy für jeden neuen schwarzen Wähler sechs oder sieben weiße Wähler verlor, war er entschlossen, mit aller Entschiedenheit für die Sache der Bürgerrechtsbewegung einzutreten. An dem Tag, als der berühmte Marsch auf Washington stattfand, nur wenige Augenblicke bevor Martin Luther King seine Rede »I Have a Dream« halten sollte, waren die Führer der Bürgerrechtsbewegung zu einer Strategiebesprechung im Weißen Haus. Es war dem

PRÄSIDENT KENNEDY EMPFÄNGT MRS MYRLIE EVERS-WILLIAMS, IHRE KINDER REENA UND DARRELL SOWIE CHARLES EVERS, IHREN SCHWAGER, ZWEI WOCHEN NACHDEM MEDGAR EVERS, IHR MANN, VON EINEM WEISSEN ERSCHOSSEN WORDEN WAR; OVAL OFFICE, 21. JUNI 1963

historischen Ereignis angemessen, dass auch A. Philip Randolph an der Besprechung teilnahm. Er forderte Präsident Kennedy mit fast den gleichen Worten wie dreiundzwanzig Jahre zuvor Präsident Roosevelt zum Handeln auf. Dieses Mal jedoch war er der Geschichte nicht mehr um Jahre voraus. Die folgenden Gespräche lassen den Schluss zu, dass der Präsident sich für ein sinnvolles Bürgerrechtsgesetz einsetzte, wenngleich dieses erst 1964 unter ganz anderen politischen Bedingungen verabschiedet wurde.

TELEFONAT MIT GOUVERNEUR ROSS BARNETT, 22. SEPTEMBER 1962

In Präsident Kennedys erstem Telefonat mit Gouverneur Ross Barnett von Mississippi während der Krise an der University of Mississippi werden zunächst die Fronten abgesteckt. Gegen Ende des Gesprächs verfällt der Gouverneur dann in den üblichen politischen Smalltalk und dankt dem Präsidenten für das Interesse an der Geflügelzucht seines Landes. Trotz der extrem gespannten Atmosphäre des Gesprächs fand der Präsident diese unpassende Bemerkung offenbar so erheiternd, dass er kurz schweigt, um ein Lachen zu unterdrücken.

JFK Hallo? Hallo, Governor?

BARNETT Ja, am Apparat.

JFK Wie geht es Ihnen?

BARNETT Ist dort …?

JFK Hier ist der Präsident.

BARNETT Oh, Mr President …

JFK Ich bin froh, dass ich Sie erreicht habe, Governor. Ich bin besorgt über die Lage bei Ihnen da unten. Soviel ich weiß …

BARNETT Ja, ich bin auch besorgt darüber, Mr President. Es ist eine schreckliche Situation.

JFK Also, ich habe folgendes Problem, Governor …

BARNETT Ja?

JFK Also, ich habe den Mann nicht an die Universität geschickt, aber gemäß der Verfassung muss ich dem Recht Geltung verschaffen … und ich will nichts unternehmen, was Ihnen oder sonst jemandem Schwierigkeiten bereitet. Aber tun muss ich es. Und es wäre mir recht, wenn Sie mir dabei helfen würden.

BARNETT Ja. Haben Sie heute Morgen mit dem Justizminister gesprochen?
JFK Ja. Ich habe mit ihm gesprochen. Tatsächlich haben wir uns etwa eine Stunde zusammengesetzt und sind die Sache durchgegangen.
BARNETT Hat er heute Morgen mit Mr Watkins[3] gesprochen, mit Tom Watkins, dem Rechtsanwalt aus Jackson?
JFK Ja, er sagte, er habe mit Tom Watkins gesprochen.
BARNETT Ja, Sir. Also, ich weiß nicht, was ... Ich hatte noch keine Gelegenheit, mit ihm zu sprechen.
JFK Ach so. Dann warten Sie mal eine Minute. Der Justizminister ist nämlich in meinem Vorzimmer. Ich spreche kurz mit ihm.
BARNETT In Ordnung.
JFK Hallo, Governor?
BARNETT Ja, am Apparat.
JFK Ich habe gerade mit dem Justizminister gesprochen. Er sagte, er habe mit Mr Watkins gesprochen.
BARNETT Ja.
JFK Und das Problem ist, ob uns jemand dabei hilft, diesen Burschen diese Woche da reinzubekommen.
BARNETT Ja.
JFK Offensichtlich hilft uns niemand. Der Justizminister hatte nicht das Gefühl, dass er und Mr Watkins in dieser Sache eine endgültige Einigung erreicht hätten.
BARNETT Dann wird Mr Watkins morgen früh zu Ihnen raufﬂiegen.
JFK Gut.
BARNETT Und könnten Sie morgen beide mit ihm sprechen? Sie ...
JFK Ja, ich lasse den Justizminister mit ihm sprechen, und dann ...
BARNETT Ja.
JFK ... wenn die beiden miteinander gesprochen haben, spreche ich mit dem Justizminister ...
BARNETT Okay.

---

3 Thomas Watkins, Rechtsanwalt aus Mississippi und enger Vertrauter von Gouverneur Barnett.

JFK … am Telefon, und wenn er es für nützlich hält, dass ich mich mit Mr Watkins treffe …

BARNETT Ich dachte …

JFK So mache ich es.

BARNETT Ich dachte, die beiden hätten Fortschritte gemacht. Ich wusste nicht …

JFK Na ja …

BARNETT Ich konnte das nicht vorausahnen, wissen Sie?

JFK Er und Mr Watkins können sich morgen treffen. Die Schwierigkeit ist nur, wir haben zwei oder drei Probleme. Erstens können wir Ihnen eine richterliche Verfügung zustellen. Die werden Sie vermutlich am Dienstag bekommen. Was halten Sie davon?

BARNETT Nun, ich werde …

JFK Welche Meinung haben Sie dazu?

BARNETT … ich werde darüber nachdenken, Mr President.

JFK In Ordnung.

BARNETT Die Sache ist ernst, und ich will ein paar Tage darüber nachdenken. Bis Dienstag jedenfalls.

JFK In Ordnung. Also, lassen Sie mich Folgendes sagen …

BARNETT Sie wissen, womit ich es zu tun habe, Mr President. Ich habe einen Eid geschworen, mich an die Gesetze dieses Staates zu halten, wissen Sie?

JFK Natürlich.

BARNETT Und unsere Verfassung hier und die Verfassung der Vereinigten Staaten … Ich bin hier vor Ort, nicht wahr …

JFK Also, Sie haben …

BARNETT Ich habe einen Eid geschworen, mich an die Gesetze zu halten, und Sie wissen, was unsere Gesetze vorschreiben in Bezug auf …

JFK Ja, das weiß ich. Also, wir haben die …

BARNETT … und wir haben ein Gesetz, das vor ein paar Wochen verabschiedet wurde, in dem es ausdrücklich heißt, dass niemand, der wegen eines Verbrechens verurteilt wurde oder gegen den ein strafrechtliches Verfahren anhängig ist, Zugang zu irgendeiner höheren Bildungseinrichtung hat. Und das ist bei uns Gesetz, und es hat den Anschein, als ob das Berufungsgericht das nicht beachtet hat.

JAMES MEREDITH IN BEGLEITUNG VON JOHN DOAR, DEM LEITER DER ABTEILUNG FÜR BÜRGERRECHTE IM JUSTIZMINISTERIUM, IN OXFORD, MISSISSIPPI, OKTOBER 1962

JFK Nun ja, Governor, das Problem ist natürlich, dass ich auch meine Pflichten habe, genau wie Sie.

BARNETT Selbstverständlich.

JFK Und ich bin natürlich an die …

BARNETT Das ist mir klar, und ich bin völlig damit einverstanden.

JFK Also, Governor, wir machen Folgendes: Der Justizminister kann morgen mit Mr Watkins sprechen. Ich hätte gern, dass das Ganze auf freundschaftliche Weise geklärt wird. Wir wollen nicht, dass da unten eine Menge Leute verletzt werden.

BARNETT Natürlich nicht.

JFK Und wir wollen auch nicht … Sie wissen, wie schnell die Situation …

BARNETT Mr President, lassen Sie mich Folgendes sagen. Ich und andere bekommen Anrufe aus dem ganzen Staat, und die

Leute wollen tausend oder fünfhundert oder zweihundert Leute mitbringen, nicht wahr. Wir wollen so etwas nicht.

JFK Das weiß ich. Also, wir wollen nicht, dass da unten eine Menge Leute verletzt oder getötet werden.

BARNETT Ja, natürlich, Mr President. Lassen Sie mich Folgendes sagen: Mr Watkins ist wirklich ein erstklassiger Rechtsanwalt, ein ehrenhafter Mann, der den Respekt und das Vertrauen sämtlicher Rechtsanwälte in Amerika genießt, die ihn kennen. Er ist von dem Anwaltsbüro Watkins and Eager. Es hat schon seit sehr vielen Jahren eine A-Bewertung, und ich glaube wirklich, dass er bei der Lösung des Problems helfen kann.

JFK Also, ich bin dafür, dass der Justizminister morgen mit Mr Watkins spricht, und wenn der Justizminister und Mr Watkins fertig sind, setze ich mich wieder mit Ihnen in Verbindung.

BARNETT Gut, gut. Und Watkins wird morgen hier aufbrechen, und ich lasse ihn mit dem Justizminister für morgen einen Termin vereinbaren.

JFK Ja, er trifft sich mit ihm, und …

BARNETT Ja, Sir.

JFK … und dann sprechen Sie und ich wieder miteinander.

BARNETT In Ordnung.

JFK Vielen Dank.

BARNETT Sehr gut.

JFK Okay.

BARNETT Es freut mich, dass Sie sich für unser Geflügelprogramm und all diese Dinge interessieren.

JFK Na ja, wir *(unterdrücktes Lachen)* …

BARNETT Danke vielmals.

JFK Okay, Governor. Danke.

BARNETT Ja, Sir. Das war's erst mal.

JFK Auf Wiederhören.

BARNETT Danke. Auf Wiederhören.

TELEFONAT MIT GOUVERNEUR ROSS BARNETT, 30. SEPTEMBER 1962

In diesem Telefonat hat sich die Situation verändert. Noch während des Gesprächs wird ein Todesfall gemeldet, und in Mississippi droht die Ordnung zusammenzubrechen. Dass Kennedy erklärt: »Dann entscheiden wir, was wir tun«, ohne eine Entgegnung des Gouverneurs abzuwarten, verdeutlicht, dass ein gewisser Punkt überschritten ist.

BARNETT … dem Chef der Highway Patrol alle Mann rauszuschicken, die er hat.

JFK Ja. Und wie lange soll das dauern? Wir wollen nicht, dass jemand …

BARNETT Also, ich konnte ihn nicht lokalisieren.

JFK Nicht lokalisieren?

BARNETT Er ist zum … Es ist Folgendes: Er ist mit diesem Mann, der verletzt wurde, zum Arzt gegangen.

JFK Ja.

BARNETT Und ich habe ihn schließlich dort ausfindig gemacht, nachdem Sie mir gesagt hatten, dass er mehr Leute besorgen soll, für den Fall …

JFK Ja.

BARNETT … dass Sie sie brauchen.

JFK Ja.

BARNETT Und er dachte, dass die fünfzig, die er hat, ausreichen würden.

JFK Ja.

BARNETT Aber ich habe ihm gesagt, dass er auf jeden Fall alle rausschicken soll, wenn nötig.

JFK Ja.

BARNETT Und ich versuche wirklich auf jede Weise …

JFK Also, wir können Meredith[4] auf keinen Fall entfernen, solange da draußen ein Aufstand tobt, verstehen Sie? Er wäre einfach nicht sicher.

BARNETT Sir?

JFK Wir können nicht in Betracht ziehen, Meredith zu entfernen, wenn es uns nicht gelungen ist, draußen die Ordnung wiederherzustellen. Das ist das Problem.

BARNETT Also gut, ich sage Ihnen, was ich tun werde, Mr President.

JFK Ja.

BARNETT Ich gehe selbst dorthin …

JFK Und wie lange wird es dauern, bis Sie dort sind?

BARNETT … und ich nehme mir ein Mikrofon und sage ihnen, dass Sie seiner Entfernung zugestimmt haben.

JFK Nein. Nein. Moment mal. Wie lange …?

BARNETT *(unklar)*

JFK Moment mal, Governor.

BARNETT Ja?

JFK Also, wie lange dauert es, bis Sie dort sind?

BARNETT Etwa eine Stunde.

JFK Also, Sie können Folgendes tun, sie können dorthin gehen, wenn Sie wollen, und mich anrufen, wenn Sie dort sind. Dann entscheiden wir, was wir tun, bevor Sie irgendwelche Reden halten.

BARNETT Na ja, in Ordnung. Na ja …

JFK Es hat keinen Sinn …

BARNETT … ich meine, wenn wir von Ihnen autorisiert wären …

JFK Andernfalls müssten wir noch eine Stunde warten, und die haben wir vielleicht nicht mehr.

BARNETT Der Mann …

---

4 James Meredith (*1933), afroamerikanischer Student, der sich vergeblich um die Aufnahme an der University of Mississippi bemüht hatte. Er war durch Kennedys Antrittsrede dazu ermutigt worden, etwas für sein Land zu tun.

PRÄSIDENT KENNEDY BEI EINER LANDESWEITEN ANSPRACHE ANLÄSSLICH DER VORFÄLLE AN DER UNIVERSITY OF MISSISSIPPI, 30. SEPTEMBER 1962

JFK Sagten Sie nicht, dass Sie eine Stunde brauchen, bis Sie dort sind?

BARNETT … der Mann ist gerade gestorben.

JFK Er ist gestorben?

BARNETT Ja.

JFK Welcher? Der von der Staatspolizei?

BARNETT Ein Staatspolizist.

JFK Da sehen Sie, wir müssen die Ordnung wiederherstellen, und genau das hatten wir befürchtet.

BARNETT Bitte, Mr President. Warum können Sie nicht anordnen, Meredith zu entfernen?

JFK Wie kann ich ihn entfernen, Governor, wenn auf der Straße ein Aufstand tobt und ihm vielleicht etwas passiert, wenn er aus dem Gebäude tritt? Ich kann ihn unter diesen Bedingungen nicht entfernen. Sie …

BARNETT Aber, aber …

JFK Wir müssen die Ordnung wiederherstellen. Dann können wir etwas wegen Meredith unternehmen.

BARNETT … wir können das Gebäude mit Beamten umstellen.

JFK Also, wir müssen jetzt jemanden dahin schaffen, um die Ordnung wiederherzustellen und das Schießen einzustellen. Danach sprechen Sie und ich am Telefon über Meredith.

BARNETT Gut.

JFK Aber zuerst brauchen wir Ordnung.

BARNETT Ich rufe dort an und sage denen, sie sollen alle Beamten mobilisieren, die sie kriegen können.

JFK Das ist gut, und dann werden Sie und ich …

BARNETT *(unklar)*

JFK … wir sprechen miteinander, wenn die Ordnung wiederhergestellt ist. Dann sprechen Sie und ich darüber, was man am besten mit Meredith tut.

BARNETT Ja gut.

JFK Also dann, vielen Dank.

BARNETT Ja gut.

BESPRECHUNG MIT FÜHRERN VON »AMERICANS FOR DEMOCRATIC ACTION«, 4. MAI 1963

Im Frühjahr 1963 verlagerte sich die Aufmerksamkeit der Bürgerrechtsbewegung auf die Stadt Birmingham in Alabama. Es kam zu einem hässlichen Machtkampf zwischen den Befürwortern des Wandels und den gutorganisierten Behörden unter Theophilus »Bull« Connor. In der hier protokollierten Besprechung versucht Präsident Kennedy seine Haltung Mitgliedern der bekannten linksliberalen Initiative »Americans for Democratic Action« zu erklären. Die Besprechung fand an dem Tag statt, an dem in der *New York Times* ein Foto erschienen war, auf dem Polizeihunde friedliche Demonstranten angreifen. Das Bild sollte um die Welt gehen.

JFK Wir können kein Bundesgesetz verabschieden, das an dem Bild in der heutigen *Times* etwas ändern würde. Es geht einfach nicht. Ich meine, was für ein Gesetz könnte man verabschieden, um an der Macht der Polizei in der Stadt Birmingham etwa zu ändern? Es gibt nichts, was wir tun könnten. Es gibt kein Bundesgesetz, keine Bundesverordnung, die wir verabschieden könnten. Tatsache ist, dass in Birmingham schlimmere Zustände herrschen als in jeder anderen Stadt in den Vereinigten Staaten, und das ist seit anderthalb Jahren so. Wir sind nicht untätig gewesen, wir haben einen neuen Bürgermeister, der wahrscheinlich dank der Anstrengungen dieser Regierung gewählt wurde. Wir arbeiten mit der Presse, um die Zeitungen da unten zu gewinnen, und mit den Stahlfirmen, damit sie ihre Haltung ändern. Der Bürgermeister ist schon gewählt und tritt am 18. Mai sein Amt an. Er wurde von den Negern gewählt und bekam einen Teil der weißen Stimmen. Doch

DAS FOTO, DAS DIE NATION SCHOCKIERTE: POLIZEIHUNDE GREIFEN FRIEDLICHE DEMONSTRANTEN IN BIRMINGHAM, ALABAMA, AN; *THE NEW YORK TIMES*, 4. MAI 1963

die Wahl wird beim Obersten Gerichtshof angefochten. Er tritt sein Amt erst an, wenn der Oberste Gerichtshof am 18. Mai entschieden hat. Im Moment ist Bull Connor[5] noch zuständig, und genau das ist es, was Bull Connor will. Ich selbst würde vermutlich warten, bis der neue Bürgermeister im Amt ist, wenn ich da unten zuständig wäre. Das ist die einzige Hoffnung. Was wir jetzt erleben, ist ein weiterer schlimmer Tag da unten. Die Gefängnisse sind voll. Ich meine, Bull Connor findet das einfach wunderbar. Der Gouverneur würde am liebsten die Nationalgarde dorthin schicken.

Genau das wird in ein oder zwei Tagen passieren. Ich hätte gewartet, bis der neue Bürgermeister im Amt ist, wenn ich für die Operation verantwortlich gewesen wäre. Ich glaube, das wäre das Vernünftigste gewesen. Denn das ist die große Hoffnung für Birmingham. All das geht nun schon seit Jahren *(unverständlich)*. Ich finde es schrecklich, dieses Bild in der Zeitung. Tatsache ist, dass Connor genau das will. Und wie schon gesagt, Birmingham ist die schlimmste Stadt im Süden. Sie haben in dieser Gemeinde nichts für die Neger getan, und das ist ein unerträglicher Zustand, das ist überhaupt nicht zu bestreiten. Ich sage nicht, dass irgendwer Geduld haben sollte. Vielleicht kommt es nur so zur entscheidenden Krise. Ich glaube aber wirklich, dass es eine Chance ist, wenn dieser neue Bürgermeister in etwa einer Woche sein Amt antritt. Was jetzt passiert, macht meiner Ansicht nach alles noch viel schlimmer. Wir werden die Nationalgarde in der Stadt haben und damit jede Menge neue Schwierigkeiten.

JFK *(als er zu mehr »gütlichem Zureden« aufgefordert wird)* Moment mal, lassen Sie mich zu der Bürgerrechtsgeschichte das eine sagen. Wir haben nicht genug getan, denn die Lage ist wirklich ernst. Trotzdem haben wir großen Druck gemacht, und das Justiz-

---

5 Theophilus Eugene »Bull« Connor (1897–1973), Beauftragter für Öffentliche Sicherheit in Birmingham und für die Polizei und die Feuerwehr der Stadt zuständig. Das ehemalige Mitglied des Ku-Klux-Klan hatte klare Ansichten zur Rassentrennung: Als der Demokratische Parteitag von 1948 beschlossen hatte, die Frage der Bürgerrechte in das Parteiprogramm aufzunehmen, verließ er mit der Delegation von Alabama demonstrativ das Gebäude.

ministerium auch. Es gibt kein Thema, dem mein Bruder mehr Zeit gewidmet hätte. Ich gebe zu, dass ich als Neger wirklich zornig wäre, aber wir hätten nicht viel mehr tun können. Ich hatte einen Zeitungsmann hier, der sagte: »Ist das nicht schrecklich in Birmingham?« Und ich sagte: »Warum essen Sie jeden Tag drüben im Metropolitan Club zu Mittag?[6] Sie reden über Birmingham und sitzen da drüben im Metropolitan Club. Einige unserer besten Kommentatoren ... essen jeden Tag *(unverständlich)*. Die würden dort nicht einmal einen schwarzen Botschafter reinlassen.« Darauf er: »Na ja, wir wollen von innen her wirken.« Und ich sagte: »Also, bis jetzt haben Sie nur erreicht, dass die auch keinen weißen Botschafter mehr reinlassen.« *(Gelächter)* Die meisten Kommentatoren, die Sie jeden Tag lesen, sind da drüben im Metropolitan Club. Also, ich glaube wirklich, dass wir auf dem Gebiet der Bürgerrechte hart gearbeitet haben. Ich denke, dies ist eine nationale Krise.

---

6 Der 1863 gegründete Metropolitan Club ist eine Institution in Washington. Traditionell wurden hier alle ausländischen Botschafter in Washington zu Ehrenmitgliedern ernannt. Als Anfang der sechziger Jahre die neugegründeten afrikanischen Staaten ihre ersten Botschafter nach Washington schickten, gab der Club dieses Prinzip auf. Aus Protest gegen diese rassistische Haltung legten viele Mitglieder der Kennedy-Regierung, darunter auch Robert F. Kennedy, ihre Mitgliedschaft nieder.

BESPRECHUNG WEGEN BIRMINGHAM, 12. MAI 1963

Nach einer Nacht mit schweren Ausschreitungen in Birmingham versammelt sich JFKs Beraterkreis, um zu verhindern, dass die Lage vollends außer Kontrolle gerät. Die Politiker verhandeln den ganzen Tag mit Martin Luther King. Obwohl auf diesen in der Nacht zuvor gerade ein Bombenanschlag verübt worden war, erhofft man sich von ihm einen wichtigen Beitrag zu Deeskalation. Auch wenn ein gewisses gegenseitiges Misstrauen herrscht, arbeiten die Berater von King und JFK zusammen, um die Lage zu entspannen, und können mit ihren gemeinsam verfassten offiziellen Erklärungen ein Mindestmaß an Ordnung aufrechterhalten.

RFK Okay, haben Sie alle mitbekommen, was gestern Nacht passiert ist? Wollen Sie ein paar Informationen?

JFK Okay.

RFK Irgendwann kurz vor zwölf, vielleicht um elf Uhr dreißig, gab es zuerst eine Explosion im Haus von Reverend King, dem Bruder von Martin Luther King. Das Haus wurde praktisch zerstört, und er hatte großes Glück, dass er mit dem Leben davonkam. Etwa dreißig Minuten danach gab es vier Meilen entfernt eine weitere Explosion in dem Motel, wo Martin Luther King wohnt. Es wurde stark beschädigt. An beiden Orten sammelte sich sofort eine Menschenmenge. Die Menschen wurden wütend, aber die Polizei sagte, das Sheriff's Office[7] könne die Sache einigermaßen unter Kotrolle halten. Es wurden ein paar Steine geworfen,

7 Die Polizeibehörde des Countys.

und die Leute waren feindselig, aber bis etwa zwei Uhr morgens war die Lage einigermaßen unter Kontrolle.

Zu diesem Zeitpunkt schickte der Gouverneur zwei- oder dreihundert Mann von seiner Sonderpolizei an die Front. Claude Sitton und andere Journalisten hörten, wie die reguläre Polizei den Special Deputies sagte, sie sollten ihre Schusswaffen wieder in ihre Autos bringen, sie würden sie nicht brauchen. Doch diese rückten trotzdem mit Waffen aus und begannen die Leute herumzustoßen, bedrohten sie mit ihren Waffen und schlugen sie mit Schlagstöcken. Und dann wurde die Menge *(unverständlich)* ... randalierten und warfen Steine. All das dauerte die nächsten drei oder vier Stunden und wäre beinahe völlig außer Kontrolle geraten. Einige Polizisten wurden schwer verletzt, und vermutlich wurde auch eine Anzahl Neger schwer verletzt. Und es wäre wirklich fast das totale Chaos ausgebrochen.

Im Verlauf der Unruhen wurden zwei Gebäude in Brand gesetzt, vermutlich von einem Neger. Als die Feuerwehr kam, um das Feuer zu löschen, versammelte sich eine Anzahl von Negern und begann Steine und alle möglichen anderen Dinge zu werfen. Sie behinderten die Löscharbeiten. Und als dann ein weiteres Gebäude in Brand geriet, weigerte sich die Feuerwehr wiederzukommen, weil der Einsatz so schwierig sei. Das Ergebnis ist wohl, dass beide Gebäude niederbrannten.

Die Menschenmengen zerstreuten sich im Morgengrauen, um fünf oder sechs. Und die ganzen Polizisten, die Männer vom Sheriff's Office, waren immer noch auf den Beinen und aktiv im Einsatz. Die Führer der Neger sind der Ansicht, dass sich das Sheriff's Office und die reguläre Polizei ganz ordentlich verhalten hätten. Aber sie erheben schwere Vorwürfe gegen die Leute, die der Gouverneur geschickt hat. Der Sheriff sagte, er glaube nicht, dass die Leute, die bei den Negern für die Gewalt verantwortlich sind, etwas mit Martin Luther King zu tun haben. Das seien kriminelle Elemente von Birmingham gewesen und Leute, die schon immer was gegen die Polizei gehabt hätten. Heute haben sich beide Seiten in den Konflikt hineingesteigert: die Polizei und in beträchtlichem Ausmaß auch die Neger. Reverend Walker, der schwarze Pfarrer, dessen Frau von einem Gewehrkolben getroffen wurde und den ganzen Tag unter Schmerzen litt, sagte, die Neger würden heute nach Einbruch der Dunkelheit Jagd auf Polizisten machen wie Kopfgeldjäger und versuchen, sie zu erschießen. Er sagte, alles sei völlig aus dem Ruder gelaufen.

Martin Luther King kommt zurück, ich glaube, er ist jetzt schon in Birmingham. Er wird um fünf eine Versammlung oder Veranstaltung abhalten und die Neger auffordern, nach Hause zu gehen und dort zu bleiben und sich von den Straßen fernzuhalten, und er wird ihnen sagen, dass Gewalt bei den Aktionen keine Rolle spielen darf und dass sie sich versündigt hätten, weil sie sich gestern Nacht an den Unruhen beteiligt haben. Er wird einen gewissen Einfluss auf seine Zuhörer haben, die Frage ist, was der Rest tun wird. Auf der anderen Seite stehen jetzt schätzungsweise sechs- oder siebenhundert Polizisten, einschließlich der frisch ernannten Hilfspolizisten, der Männer, die der Gouverneur geschickt hat und der regulären Beamten des Sheriff's Office. Sie werden in der Stadt also ziemlich gut Präsenz zeigen. Und sie werden vorsichtig sein, damit sie Herr der Lage bleiben.

Ihnen stehen auf der anderen Seite die gewaltbereiten Neger gegenüber. Sie haben Schusswaffen und sind schon seit langer Zeit wütend. Sie sind jetzt völlig außer sich und meinen, der beste Dienst, den sie ihrer Sache erweisen können, bestünde darin, ein paar von der anderen Seite zu erschießen. Es braucht also nur einen weiteren Vorfall, noch eine Bombe zum Beispiel oder einen Brand, damit es erneut zu einem Massenauflauf von Negern kommt. Dann kann die Lage leicht außer Kontrolle geraten. Im Sheriff's Office sagten sie, sie könnten ihre Leute wahrscheinlich nicht mehr im Zaum halten, wenn wieder die gleiche Situation wie letzte Nacht eintrete, wegen der Stimmung bei den Polizisten und so weiter.

Was die Entsendung von Soldaten betrifft, über die wir schon lange nachdenken, so gibt es natürlich offensichtliche Nachteile. Die Lage ist nicht so klar wie in anderen Fällen, als wir entweder Marshals[8] oder Truppen entsandt haben. Und sie ist nicht völlig

---

8 Beamte des United States Marshals Service, einer dem Justizministerium unterstellten Behörde mit polizeilichen Befugnissen.

außer Kontrolle, wie es zum Beispiel vor einem Jahr bei den Freedom Riders in Montgomery der Fall war. Die Riders mussten bei der Reise durch den Staat geschützt werden, und dann hast du *(an seinen Bruder gewandt)* John Seigenthaler als Vermittler[9] runtergeschickt, und er wurde bewusstlos geschlagen, obwohl der Gouverneur zugesichert hatte, dass er Recht und Ordnung aufrechterhalten würde. Wir hatten damals wirklich eine gute Rechtfertigung dafür, Marshals zu schicken. Mindestens so gut wie in Oxford.[10]

So klar ist die Situation heute nicht. Der Gouverneur hat öffentlich verkündet, dass er Recht und Ordnung aufrechterhalten wird. Und die Gruppe, die außer Kontrolle geraten ist, waren im Großen und Ganzen nicht die Weißen, sondern die Neger. Es ist also diesmal viel schwieriger, eine Erklärung auszuarbeiten, die du als Grundlage für die Entsendung von Bundestruppen verlesen kannst. Der Grund für die Entsendung von Truppen und für ein energisches Eingreifen sind die Ereignisse, die noch vor uns liegen. Denn es wird wieder zu Zwischenfällen kommen, nachdem der Gouverneur praktisch die Stadt übernommen hat. Leute werden durch die Stadt ziehen und andere mit Bajonetten aufspießen und sie mit Knüppeln und Gewehren schlagen und so weiter. Im ganzen Land wird der Präsident aufgefordert werden, energische Maßnahmen zu ergreifen, und gefragt werden, warum er die Rechte der Einwohner von Birmingham nicht schützt. Auch sind wir der Ansicht, dass die Neger wegen des Erfolgs, den sie in Birmingham hatten, wegen der Stimmung, die generell bei ihnen herrscht, und aufgrund der Berichte, die wir aus anderen Städten erhalten, nicht nur im Süden, sondern im ganzen Land eine große Gewaltwelle auslösen könnten. Die Neger sagen, sie seien all die Jahre misshandelt worden und jetzt müssten sich an den Ideen der Black Muslims orientieren und dürften nicht mehr mit den Weißen zusammenarbeiten.

---

9 John Seigenthaler (*1927) war Assistent von Robert Kennedy im Justizministerium und Verhandlungsführer des Präsidenten während der Freedom Rides.

10 In Oxford befindet sich die University of Mississippi, an der sich James Meredith nur unter dem Schutz der Regierung immatrikulieren konnte.

Wenn sie andererseits das Gefühl bekommen, dass die Bundesregierung ihr Freund ist, zu ihren Gunsten eingreift und für sie arbeitet, könnte das diese Entwicklung zum Teil verhindern. Meines Erachtens ist die Tatsache, dass wir in Birmingham weitere Schwierigkeiten bekommen werden, das wichtigste Argument dafür, etwas zu unternehmen. Später ist es vielleicht nicht mehr so eindeutig wie heute, dass wir jemanden da runterschicken sollten, weil die Zwischenfälle kleiner sein werden und wir nicht mehr so glaubwürdig begründen können, warum wir jemanden runterschicken müssen.

Jetzt will ich gern noch eine Alternative vorschlagen, eine Ausweichmöglichkeit. Etwas, was wir in diesem Fall vielleicht tun könnten. Es hat Nachteile und Vorteile. Es ist eine Art Kompromiss: Wir lassen diese drei- oder vierhundert Soldaten im Großraum Birmingham landen und sagen einfach, dass sie in Bereitschaft gehalten werden. Du bringst eine Erklärung heraus, dass du sehr besorgt seist, wegen der Aufrechterhaltung von Recht und Ordnung, der Missachtung von Bürgerrechten und so weiter, und dass diese Soldaten in der Nähe von Birmingham bleiben und wir erst nach einiger Zeit entscheiden, ob wir sie einsetzen und du eine Erklärung herausgibst, dass sie in die Stadt verlegt werden. Die zweite Alternative wäre, sie nach Fort McClellan zu bringen.

NICHT IDENTIFIZIERTER SPRECHER Dreißig Meilen entfernt.

RFK Dreißig Meilen entfernt. Und man müsste bekanntgeben, dass du vier- oder fünfhundert Soldaten dorthin entsandt hast und dass am nächsten Tag vielleicht noch mehr kommen.

JFK Das eigentliche Problem ist, wie du schon gesagt hast, nicht die Aufrechterhaltung von Recht und Ordnung, oder? Also, wenn wir Soldaten in die Nähe von Birmingham oder McClellan schicken, könnte es sein, dass es keine Unruhen gibt, weil der Druck von außen da wäre.

RFK Richtig.

JFK Dann zerreißen sie aber womöglich das Abkommen, das sie geschlossen haben. Auf diese Weise wären die Neger wieder draußen, ohne ein Abkommen, und wir hätten keinen Grund mehr, da reinzugehen.

RFK Der Ausschuss, der das Abkommen geschlossen hat, also

sich für das Abkommen ausgesprochen hat, tagt jetzt gerade. Und einer ihrer Führer wird vorschlagen, dass die Ausschussmitglieder ihre Namen bekanntgeben. Sie sollen sich dazu bekennen, dass sie das Abkommen geschlossen haben, und öffentlich dafür eintreten, für die Aufrechterhaltung von Recht und Ordnung, und sie sollen sagen, dass wir uns entsprechend verhalten werden. Das muss sich in der Stadt erst herumsprechen. Die Leute in diesem Ausschuss sind nämlich diejenigen, die in Birmingham wirklich das Sagen haben – die Reichen und Mächtigen.

JFK Die haben es geschafft, dass das Abkommen nicht bekannt wurde, keine Ahnung, wie.

RFK Dass die Namen nicht bekannt wurden. Genau.

JFK Ja. Und was ist mit King? Ich meine, er sagt doch, dass wir eine Erklärung rausbringen sollen.

RFK Ja, wenn wir Soldaten an einen anderen Ort in der Nähe schicken. Dann wäre es am besten, wenn wir zunächst verkünden würden, dass Burke Marshall[11] wieder zurückkommt. Als zweiten Schritt würdest du dann bekanntgeben, dass du schon einen General in der Stadt hast, der bereits gelandet ist und für diese Maßnahmen zur Verfügung stünde. Und dass Burke Marshall zurückkommt und dass du die Lage beobachtest. Und drittens gibst du bekannt, dass du diese Soldaten geschickt hast und sie in einer weiteren Stunde landen werden und dass im Lauf der Nacht weitere kommen werden. Und dann …

JFK Also, nach dieser Strategie würde ich von hier aus eine Art Erklärung abgeben, in der die Neger aufgefordert würden, sich von den Straßen fernzuhalten und so weiter, und dann würde ich dazu auffordern, dass das Abkommen,[12] das geschlossen wurde,

11 Burke Marshall (1922–2003), Leiter der Abteilung für Bürgerrechte im Justizministerium (1961–1964).

12 Am 10. Mai war nach heftigen Ausschreitungen ein Abkommen erreicht worden zwischen Führern der Bürgerrechtsbewegung und Vertretern der Behörden von Birmingham, das den Afroamerikanern bessere Einstellungschancen und weniger Benachteiligungen im Alltag versprach. Das Abkommen wurde als Triumph für Martin Luther King gewertet. Als Vermittler hatten Burke Marshall und Robert Kennedy fungiert.

umgesetzt wird, und auf diese Weise … Dann wird Burke Marshall zurückkommen, und wir stationieren Truppen auf dem Flughafen. Wie weit ist der Flughafen weg?

NICHT IDENTIFIZIERTER SPRECHER Fünf Meilen vom Stadtzentrum entfernt, Mr President.

JFK Der General … Angenommen, es gäbe im Lauf des Abends Schwierigkeiten. Wenn wir verkünden, dass die Soldaten angekommen sind, bringt der Gouverneur[13] wahrscheinlich eine Erklärung heraus, dass er alles unter …

RFK Dann müsstest du wahrscheinlich auch die Nationalgarde unter Bundesbefehl stellen. Damit er sie nicht übernimmt.

JFK Er wird verkünden, dass er die Stadt unter Kontrolle hat. Also sind zwei Dinge entscheidend. Erstens muss Ruhe und Ordnung herrschen, und deshalb dürfen die Neger nicht in der Stadt herumrennen. Und zweitens müssen wir dafür sorgen, dass dieses Abkommen eingehalten wird. Wir können den Negern nicht verbieten, in der Stadt herumzurennen, und dann zulassen, dass das Abkommen platzt … Wenn es nämlich platzt, können wir auf die Geschehnisse nur noch reagieren, indem wir diese Woche dem Kongress einen Gesetzentwurf vorlegen. Wenn dieser Fall eintritt und wir keine andere Abhilfe schaffen können, müssen wir das Gesetz vorlegen. Wir müssen es vielleicht sowieso tun, aber es wäre auf jeden Fall unsere öffentliche Reaktion, wenn das Abkommen scheitert.

BURKE MARSHALL Wenn das Abkommen scheitert, werden die Neger …

JFK … außer Kontrolle geraten.

MARSHALL Und das nicht nur in Birmingham, fürchte ich.

JFK Das einzige Problem ist: Angenommen, wir schicken unsere Truppen da rein und dann sagen diese Weißen: »Also, jetzt ziehen wir unsere Zustimmung zu dem Abkommen zurück.« Würden Sie das für möglich halten?

MARSHALL Ich kann nicht voraussagen, was sie tun werden. Ich glaube, Mr President, dass der Gouverneur und die Leute von der

---

13 George Corley Wallace (1919–1998), Populist und Befürworter der Rassentrennung; zwischen 1963 und 1987 dreimal Gouverneur von Alabama.

Stadtverwaltung, jetzt, kurz bevor sie aus dem Amt scheiden, alles tun werden, damit das Abkommen scheitert. Das ist der Hauptgrund, warum die Lage so schwierig ist. Es würde mich nicht wundern, wenn die Highway Patrol mit Absicht brutal vorgeht, um Zwischenfälle zu provozieren, weil sie glaubt, je mehr Zwischenfälle sie provoziert, umso mehr *(unverständlich)* in der Stadt und umso mehr Angst bekommen alle, auch die weißen Geschäftsleute.

JFK Haben wir eine Ahnung, was die weißen Geschäftsleute davon halten würden, wenn wir Soldaten da runterschicken?

NICHT IDENTIFIZIERTER SPRECHER Es würde ihnen nicht gefallen.

JFK Es würde ihnen nicht gefallen?

MARSHALL Nein. Da bin ich mir ziemlich sicher.

JFK Sie haben aber heute noch mit keinem von ihnen gesprochen, oder?

MARSHALL Nein. Aber es ist ihr ganzes Bestreben, das zu verhindern, nicht wahr? Sie wollen, dass Birmingham wie Atlanta aussieht, und sie wollen, dass es seine Probleme selber löst. Also wollen sie das verhindern. Also wird es ihnen nicht gefallen. Trotzdem ist es ihnen vielleicht lieber, als dass da unten ein Rassenkrieg ausbricht – und das sind die Alternativen, und die sind ihnen heute genauso klar wie letzte Woche. Sie haben den Negern Zugeständnisse gemacht, weil sie lieber Zugeständnisse machen, als richtige Rassenunruhen zu riskieren. Also wären sie vielleicht doch nicht dagegen, wenn ihnen die Alternativen klar wären. Doch die unmittelbare Reaktion auf die Entsendung von Truppen wäre sehr negativ, da bin ich mir sicher. Wie der Justizminister schon sagte: Im Fall von Montgomery und im Fall von Oxford haben sehr viele Weiße aus dem Süden tatsächlich eingesehen, dass wir tun mussten, was wir taten. Aber ich glaube nicht, dass sehr viele Weiße im Süden der Ansicht wären, dass wir Soldaten nach Birmingham schicken müssen.

JFK Ein Grund ist doch auch, dass keine der Zeitungen dort … Sie erscheinen morgens und mittags, es ist zeitlich einfach ungünstig. Es gibt Morgen- und Nachmittagszeitungen. Eines *(unverständlich)* ist, dass das doch sehr viel Ähnlichkeit mit Oxford hat, oder?

MARSHALL Ja, das stimmt. Aber es ist doch anders, weil wir dort einen weißen Mob hatten, der gegen die Neger vorging. Hier haben wir einen schwarzen Mob.

JFK Na ja, außer dass eine unserer Absichten ja gerade darin besteht, den schwarzen Mob unter Kontrolle zu halten. Das ist eines unserer Ziele. Sogar das Hauptziel. Aber auf zweierlei Weise: Wir wollen eine Atmosphäre schaffen, in der dieses Abkommen durchgeführt werden kann, und währenddessen verhindern, dass die Neger einen Aufstand machen und die Weißen wiederum darauf reagieren. Das ist unser Ziel. Eigentlich stellt sich nur die Frage: Bewirkt es etwas, wenn wir die Soldaten auf dem Flughafen vor der Stadt landen lassen und nicht reingehen?

GENERAL EARLE WHEELER:[14] Mr President, es gibt noch eine weitere Alternative: Sie könnten die Soldaten für eine gewisse Zeit in der Luft halten. Wir könnten sogar organisieren, dass die Soldaten die ganze Zeit in der Luft bleiben, wenn es notwendig wäre. *(Unverständlich)* Ihre Flugzeit beträgt etwa sieben Stunden, wenn sie von Fort Bragg aus fliegen: drei Stunden runter und drei Stunden rauf, und sie müssen auftanken, und die Verweildauer dort ist ... Wir könnten ständig ein paar Hundertschaften in der Luft halten, auf Abruf, eine Stunde vom Stadtzentrum von Birmingham entfernt.

MARSHALL Ich glaube, die Information, dass Soldaten verfügbar sind oder dass sie bewegt werden, um verfügbar zu sein, könnte eine beruhigende Wirkung auf die Neger haben.

WHEELER Da gibt es mehrere Möglichkeiten. Ich habe dreihundert, und etwa dreihundertfünfzig Soldaten *(unverständlich)* Wir könnten einen Armeehubschrauber nach Fort McClellan verlegen, das etwa dreißig Meilen entfernt in Anniston liegt. Der Flugplatz dort ist nicht besonders gut, aber wir können sie etwa eine Stunde nach Beginn der Aktion reinbringen. Sie wären dreißig Straßenmeilen von Birmingham entfernt, Mr President. Die Soldaten, die mit den C123- und C130-Maschinen aus Fort Bragg kommen, könnten wir an zwei Orten stationieren. Wir könnten Farnham in

---

14 General Earle Wheeler (1908–1975), Stabschef des Heeres (1962–1964) und Vorsitzender der Vereinigten Stabschefs (1964–1970).

die Maxwell Air Force Base legen, die sich in Alabama befindet. Und den Rest könnten wir in die Seward Air Force Base legen, die sich in der Nähe von Fort Campbell in Kentucky befindet. Dann wäre die Flugzeit viel kürzer, sowohl von Maxwell aus als auch von …

JFK Was wir aus Martin King herausbekommen wollen, ist … Wie offen sprechen Sie mit King?

MARSHALL Ich spreche offen mit ihm. Ich kann Ihnen sagen, was er vorhat, Mr President. Er will zu dieser Kirche gehen und seine Leute dazu aufrufen, dass sie *(unverständlich)* der Justizminister sagte. Und morgen will er dann in der Stadt in die Billardhallen und Kneipen gehen und mit den Negern reden und gegen die Gewalt predigen. Das ist es, was er vorhat.

JFK Also, er hat eine Erklärung herausgebracht, in der er mich dazu auffordert, eine Erklärung abzugeben. Aber wir haben das Problem, dass wir zwar eine Erklärung abgeben können, aber wenn es heute Nacht zu Ausschreitungen kommt, ist das offensichtlich das, was Gouverneur Wallace will. Wir wollen keine Gewalt, wir wollen keine Soldaten da reinschicken, weil das vermutlich eine erfolgreiche Umsetzung dieses Abkommens erschweren wird. Aber wir werden es trotzdem tun, wenn es heute Nacht zu Ausschreitungen kommt. Also, wie schätzt er diese Position ein?

MARSHALL Soll ich jetzt das Gespräch ausführlicher schildern, das ich darüber geführt habe?

(Mehrere Stimmen gleichzeitig)

RFK Er könnte sagen, dass wir mit ihm über die Angelegenheit sprechen.

MARSHALL So habe ich mich ihm gegenüber nicht geäußert, Sir.

JFK Also, ich finde, Sie sollten es so aussehen lassen, als würden Sie nur für sich selbst sprechen, ohne zu sagen, dass wir auch darüber nachdenken. Unser Problem besteht darin, zu beurteilen, ob die Neger heute Nacht auf der Straße sein werden. Wenn ja, dann müssen wir Soldaten schicken, weil sie dann entweder zusammengeschlagen werden oder selbst Leute zusammenschlagen. Vielleicht kann er uns das nicht sagen. Die andere Sache ist die, dass er will, dass wir eine Erklärung abgeben. Ich weiß nicht, was für eine Erklärung. Er sagte, seine »Hoffnungen werden durch diese Bombenanschläge nicht zerstört« und so weiter. In einer anderen Sache hat er mich gebeten, eine Erklärung abzugeben: »Angesichts der neuen Gewaltausbrüche von heute ist es unbedingt notwendig, unmissverständlich Stellung zu beziehen gegen die Demütigungen …«

RFK Ich glaube, dass du eine Erklärung abgeben kannst, ich meine, du kannst zu den zwei Bombenanschlägen etwas sagen. Auf das Haus seines Bruders wurde ein Anschlag verübt.

JFK Ja.

RFK Und in dem Motel wurde eine Bombe gelegt.

JFK Wir würden auch die Neger dringend dazu auffordern …

RFK Ich finde, du kannst jetzt eine ziemlich klare Stellungnahme abgeben.

BESPRECHUNG WEGEN BIRMINGHAM, 21. MAI 1963

Justizminister Robert F. Kennedy spielte eine führende Rolle, als es darum ging, wie die Regierung Kennedy auf die Ausschreitungen in Birmingham reagieren sollte. In dieser Aufnahme wird klar, dass seine Empörung über die Diskrimierung der Schwarzen zunehmend wuchs. Er eröffnet die Besprechung mit einem langen Monolog, in dem er nicht nur die primitive Gewalt gegen die Afroamerikaner anprangert, sondern auch das viel subtilere Problem, dass ihnen der Zugang zu allen besseren Arbeitsplätzen verwehrt wurde – selbst bei den Bundesbehörden. RFK verzichtet zunächst darauf, Martin Luther King namentlich zu erwähnen, was aber nur die besondere Stellung, die King auf der politischen Bühne einnimmt, unterstreicht. Erst in der Mitte des langen Beitrags fällt Kings Name schließlich doch. Er wird von der Regierung inzwischen eindeutig als Verbündeter und dringend benötigte mäßigende Kraft betrachtet. Gleichzeitig wird der Civil Rights Act vorbereitet. Birmingham war ein Wendepunkt.

RFK … die für irgendein Arrangement mit den Negern eintraten, waren genauso gegen seine[15] Rückkehr, und wir waren gegen seine

15 Gemeint ist Martin Luther King jr. (1929–1968). King wurde landesweit bekannt, als er als junger Pastor 1955 den sogenannten Montgomery-Bus-Boykott koordinierte, der nach über einem Jahr schließlich zur Aufhebung der Rassentrennung in Bussen in Montgomery, Alabama, führte. 1957 war er beteiligt an der Gründung der Bürgerrechtsorganisation Southern Christian Leadership Conference (SCLC), und 1963 organisierte er Proteste im Sinne des gewaltlosen Widerstands gegen die rassistische Stadtverwaltung von Birmingham, Alabama. Die als »Project C« bekannt gewordene Kampagne veranstaltete Sit-ins, Märsche und

Rückkehr. Und wir versuchten bei ihm zu erreichen, dass er wartete, bis Boutwell[16] die Stadtverwaltung übernommen hatte und die Reformen durchführte, die er angekündigt hatte. Aber wir hatten keinen Erfolg. Er kam zurück, und wie schon gesagt, er hatte nicht die Unterstützung der Neger, und er beantragte eine Genehmigung für eine Demonstration, aber Bull Connor verweigerte sie. In der Folge schnappte dieser sich acht oder zehn Leute und sperrte sie ein.

Sie bekamen etwas mehr Öffentlichkeit, als sie eingesperrt wurden, obwohl die Zeitungen untereinander vereinbart hatten, diese Sache nicht auf die Titelseiten zu bringen, sondern sie herunterzuspielen. Doch das Fernsehen spielte sie hoch, und sie sprach sich bei den Negern herum. Und so bekam er immer mehr Unterstützung, als immer mehr Leute festgenommen wurden. Dann ließ er sich am Karfreitag selbst festnehmen, sodass er am Ostersonntag im Gefängnis saß, und damit gewann er natürlich alle Neger, und dann kam er wieder raus. Und er veranstaltete immer größere Demonstrationen, und als immer mehr Leute festgenommen wurden, bekamen die schwarzen Einwohner das Gefühl, dass sie ihn nicht weiterhin alles allein machen lassen konnten. Deshalb begannen sie ihn zu unterstützen.

Und dann kam auch die NAACP,[17] die bis dahin strikt gegen seine Anwesenheit in der Stadt und gegen die Demonstrationen gewesen war, zu der Einsicht, dass sie ihn unterstützen musste, weil sie sonst alles an ihn verlor. Und so bewegten sich allmählich immer Leute in seine Richtung. Und dann hatte er die Idee, die Kinder auf die Straße zu schicken, und von da an begannen sich

---

Boykotts. King wurde für acht Tage inhaftiert. Im Gefängnis schrieb er am 16. April seinen *Letter from a Birmingham Jail*, der, in zahlreichen Zeitungen und Zeitschriften veröffentlicht, ihm weitere Popularität verschaffte. Erste Auszüge erschienen im *New York Post Sunday Magazine* am 19. Mai, zwei Tage vor dem hier dokumentierten Treffen.

16 Albert Burton Boutwell (1904–1978) trat kurz nach den Unruhen sein Amt als Bürgermeister von Birmingham an.

17 Die 1909 gegründete National Association for the Advancement of Colored People.

Tausende zu versammeln. Er hat diese großen Gruppen auf die Straße gebracht, das war Freitag oder Samstag vor etwa zweieinhalb Wochen. Und natürlich war das alles mit den ganzen Kindern und so vielen Leuten wirklich sehr gefährlich.

Das Problem war damals, dass Weiße und Neger nicht miteinander redeten. Viele Führer der Neger wussten nicht, warum sie demonstrierten. Sie wussten nicht, ob sie demonstrierten, um Bull Connor loszuwerden, ob sie wegen der Kaufhäuser demonstrierten oder ob sie gegen die Stadtverwaltung demonstrierten. Neunzig Prozent der Demonstranten wussten ganz bestimmt nicht, wogegen sie demonstrierten, und von den Weißen wusste überhaupt niemand, wogegen sie demonstrierten. Niemand von den Weißen ging zu diesem Zeitpunkt auf die Neger zu, weil die Weißen das Gefühl hatten, dass sich die Neger ordnungswidrig verhielten. Also sprachen die Parteien überhaupt nicht miteinander. Und es gab diese ganzen Demonstrationen, die immer größer und größer wurden.

Und dann schickte der Präsident Burke Marshall runter nach Birmingham, um zu sehen, ob man die Leute irgendwie zusammenbringen konnte. Zuerst ging er zu den Negern, um zu sehen, was sie wollten. Das war schwierig, weil viele von ihnen selbst nicht wussten, was sie wollten. Schließlich fand er es doch heraus, indem er sich um Martin Luther King bemühte, nämlich dass *(unverständlich)* die Rassentrennung in den Kaufhausrestaurants aufgehoben, die Schilder an den Toiletten und Trinkbrunnen entfernt würden und dass die Einstellungspraxis in den Kaufhäusern von Birmingham verbessert würde, sodass jedes Geschäft mindestens einen Schwarzen einstellte.

Dann ging er zurück zu den Weißen, zu den Leitern der Kaufhäuser, von denen die Mehrheit nur Filialen waren, die ihre Zentralen nicht in der Stadt hatten, und sprach mit ihnen. Daraufhin begannen sie, Versammlungen abzuhalten. Douglas Dillon[18] und einige andere riefen die Chefs der großen Ketten an. Ich sprach mit

---

18 C. Douglas Dillon (1909–2003), Botschafter in Frankreich (1953–1957), Unterstaatssekretär im Außenministerium (1959–1961) und Finanzminister (1961–1965).

einigen und brachte unsere Besorgnis zum Ausdruck. Burke traf sich mit Einwohnern von Birmingham, und schließlich sagten sie, sie seien bereit, einige der Forderungen zu erfüllen, wollten jedoch erst handeln, wenn es auch sonst zu Veränderungen in Birmingham kommt. Sie wollten erst aktiv werden, wenn in einem anderen Bereich die Rassentrennung aufgehoben wurde.

Dabei verfielen sie auf die Schulen. Sie würden die anderen Forderungen erst erfüllen, wenn die Rassentrennung in den Schulen aufgehoben sei, sagten sie. Doch die Rassentrennung in den Schulen konnte frühestens im September aufgehoben werden, und die Neger waren nicht bereit, so lange zu warten. Dagegen sagten die Kaufhäuser, sie seien nicht bereit, den ersten Schritt zu machen, und das Ergebnis war, dass sich bis Montag oder Dienstag nichts bewegte. Und dann wurden die Demonstrationen immer größer, und als Tausende daran teilnahmen, liefen sie natürlich aus dem Ruder. Und dann predigt Martin Luther King Gewaltlosigkeit, und wenn du geschlagen wirst, kniest du nieder und sprichst deine Gebete und schlägst nicht zurück, was natürlich wirklich gut ist. Und die Leute, die ihn hören, folgen seinen Anweisungen außerordentlich bereitwillig. Ich meine, es geht nicht um Gewalt, was die Neger betrifft.

Aber zu der schwarzen Gemeinde von Birmingham gehört vermutlich die radikalste Gruppe von Negern im ganzen Land. Und als einige von ihnen auf die Straße gingen, *(unverständlich)* sie lange Zeit mit der Polizei. Und sie gingen mit Steinen und Messern auf die Straße, rannten durch den Park und gingen in die Kaufhäuser. Und so war die Lage völlig außer Kontrolle geraten.

Nun waren auch die Weißen alarmiert und überlegten, was sie tun könnten. Wir dachten, wir könnten vielleicht die wohlhabenden weißen Bürger gewinnen, die hinter den Geschäftsleuten das Finanzleben von Birmingham beherrschen, und mit ihrer Hilfe auch die Geschäftsleute zum Einlenken bewegen. Also hielten sie da unten diese Versammlung ab, und Burke nahm daran teil. Er sagte, in Birmingham werde das totale Chaos ausbrechen. Es werde Blut fließen, wenn nichts unternommen werde. Die Forderungen der Neger seien ganz vernünftig, also sollten die Geschäftsleute sie unterstützen und dieses Abkommen abschließen.

Einige dieser Versammlungen dauerten schließlich bis vier oder fünf Uhr morgens, und Burke war der einzige Kontaktmann zwischen den Weißen und den Negern. Er brachte beide Seiten schließlich zusammen, und die weißen Finanz- und Wirtschaftsführer erklärten sich bereit, die Geschäftsleute zu unterstützen, und sie machten bei ihnen die Runde und unternahmen auch selbst etwas, um die Chancen der Neger zu verbessern. Als das passierte, erklärten sich die Geschäftsleute bereit, das Abkommen zu schließen.

Dann nahmen wir mit Martin Luther King Kontakt auf und teilten ihm mit, dass die Weißen sich bereit erklärt hatten, das Abkommen zu schließen, und er sagte: »In Albany gab es auch Geschäftsleute, die behaupteten, sie hätten ein Abkommen geschlossen, und dann haben sie ihr Wort gebrochen, also demonstrieren wir dort immer weiter.« Wir sagten zu ihm, wenn man für einen bestimmten Zweck demonstriert und diesen Zweck erreicht, ist es nicht gerade sinnvoll, die Demonstrationen fortzusetzen. Er sagte: »Aber ich muss Leute aus dem Gefängnis kriegen. Der einzige Weg, um meine Leute aus dem Gefängnis zu kriegen« – es waren damals ein paar tausend im Gefängnis –, »besteht darin, die Demonstrationen fortzusetzen, bis so viele Leute im Gefängnis sitzen und in Birmingham eine so große Krise herrscht, dass alle freigelassen werden.«

Das war nicht besonders überzeugend. Aber ein weiterer Tag mit Demonstrationen hätte in Birmingham zu einem großen Blutvergießen geführt, und dann wäre der Gouverneur in die Stadt eingerückt und hätte sie übernommen. Also wäre überhaupt nichts erreicht worden. Wir schafften es, King zu überzeugen, dass er seine Demonstrationen absagte, und zwar gerade noch rechtzeitig. Denn es war keine Frage mehr, dass der Gouverneur an diesem Mittwochabend in die Stadt eingerückt wäre, und dann hätte er die totale Kontrolle gehabt, und es hätte keinen von diesen Fortschritten gegeben.

Sie bliesen also ihre Demonstrationen ab, und dann wurde Samstagnacht um zehn nach elf eine Stange Dynamit in das Haus von Martin Luther Kings Bruder geworfen, und dreißig Minuten später, um elf Uhr vierzig, wurden acht Stangen Dynamit in das

Gaston Motel geworfen, wo Martin Luther King gewohnt hatte. Und als die Polizei und die Feuerwehrleute anrückten, versammelten sich mehrere tausend Neger. Sie warfen mit Steinen und hatten Messer dabei. Sie gerieten außer Kontrolle.

Doch die lokale Polizei, das Sheriff's Office und die Polizeibehörde hatten sie bis zwei Uhr morgens weitgehend unter Kontrolle gebracht. Aber dann schickte der Gouverneur seine Leute, und das waren Wildhüter und Leute vom Amt für Alkohol und Tabak und Steuerfahnder, alle mit Armbinden und ziemlich brutal *(unverständlich)*. Sie hatten Karabiner, und sie stiegen mit Knüppeln und mit ihren Gewehren aus den Autos. Und die lokalen Polizisten baten sie, sich zurückzuziehen und wieder abzufahren, weil sie die Lage unter Kontrolle hätten und weil sie noch jemanden töten würden. Doch da sagten die, deshalb seien sie ja hier. Und dann fingen sie an, die Leute mit ihren Knüppeln zu schlagen, und in den nächsten drei Stunden geriet die Lage völlig außer Kontrolle. Erst um sechs Uhr am Sonntagmorgen war die Ruhe endlich wiederhergestellt.

Nun fühlten sich die Neger *(unverständlich)* verraten, und ihr Verhalten am Sonntag ließ keinen Zweifel daran, dass es in Birmingham in dieser Nacht einen richtigen Krieg geben würde. Einige von ihnen waren bewaffnet. Sie hatten Messer, sie hatten Schusswaffen, und sie wollten Jagd auf die Leute mit den Armbinden machen. Und sie hatten das Gefühl, dass es keine Lösung für sie geben würde, nachdem der Gouverneur interveniert und die Stadt übernommen hatte.

In dieser Situation traf der Präsident die Entscheidung, Soldaten nach Alabama zu schicken, die wenn nötig in Birmingham eingesetzt werden würden, und er hielt an diesem Abend, unmittelbar nach Martin Luther Kings Rückkehr, eine Fernsehansprache an die Neger. Dies änderte die ganze Atmosphäre, denn danach rief Martin Luther King die Leute dazu auf, sich zu beruhigen und zu Hause zu bleiben, und er sagte, dass die Regierung den Konflikt beobachten und sie aktiv schützen werde. Dass wir Truppen nach Alabama geschickt hatten, wirkte beruhigend auf die Neger, und es gab keine Zwischenfälle mehr. Für mich ist es keine Frage, dass die Neger außer Kontrolle geraten wären, wenn dieser Schritt an diesem Abend nicht gemacht worden wäre. Dann hätte es einen erbitterten Kampf zwischen den Leuten des Gouverneurs und den Negern gegeben.

Wir glauben, dass das Abkommen, das geschlossen wurde, eingehalten wird. Dennoch gibt es Probleme. Zum Beispiel hat die Schulbehörde gestern die tausend Schüler vom Unterricht ausgeschlossen, die an den Demonstrationen teilnahmen. Der Anwalt der Neger wird klagen, damit der Schulbehörde der Ausschluss der Schüler gerichtlich untersagt wird. Da müssen wir eine Lösung finden; trotzdem hat es aber immerhin den Anschein, dass das Abkommen wenigstens gegenwärtig eingehalten wird. Wir sind optimistisch, was das betrifft. Wir sind noch nicht über den Berg, aber wir sind der Ansicht, dass für die Einhaltung des Abkommens gute Chancen bestehen.

Gelernt haben wir aus der Sache erstens, wie wichtig es ist, dass man irgendeine Art gemischtrassigen Ausschuss in einer Gemeinde hat. In jeder dieser lokalen Gemeinden und im ganzen Staat müssen die Neger und die Weißen miteinander reden, damit sie ihre Beschwerden vorbringen können. Wie wir in den letzten zweieinhalb Jahren herausgefunden haben, ist eines der größten Probleme in Bezug auf die Neger, dass sie das Gefühl haben, es gebe keine Lösung für das, was sie erreichen wollen, und dass niemand mit ihnen redet. Und wir stellen in einer Gemeinde nach der anderen fest, dass die Neger das Gefühl haben, ihre Beschwerden nirgendwo vorbringen zu können. Darum wollen sie demonstrieren, aber die Demonstrationen werden nicht genehmigt. Sie wollen auf die Straße gehen, aber sie bekommen keine Genehmigung und werden ins Gefängnis gesteckt. Das empört wiederum die anderen Neger. Sie haben keinen Ort, an den sie gehen, keine Stelle, bei der sie sich beschweren können, und sie können nicht dagegen demonstrieren, weil sie dann im Gefängnis landen. Also sind sie frustriert, und dieses Gefühl wird wachsen, und zwar nicht nur im Süden, sondern auch in den Städten des Nordens.

Die zweite Lehre, die wir aus den Ereignissen gezogen haben und die ich heute mit Ihnen besprechen will, können wir aus dem Gespräch ziehen, das Burke mit den Geschäftsleuten in Birmingham geführt hat. Als er sie dazu zu bewegen versuchte, Neger einzustellen, verwiesen sie auf die staatlichen Behörden und sagten: »Warum sollen wir Neger einstellen. Ihr stellt doch selbst keine ein.« Und wir haben uns die Lage in Birmingham angesehen und erkannt, dass das Verhalten der Bundesbehörden wirklich beschämend ist, dass wir wirklich sehr schlechte Arbeit geleistet hatten.

Die Veterans Administration[19] schnitt gut ab, und auch bei der Post waren ein paar Neger beschäftigt. Insgesamt haben sie jedoch nur sehr niedrige Posten. Es gab keine Neger in Positionen, wo sie überhaupt wahrgenommen wurden, es sei denn, dass sie den Boden gewischt haben oder etwas Ähnliches. In keinem der Ämter wurden Neger als Bürokräfte eingesetzt oder auf wichtigen Posten im Kundenverkehr. Also kamen wir zu dem Schluss, dass dieser Zustand geändert werden müsse, und zwar umgehend. Ich habe mit einigen von Ihnen über die Situation in Ihren Ministerien gesprochen. John Macy[20] hat eine Menge getan, um alles zu koordinieren, und ich glaube, wir haben die Lage da unten verbessert. Aber Entschuldigung, Mr President – vielleicht kann Mr Macy uns selbst berichten, wie die Lage in Birmingham war, wie sie in einigen anderen der großen Städte ist und was in Birmingham zu ihrer Verbesserung unternommen wurde.

19 Das für die Versorgung von Kriegsveteranen und ihren Hinterbliebenen zuständige Ministerium.

20 John Macy (1917–1986), Vorsitzender der Civil Service Commission, der Aufsichtsbehörde für den öffentlichen Dienst in Bundesbehörden.

TREFFEN MIT FÜHRERN DER BÜRGERRECHTSBEWEGUNG, 28. AUGUST 1963

Am vielleicht wichtigsten Tag in der Geschichte der amerikanischen Bürgerrechtsbewegung, unmittelbar nachdem Martin Luther King seine berühmte Rede »I Have a Dream« gehalten hatte, wurden die Führer des Marsches auf Washington im Weißen Haus empfangen. Sie wurden von einem Präsidenten begrüßt, der offensichtlich bewegt war von der Rede, die er im Fernsehen verfolgt hatte, und der außerdem mit einem detaillierten Plan aufwarten konnte, um die Gesetze durchzubringen, die seine Gäste forderten. Im Verlauf des Gesprächs erklärte Kennedy den Bürgerrechtlern unter anderem auch sehr genau die Kräfteverhältnisse im Kongress, damit sie verstünden, wie hoch der Berg ist, den sie zu ersteigen versuchten. A. Philip Randolph hatte im Sommer 1940 das erste Mal zu einem Marsch auf Washington aufgerufen, und jetzt war seine große Stunde gekommen, auch wenn es einer neuen Generation vorbehalten war, seine Vision Wirklichkeit werden zu lassen. In den hier abgedruckten Auszügen genießen die Führer der Bürgerrechtsbewegung den gerade erlebten Triumph und wappnen sich für den Kampf im Herbst. Vizepräsident Lyndon B. Johnson, der sich so oft aus JFKs engerem Beraterkreis ausgeschlossen fühlte, spricht bei dieser Gelegenheit bewegend über das, was ein Präsident, der für die Bürgerrechte eintritt, erreichen und was er nicht erreichen kann.

ROY WILKINS:[21] Sie haben uns Ihren Segen gegeben. Wir denken, das hat den Charakter unseres Protests verändert. Es war

21 Roy Wilkins (1901–1981), damals Geschäftsführer der NAACP.

einer der wichtigsten Gründe, warum daraus eine friedliche Demonstration zur Unterstützung unserer Regierung wurde und nicht eine Demonstration gegen unsere Regierung. Sie stimmen mir wohl zu, dass das psychologisch wichtig war. Und die Stimmung und die Haltung, die die Leute heute zeigten, haben uns alle erfreut, ohne Ausnahme.

WALTER REUTHER:[22] Wie ich heute schon in meiner Rede gesagt habe, wird die Verabschiedung der gewünschten Gesetze nur bedeuten, dass wir die notwendigen Werkzeuge in die Hand bekommen, mit denen wir arbeiten können. Es wird nicht bedeuten, dass das Problem automatisch gelöst ist. Wir werden in jeder Gemeinde, wo wir das Programm umsetzen wollen, eine breite Koalition der Menschen guten Willens schmieden müssen. Und ich glaube, das ist es, was durch diesen Marsch geschehen ist. Er hat in Bezug auf die zentrale Frage der Chancengleichheit und des Bürgerrechts erster Klasse eine aktive, funktionierende Koalition ins Leben gerufen. Und ich glaube, wenn wir das durch praktische Arbeit in allen Gemeinden widerspiegeln, können wir diese Koalition mobilisieren, wir können die Menschen guten Willens mobilisieren, und wir können im Licht der Vernunft nach Lösungen suchen, durch rationales, verantwortungsvolles Handeln. Denn wenn wir scheitern, wird das Vakuum, das dadurch entsteht, von den Aposteln des Hasses gefüllt, und dann wird die Vernunft dem Kampf weichen, und die Brüderlichkeit wird der Verbitterung und dem Blutvergießen weichen. Deshalb denke ich, dass dies wirklich einer der bedeutsameren Aspekte unseres Handelns ist. Wir haben eine Koalition geschmiedet, die nach Verabschiedung der Gesetze im ganzen Land auf Gemeindeebene Unterstützung für ihre Umsetzung mobilisieren kann.

JFK Sehr gut, aber lassen Sie mich schnell noch ein paar Worte zu den Gesetzen sagen. Es gibt eine Sache, die mich in Bezug auf die Bildungsfrage beschäftigt. Wir haben da, wie Sie wissen, dieses Jugendprogramm in New York, und der Justizminister war in der Sache neulich in Chicago, und er war schockiert über die überfüll-

22 Walter P. Reuther (1907–1970), Führer der Gewerkschaft der United Auto Workers und bekennender Unterstützer der Bürgerrechtsbewegung.

VORIGE SEITE:
PRÄSIDENT JOHN F. KENNEDY UND VIZEPRÄSIDENT LYNDON B. JOHNSON BEI EINER BESPRECHUNG MIT DEN ORGANISATOREN DES »MARSCHES AUF WASHINGTON FÜR ARBEIT UND FREIHEIT« IM OVAL OFFICE DES WEISSEN HAUSES, 28. AUGUST 1963

VON LINKS NACH RECHTS: WILLARD WIRTZ, ARBEITSMINISTER; FLOYD MCKISSICK, VORSITZENDER DES CONGRESS OF RACIAL EQUALITY (CORE); MATHEW AHMANN, GESCHÄFTSFÜHRER DER NATIONAL CATHOLIC CONFERENCE FOR INTERRACIAL JUSTICE; WHITNEY M. YOUNG, PRÄSIDENT DER NATIONAL URBAN LEAGUE; DR. MARTIN LUTHER KING; JOHN LEWIS, VERTRETER DES STUDENT NONVIOLENT COORDINATING COMMITTEE (SNCC); RABBI JOACHIM PRINZ, VORSITZENDER DES AMERICAN JEWISH CONGRESS; REVEREND EUGENE CARSON BLAKE, VORSITZENDER DES NATIONAL COUNCIL OF THE CHURCHES OF CHRIST IN THE USA (NCC); A. PHILIP RANDOLPH, VORSITZENDER DES NEGRO AMERICAN LABOR COUNCIL (NALC); PRÄSIDENT KENNEDY; VIZEPRÄSIDENT JOHNSON; WALTER P. REUTHER, VORSITZENDER DER UNITED AUTO WORKERS (UAW); ROY WILKINS, GESCHÄFTSFÜHRER DER NAACP

ten Klassen, über die vielen Schulabgänger, über die Tatsache, dass die besten Lehrer … und darüber, dass die Lehrer bei den Schülern keine Hausbesuche machen … Und die Kinder wollen nicht lernen, es sei denn *(unverständlich)* unabhängig von ihrer Hautfarbe oder ihrem Einkommen. Wäre es denn nicht möglich, dass die Gemeinschaft der Neger die Führung übernimmt und betont, dass diese Familien, selbst wenn sie getrennt sind und trotz ihrer anderen Probleme, für die Bildung ihrer Kinder verantwortlich sind? Meiner Ansicht nach hatten auch die Juden in diesem Land unter einem beträchtlichen Ausmaß an Diskriminierung zu leiden, aber sie haben sich sehr angestrengt, was die Bildung, die Bildung ihrer Kinder, betrifft, und das ist meiner Ansicht nach der Grund, warum sie heute so einflussreich sind. Und deshalb waren sie in der Lage, eine ziemlich starke Position zu erringen.

(Unterbrechung)

A. PHILIP RANDOLPH:[23] Mr President, nach der Beschreibung zu urteilen, die Sie von der Lage im Repräsentantenhaus und im Senat gegeben haben, wird wohl ein wahrer Kreuzzug vonnöten sein, um eine Mehrheit für diese Bürgerrechtsgesetze zu gewinnen. Und wenn ein solcher Kreuzzug nötig ist, dann kann ihn meiner Ansicht nach kein anderer führen als Sie. Ich glaube, dass wir über die Köpfe der Kongressabgeordneten und Senatoren hinweg an die Menschen appellieren müssen.

(Unterbrechung)

---

23 A. Philip Randolph (1889–1979), einer der Aktivisten der ersten Stunde der Bürgerrechtsbewegung und Chef der Brotherhood of Sleeping Car Porters, die er 1925 gründete. Er hatte schon 1940 die Idee, aus Protest gegen die Rassentrennung innerhalb der amerikanischen Streitkräfte einen Marsch auf Washington zu veranstalten. Seine Stimme ist außerdem auf einer der ersten Aufnahmen zu hören, die im Oval Office gemacht wurden. Sie entstand, als ein Gespräch zwischen ihm und Franklin Delano Roosevelt aufgezeichnet wurde.

ADLAI STEVENSON, US-BOTSCHAFTER BEI DEN VEREINTEN NATIONEN, BEGRÜSST MARTIN LUTHER KING, DEN VORSITZENDEN DER SOUTHERN CHRISTIAN LEADERSHIP CONFERENCE, IM RAHMEN EINES TREFFENS VON PRÄSIDENT KENNEDY MIT MITGLIEDERN DER AMERICAN NEGRO LEADERSHIP CONFERENCE.
IM WEISSEN HAUS AM 17. DEZEMBER 1962

JFK Hier ist der Vizepräsident, er würde gern etwas sagen, bevor wir …

LBJ *(unverständlich)* … dieser Präsident hat die strengsten Verordnungen in den Bereichen Wohnungsbau, Beschäftigung und Streitkräfte erlassen, die je eine Regierung herausgebracht hat. Er hat gegenüber dem Kongress die dringendsten Empfehlungen ausgesprochen *(unverständlich)*. Niemand hat häufiger Besprechungen in diesem Raum da drüben abgehalten, in dem sich auch Medgar Evers[24] so oft aufhielt *(unverständlich)*. Er hat *(unverständlich)* Rechtsanwälte, Wirtschaftsvertreter, Stadträte, alle anderen, den Justizminister, den Vizepräsidenten, den Präsidenten *(unverständlich)* hinter sich gebracht, um den Kongress von diesen Gesetzen zu überzeugen. Ich glaube, er hat mit seinen Fernsehauftritten und anderen öffentlichen Stellungnahmen bewiesen, dass er sich leidenschaftlich für die Menschenrechte einsetzt, und zwar aus moralischer Überzeugung, weil es richtig ist, unabhängig von der politischen Wirkung, die es vielleicht hat.

Tatsächlich gibt es etwas, was der Präsident tun kann, er kann appellieren und führen und überreden und sogar dem Kongress drohen, aber er kann nicht dem Kongress sagen, was er zu tun und zu lassen hat. Franklin Roosevelt erlitt auf dem Höhepunkt seiner Popularität im Jahr 1937 eine verheerende Niederlage mit seiner Justizreform, obwohl er bei den Wahlen von 1936 nur in zwei Staaten nicht gewonnen hatte. Ich kam in dieser Zeit hierher. Und dieser Präsident kann diese sechzig Stimmen nicht bekommen, selbst wenn er das Weiße Haus auf den Kopf stellen und jeden Tag eine Stunde im Fernsehen predigen würde. Das würde einige dieser Männer nur noch stärker in die *(unverständlich)* treiben. Vielleicht können die Männer an diesem Tisch das bewerkstelligen. Aber es wird nicht leicht werden, denn die Abgeordneten haben ihre Vereinbarungen, und sie sprechen eine eigene Sprache.

---

24 Medgar Evers (1925–1963), der Erste Sekretär der NAACP-Sektion aus Mississippi. Er war am 12. Juni 1963 ermordet worden, nur wenige Stunden nachdem Präsident Kennedy seine Rede an die Nation über die Bürgerrechte gehalten hatte.

TREFFEN MIT MARTIN LUTHER KING, 19. SEPTEMBER 1963

Die Euphorie des Marsches auf Washington war nur von kurzer Dauer, da sich die Bedingungen in Birmingham weiter verschlechterten. Am Sonntag, dem 15. September, wurde vom Ku-Klux-Klan ein Bombenanschlag auf die baptistische Kirche in der 16th Street verübt. Die Bombe tötete vier Mädchen und verletzte zweiundzwanzig weitere. Die Führer der Bürgerrechtsbewegung kochten vor Wut, als sie ins Oval Office kamen und ihre Enttäuschung und ihr Verlangen nach Gerechtigkeit zum Ausdruck brachten.

MLK Wir kommen heute als Vertreter von Birmingham oder genauer gesagt von etwa zweihundert führenden Persönlichkeiten der Wirtschaft, des Handwerks, der Kirchen und Gewerkschaften, die sich am Tag nach dem Bombenanschlag versammelt haben und über dessen Folgen und den Ernst der ganzen Krise, mit der wir in Birmingham konfrontiert sind, beraten haben. Und wir sind heute zu Ihnen gekommen, weil die Lage in Birmingham nach unserem Dafürhalten so ernst ist, dass sie nicht nur Leben und Stabilität in Birmingham und Alabama, sondern in unserem ganzen Staat bedroht. Es geht um das Ansehen unseres Staates und um das Schicksal unseres Staates. Wir sind der Ansicht, dass in Birmingham Widerstand gegen die Staatsgewalt geleistet wird.

Es gibt vieles, was man als Begründung für diese Ansicht anführen könnte. Sie sind sich sicherlich der Tatsache bewusst, dass in Birmingham mehr Bombenanschläge auf Kirchen und Privathäuser verübt worden sind als in irgendeiner anderen Stadt in den Vereinigten Staaten und dass nicht einer dieser in den vergangenen fünfzehn oder zwanzig Jahren verübten Anschläge aufgeklärt wurde. Tatsächlich wurden in den letzten acht bis zehn Jahren etwa achtundzwanzig Bombenanschläge verübt, und kein einziger wurde aufgeklärt. Auch die Brutalität der Polizei ist immer noch ein großes Problem, und all das erreichte am Sonntag einen neuen tragischen Höhepunkt mit dem Bombenanschlag, durch den vier junge Mädchen sofort getötet wurden und durch den später noch zwei weitere Menschen starben. Ich glaube, die beiden anderen Toten waren Jungen.

Nun, das eigentliche Problem, das wir haben, ist folgendes: Die Gemeinschaft der Neger steht kurz vor der Spaltung. Es gibt eine Menge Zorn und Verzweiflung und eine große Unsicherheit unter den Negern und das Gefühl, allein zu sein und nicht geschützt zu werden. Wer auf die Straße geht, ist nicht sicher. Wer zu Hause bleibt, ist nicht sicher, denn er könnte einem Bombenanschlag zum Opfer fallen. Wer heutzutage in die Kirche geht, ist auch nicht sicher. Also hat der Neger das Gefühl, dass er, egal wohin er geht und sogar wenn er sich gar nicht vom Fleck rührt, durch physische Gewalt bedroht ist.

Das ist ein großes Problem für diejenigen von uns, die eine Führungsposition innehaben, denn wir predigen im Moment die Philosophie und den Weg der Gewaltlosigkeit. Und ich glaube, ich kann, ohne Widerspruch zu erregen, sagen, dass wir zu jeder Zeit am Standpunkt der Gewaltlosigkeit festgehalten haben und selbst nach den Entwicklungen am Sonntag und Montag immer noch daran festhalten. Aber wir haben mehr und mehr mit dem Problem zu kämpfen, dass die Leute fragen: »Was nützt es?«, und wir finden es jedes Mal schwerer, sie von der Gewaltlosigkeit zu überzeugen.

Und ich bin überzeugt davon, dass wir in Gefahr sind, die größten Rassenunruhen zu erleben, die dieses Land je gesehen hat, wenn nichts getan wird, um dem Neger wieder ein Gefühl der Hoffnung zu vermitteln, wieder das Gefühl, geschützt zu sein. Ich glaube, wir sind jetzt genau an diesem Punkt. Ich glaube nicht, dass es passieren wird, wenn wir nur etwas tun, um die Situation zu retten. Aber ich bin der festen Überzeugung und habe diese auch am Abend denen gegenüber zum Ausdruck gebracht, mit denen wir uns neulich getroffen haben, dass zu diesem Zeitpunkt etwas Entscheidendes unternommen werden muss, um dem Neger in Birmingham und Alabama ein neues Gefühl der Hoffnung zu geben und das Gefühl, dass er beschützt wird.

VIER

KUBA

SOVIET SHIP POLTAVA ENROUTE TO CUBA
15 SEPTEMBER 1962
ПОЛТАВА

VORIGE SEITE:
NACHRICHTENDIENSTLICHE FOTOS DES SOWJETISCHEN FRACHTERS *POLTAVA* MIT KURS AUF KUBA, 15. SEPTEMBER 1962

Die Kubakrise ist, um mit den Worten des damaligen britischen Premierministers Harold Macmillan zu sprechen, »eine seltsame und heute noch kaum erklärliche Angelegenheit«. Macmillan sagte außerdem, dass diese Krise – den Zweiten Weltkrieg nicht ausgenommen – die schwerste Zeit in den vielen Jahrzehnten seiner politischen Karriere gewesen sei. Es besteht allgemeine Übereinstimmung unter Historikern, dass die Tage vom 16. bis zum 28. Oktober 1962 den Höhepunkt des Kalten Krieges darstellen, der fast ein halbes Jahrhundert zwischen den Vereinigten Staaten und der Sowjetunion herrschen sollte. Verteidigungsminister Robert McNamara brachte es auf den Punkt, als er sagte, dass zu keiner Zeit seit Anbruch des Atomzeitalters die Gefahr eines katastrophalen Krieges größer gewesen sei als in diesen zwei Wochen. Robert Kennedys Ansicht nach drohte in der Krise sogar »das Ende der Menschheit«. Wissenschaftler hatten zuvor geschätzt, dass ein erster atomarer Schlagabtausch in der Sowjetunion und den Vereinigten Staaten insgesamt siebzig Millionen Menschen den Tod gebracht hätte.

Die Krise begann denkbar harmlos mit Luftaufnahmen, die auf neue Bauwerke auf Kuba hindeuteten. Als das Bildmaterial genauer untersucht wurde, stellte sich jedoch heraus, dass es sich um neue Raketenabschussbasen handelte, die von sowjetischen Technikern errichtet wurden – eine Entdeckung, die der Logik des angestrebten Kräftegleichgewichts auf dramatische Weise zuwiderlief. Robert Kennedy berichtete, dass sein Bruder ihn am Morgen des 16. Oktober anrief und schlicht und einfach sagte, dass es »große Schwierigkeiten« gebe.

Die Schwierigkeiten waren in vielerlei Hinsicht politisch. Präsident Kennedy musste die Sowjetunion sowohl gnädig stimmen als auch ihr die Stirn bieten, beides im rechten Maß. Er musste die öffentliche Meinung weltweit von seiner Sicht der Dinge überzeugen, und er musste mit einer Regierung, die sich in diesem Punkt durchaus nicht immer eins war, eine maßvolle amerikanische Reaktion in die Wege leiten. Die Stabschefs verlangten einen sofortigen militärischen Gegenschlag, der mit großer Sicherheit zu einer thermonuklearen Apokalypse geführt hätte. Als die Stabschefs damit beim Präsidenten auf Widerstand stießen, warf Curtis LeMay, der berühmt-berüchtigte Stabschef der Luftwaffe, Kennedy vor, er betreibe »Appeasement-Politik« – ein historisch vorbelasteter Begriff, der auf das Münchner Abkommen zurückgeht, das ein blauäugiger Neville Chamberlain im Jahr 1938 mit Adolf Hitler schloss. Nur wenige Historiker hatten diese Periode so genau studiert wie Kennedy selbst.

Aber Kennedy hatte den Vorteil, dass die Sowjetunion die Welt und ihn schamlos belogen hatte, was ihre Absichten betraf. Außerdem wurde schon in den allerersten Tagen der Krise erfreulicherweise klar, dass die Welt hinter Kennedy stand. Auf die Entdeckung der Abschussrampen folgten diplomatische Verhandlungen und politische Auseinandersetzungen, offizielle Kommuniqués und Geheimbotschaften, Reden an die Nation und Konfrontationen bei den Vereinten Nationen. Die alles entscheidende Frage war schließlich, welches Angebot anzunehmen und welches zurückzuweisen war und welches man am besten so behandelte, als wäre es nie gemacht worden. Wie die Bänder zeigen, wurde der Präsident dabei von einem hervorragenden Team von Beratern unterstützt, das perfekt aufeinander eingespielt war, mit sehr wenig Schlaf auskam und unermüdlich daran arbeitete, dem Präsidenten stets alle Möglichkeiten vor Augen zu halten, die undenkbaren, die nur unangenehmen und die annehmbaren. Die letztendliche Entscheidung, nicht in den Krieg zu ziehen, wurde auf der ganzen

Welt mit großer Erleichterung und Freude aufgenommen. Sie war auch der Auslöser für viele weitere positive Auswirkungen: Sie führte unter anderem zum Abbau internationaler Spannungen und nicht zuletzt zum Atomteststoppabkommen von 1963.

Diese so überaus wichtige Phase in JFKs Präsidentschaft ist noch in anderer Hinsicht bemerkenswert: Sie belegt in eindrücklicher Weise die Bedeutung der Tonmitschnitte. Wir werden nie mit Gewissheit sagen können, warum Präsident Kennedy die Aufnahmegeräte installieren ließ. Wenn er sich Sorgen machte wegen der schlechten Beratung, die er in militärischen Angelegenheiten bekam, so wird diese Sorge durch die Bänder allerdings nur allzu sehr bestätigt. Die Tonbänder liefen während der ganzen Zeit der Krise. Sie sind historische Dokumente, die für jeden Forscher und historisch Interessierten von größter Bedeutung sind, denn sie zeigen die Arbeitsweise des Präsidenten und seiner Berater in einer Zeit allerhöchster Gefahr.

BESPRECHUNG MIT MILITÄRBERATERN, 16. OKTOBER 1962

Die Aufnahme dieser Besprechung – die erste, die im Zusammenhang mit der Kubakrise steht – beginnt mit einem kurzen Wortwechsel zwischen Präsident Kennedy und seiner vierjährigen Tochter Caroline.

PRÄSIDENT KENNEDY MIT TOCHTER CAROLINE IM OVAL OFFICE

CAROLINE Daddy?
JFK Oh, Verzeihung. Wir sehen uns später, Caroline. Wir sehen uns später.
CAROLINE Weißt du was? Ich will nicht, dass du so viel tust [?] *(Gelächter)*
JFK Okay.
ARTHUR LUNDAHL:[1] Dies ist das Ergebnis der Aufnahme, die am Sonntag gemacht wurde, Sir. Es gibt eine Abschussbasis für Mittelstreckenraketen und zwei neue Militärlager am südlichen Rand der Sierra del Rosario im Westen Zentralkubas.
JFK Und wo ist das?
LUNDAHL Im Westen Zentralkubas, Sir.
MARSHALL CARTER:[2] Das ist südlich von Havanna. Ich glaube *(unverständlich)* steht für die drei winzigen Flecken, von denen Sie gesprochen haben. Haben Sie die …?
NICHT IDENTIFIZIERTER SPRECHER: Ja, Sir.
LUNDAHL Der Präsident würde die Aufnahmen gern sehen. In dem einen Militärlager befinden sich mindestens vierzehn mit Planen bedeckte Raketenanhänger. Sie sind siebenundsechzig Fuß lang und neun Fuß breit. Das andere Lager enthält Fahrzeuge und Zelte, aber keine Anhänger mit Raketen.
CARTER Das hier sind die Startgeräte. Das sind Abschussbasen auf dem *(unverständlich)*. Hier setzt der Anhänger mit den Raketen gerade zurück zum Startpunkt. Der Startpunkt dieses spezifischen Fahrzeugs befindet sich hier. Die Rakete *(unklar)* Fuß lang.
LUNDAHL Auf dem Platz, den Sie hier sehen, befinden sich mindestens acht mit Planen bedeckte Raketenanhänger. Vier haben wahrscheinlich Startgeräte zum Aufrichten der Raketen gebracht. Sie sind noch unbefestigt. Die wahrscheinlichen Startpositionen sind vermutlich 850 Fuß, 700 Fuß und 450 Fuß, eine Gesamtentfernung von etwa 2000 Fuß. In Zone zwei befinden sich

---

1 Arthur Lundahl (1915–1992), Experte für Luftaufnahmen von militärischen Einrichtungen und langjähriger Mitarbeiter der Central Intelligence Agency (CIA).

2 Marshall Carter (1909–1933), stellvertretender Direktor der Central Intelligence Agency.

mindestens sechs mit Planen bedeckte Anhänger, etwa fünfundsiebzig Fahrzeuge und etwa achtzehn Zelte. Und in Zone drei haben wir fünfunddreißig Fahrzeuge, fünfzehn große Zelte, acht kleine Zelte, sieben Gebäude und ein im Bau befindliches Gebäude. Das entscheidende – sehen Sie es? – ist dieses.

CARTER Da drüben, genau hier, sehen Sie? Der Raketenanhänger setzt gerade dorthin zurück. Ganz sicher. Und der Raketenanhänger ist hier. Hier sind sieben weitere vergrößert worden. Die mit Planen abgedeckten Objekte auf den Anhängern waren siebenundsechzig Fuß lang, und es ist ein kleines Zelt zwischen den beiden. Das Tor an der Seite dieses spezifischen Anhängers *(unverständlich)*. Der sieht am modernsten aus. Die andere Zone ist aber fünf Meilen entfernt. Dort gibt es keine Startgeräte, nur Raketen.

JFK Wie modern ist das?

LUNDAHL Wir haben diese Art von Anlage noch nie gesehen.

JFK Nicht einmal in der Sowjetunion?

LUNDAHL Nein, Sir. Das letzte Mal haben wir mit TALENT[3] etwas erfasst […], und wir hatten eine 350-Meilen-Rakete. Sie war bei einer Art Übung auf dem nackten, harten Erdboden aufgerichtet. Aber seit Mai '60 haben wir keine U-2-Aufnahmen[4] der Sowjetunion mehr. Also wissen wir auch nicht, welche Methode sie im Zusammenhang mit …

JFK Woher wissen Sie, dass es sich um eine Mittelstreckenrakete handelt?

LUNDAHL Die Länge, Sir.

JFK Die was? Die Länge?

LUNDAHL Ja, die Länge.

JFK Die Länge der Rakete? Von welchem Teil? Ich meine, welcher …

LUNDAHL Die Rakete ist …

JFK Was für eine ist das?

LUNDAHL So sieht man es, Sir.

3 Nachrichtendienstliche Luftaufnahmen-Technologie.

4 Luftaufnahmen der U-2-Spionageflugzeuge.

JFK So?

LUNDAHL Ja. Mr Graybeal, unser Raketenexperte, hat ein paar Bilder, die der Ausrüstung entsprechen, die durch die Moskauer Straßen gekarrt wurde. Das kann Ihnen einen guten Eindruck davon vermitteln, Sir.

SIDNEY GRAYBEAL:[5] Es geht dabei um zwei Raketen. Eine ist unsere SS-3 mit einer Reichweite von 630 Meilen und weiter, bis zu 700 Meilen. Sie ist nach unseren Messungen siebenundsechzig Fuß lang. Die andere Rakete hat eine Reichweite von 1110 Meilen und ist siebenunddreißig Fuß lang. Die Frage, die sich bei der Fotografie stellt, betrifft die Spitze. Wenn die Spitze noch nicht auf der Rakete ist und sie siebenundsechzig Fuß lang ist – mit der Spitze wäre sie vier bis fünf Fuß länger, Sir –, und mit dieser zusätzlichen Länge könnte es sich um eine Rakete handeln, die eine Reichweite von 1100 Meilen hat, Sir. Die Rakete, die auf der Moskauer Parade durch die Stadt gezogen wurde, war, den Bildern nach zu urteilen, eine solche, aber …

JFK Ist sie abschussbereit?

GRAYBEAL Nein, Sir.

JFK Wie viel Zeit haben wir, bis sie abschussbereit ist? Können wir das voraussagen oder nicht?

GRAYBEAL Nein, Sir. Das hängt davon ab, wie weit das GSC[6] … wie …

JFK Aber von wo aus kann sie abgeschossen werden?

GRAYBEAL Sie braucht einen stabilen, festen Untergrund. Das kann gestampfter Erdboden sein oder Beton oder Asphalt. Der Boden muss hart sein. Dann versieht man ihn mit einer flammenabweisenden Platte, um die Rakete auszurichten.

ROBERT MCNAMARA Dürften wir Sie bitten, zur Position der Atomsprengköpfe etwas zu sagen? Und zwar im Zusammenhang mit der Frage des Präsidenten. Wann können diese abgeschossen werden?

---

5 Sidney Graybeal (1924–1998), CIA-Experte für russische Raketen.

6 GSC: Guidance System Checkout; technische Vorrichtung zur Überprüfung des Raketenleitsystems.

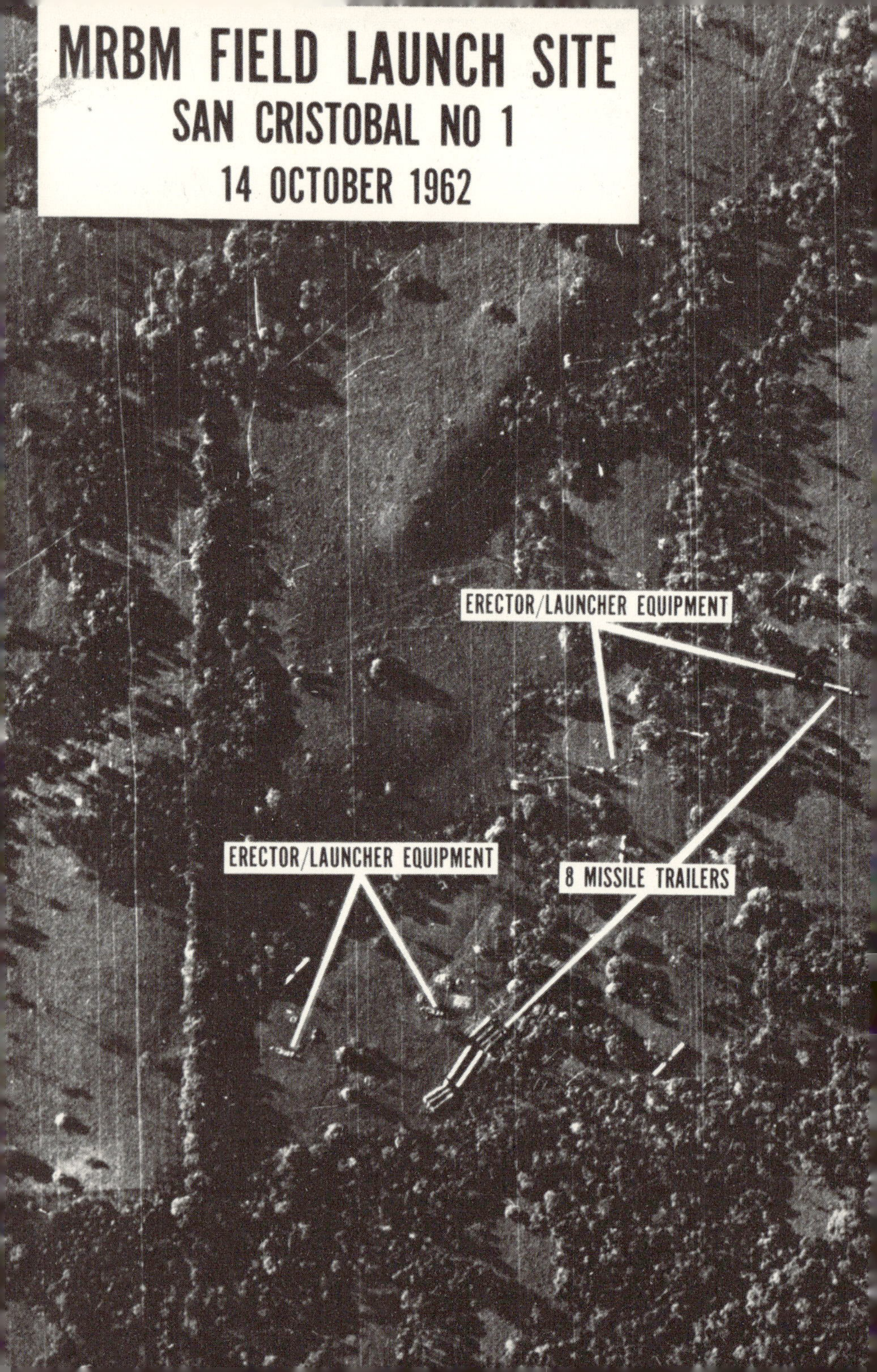
MRBM FIELD LAUNCH SITE
SAN CRISTOBAL NO 1
14 OCTOBER 1962
ERECTOR/LAUNCHER EQUIPMENT
ERECTOR/LAUNCHER EQUIPMENT
8 MISSILE TRAILERS

LUFTAUFNAHME EINER SOWJETISCHEN
RAKETENBASIS AUF KUBA, 14. OKTOBER 1962

GRAYBEAL Wir haben sehr gründlich gesucht, Sir. Wir können nichts finden, das nach einem Atomsprengkopf aussieht, das heißt, dass es im fraglichen Gebiet keine besonders isolierte und gesicherte Zone gibt. Es würde ein paar Stunden Zeit in Anspruch nehmen, um einen Sprengkopf von einer der anderen Kurzstreckenraketen auf der Rakete zu montieren.

MCNAMARA Der Standort ist also im Augenblick nicht umzäunt?

LUNDAHL Bislang nicht, Sir.

MCNAMARA Das ist wichtig, weil es damit zusammenhängt, ob diese Dinger heute schon abschussbereit sind, Mr President. Es erscheint mir äußerst unwahrscheinlich, dass dort mit Atomsprengköpfen bestückte Raketen abschussbereit sind und nicht einmal ein Zaun um den Startplatz gezogen ist. Es dauert vielleicht nicht lange, um sie dort aufzustellen und einen Zaun zu errichten. Aber wenigstens im Augenblick gibt es Grund zu der Annahme, dass die Sprengköpfe noch nicht da und die Raketen noch nicht abschussbereit sind.

GRAYBEAL Ja, Sir. Wir glauben nicht, dass sie abschussbereit sind.

MAXWELL TAYLOR:[7] Gleichzeitig ist jedoch unbestreitbar, dass sie von diesem Standort aus sehr schnell abgeschossen werden könnten, nicht wahr? Es geht nicht darum, dass sie zuerst massive Abschussrampen aus Beton und ähnliche Dinge haben müssten?

GRAYBEAL Die unbekannte Größe bei dieser Angelegenheit ist die Frage, wie genau die Ausrüstung überprüft wurde, nachdem sie aus der Sowjetunion hierher geliefert wurde. Es geht um ihre Einsatzbereitschaft. Wenn sie überprüft ist, muss der Standort genau bestimmt werden, die Position muss bekannt sein. Wenn das alles klar ist, geht es nur noch um Stunden.

7 Maxwell Taylor (1901–1987), Kennedys bevorzugter militärischer Berater. Er war am 1. Oktober 1962, unmittelbar vor Beginn der Krise, Vorsitzender des Vereinigten Stabschefs geworden und diente bis 1964.

PERSÖNLICHES DIKTAT, 18. OKTOBER 1962

Sehr selten benutzte Präsident Kennedy seine Aufnahmegeräte auch, um seine Erinnerungen an den Tag aufzuzeichnen, vielleicht für eine spätere Autobiographie. Der 18. Oktober war offenbar sehr belastend gewesen, und Kennedy hielt fest, wie die Mitglieder seines Stabs zu den wichtigen Fragen Stellung genommen hatten, die ihnen vorgelegt wurden.

JFK Verteidigungsminister McNamara, der stellvertretende Verteidigungsminister Gilpatric, General Taylor, der Justizminister, George Ball, Alexis Johnson, Ed Martin, McGeorge Bundy, Ted Sorensen.[8] Im Verlauf des Tages verlagerte sich die herrschende Meinung offenbar weg von der Befürwortung eines Erstschlags auf die Raketenabschussbasen und auf die kubanische Luftwaffe und hin zur Befürwortung einer Blockade. Dean Acheson,[9] mit dem ich heute Nachmittag sprach, meinte, er sei sich unsicher, welcher Kurs der richtige sei, bevorzugte aber den Luftschlag, weil er

---

8 Robert McNamara (1916–2009), Verteidigungsminister; Roswell Gilpatric (1906–1996), stellvertretender Verteidigungsminister; Maxwell Taylor (1901–1987), Kennedys wichtigster Militärberater; Robert F. Kennedy (1925–1968), Justizminister; George Ball (1909–1994), Unterstaatssekretär für Wirtschaftsfragen im Außenministerium; U. Alexis Johnson (1908–1997), stellvertretender Unterstaatssekretär für politisch Angelegenheiten im Außenministerium; Edwin McCammon Martin (1908–2002), assistierender Staatssekretär für interamerikanische Angelegenheiten im Außenministerium; McGeorge Bundy (1919–1996), Nationaler Sicherheitsberater; Ted Sorensen (1928–2010), Chefberater und wichtigster Redenschreiber Kennedys.

9 Dean Acheson (1893–1973), Außenminister unter Harry Truman.

am ehesten geeignet sei, das gewünschte Resultat zu erzielen, ohne eine extreme Reaktion der Sowjetunion auszulösen, allerdings wollte er, dass der Schlag nur gegen die Raketenabschussbasen geführt würde. Robert Lovett,[10] mit dem ich nach dem Treffen mit Gromyko sprach, war sich nicht sicher, ob es richtig wäre, überhaupt zu reagieren. Er vertrat die Ansicht, dass sich der Erstschlag sehr negativ auf unsere Bündnisse auswirken würde. Die Sowjets würden unvermeidlich mit irgendeiner Vergeltungsmaßnahme reagieren, für die wir verantwortlich gemacht würden. Insbesondere wenn es sich dabei um die Besetzung von Berlin handelte, würde man uns vorwerfen, dass wir den Verlust der Stadt mutwillig provoziert hätten, da die Sowjets doch schon seit Jahren mit der Bedrohung durch Mittelstreckenraketen leben. Auch Bundy sprach sich nach wie vor gegen jede Aktion unsererseits aus. Sie werde unvermeidlich eine sowjetische Vergeltungsmaßnahme gegen Berlin zur Folge haben, und diese werde unser Bündnis spalten, weil wir für sie verantwortlich gemacht würden. Seiner Ansicht nach wäre es besser, die Existenz der Raketen einfach zur Kenntnis zu nehmen und zu warten, bis es von selbst zu einer Berlinkrise kommt, anstatt den Sowjets, wie er meinte, in die Hände zu spielen. Alle anderen meinten, wir müssten reagieren, weil sonst Zweifel an unserer Bereitschaft entstünden, auf eine etwaige Bedrohung Berlins zu reagieren. Dies werde unser Land und unsere Verbündeten spalten, und wir wären in zwei bis drei Monaten mit einer Berlinkrise konfrontiert. Dann jedoch hätten die Sowjets ein großes Raketenarsenal in der westlichen Hemisphäre. Dies würde unsere gesamte Position in der westlichen Hemisphäre schwächen, während wir in Bezug auf Berlin ohnehin wieder mit demselben Problem konfrontiert wären. Der Konsens war, dass wir am Sonntagabend mit der Blockade beginnen sollten. Sie soll zunächst verhindern, dass die Sowjetunion weiteres Offensivmaterial anliefert, und kann bei Bedarf verschärft werden. Ich habe großen Wert darauf gelegt, dass wir nicht den Kriegszustand verkünden, denn es wäre offensichtlich schädlich, wenn sich die Nachricht verbreitete, dass wir einen Krieg haben und nicht nur

10 Robert Lovett (1895–1986), Verteidigungsminister unter Truman.

eine begrenzte Blockade für einen begrenzten Zweck. Es wurde beschlossen, dass ich zunächst meine Reden halte, also halten wir die Sache zunächst geheim und kommen am Samstagabend wieder darauf zurück.

BESPRECHUNG MIT DEN VEREINIGTEN STABSCHEFS, 19. OKTOBER 1962

Präsident Kennedys ohnehin nicht sehr großer Handlungsspielraum wurde noch eingeschränkt durch den Umstand, dass ihm seine militärischen Berater zu einer Invasion auf Kuba rieten, da sie einer diplomatischen Lösung des Konflikts keine Chance einräumten. Mit anderen Worten, Kennedy kämpfte nicht nur gegen seine Gegner im Ausland, sondern auch im eigenen Lager. Curtis LeMay, der Stabschef der Luftwaffe, schien den Präsidenten zum Handeln provozieren zu wollen, indem er die Tatsache, dass Kennedy den Angriff hinauszögerte, mit der Appeasement-Politik der Briten gegenüber Hitler verglich. Heute wissen wir, dass die Russen sehr viel mehr Raketen auf Kuba hatten, als der US-Regierung damals bekannt war, und dass es unmöglich gewesen wäre, sie alle durch einen Angriff aus den Vereinigten Staaten auszuschalten.

JFK Lassen Sie mich zunächst ein wenig erklären, wie sich das Problem für mich darstellt. Zunächst einmal sollten wir darüber nachdenken, warum die Russen das getan haben. Tatsächlich war es ja ein ziemlich gefährliches, aber auch ziemlich nützliches Spiel für sie. Wenn wir nichts tun, haben sie dort eine Raketenbasis mit all dem Druck, den sie damit auf die Vereinigten Staaten ausüben können, und dem entsprechenden Prestigeverlust für uns. Wenn wir die kubanischen Raketen, oder Kuba, irgendwie angreifen, haben sie freie Bahn, sich Berlin zu nehmen, wie sie es während der englischen Intervention in Ägypten mit Ungarn getan haben. Wir würden dann als schießwütige Amerikaner dastehen, die Berlin verloren haben. Wir hätten keine Unterstützung von unseren Verbündeten. Wir würden die Westdeutschen gegen uns aufbringen.

Es würde heißen, wir hätten Berlin im Stich gelassen, weil wir nicht den Mumm gehabt hätten, die Lage auf Kuba anders zu lösen. Schließlich ist Kuba zwischen fünf- und sechstausend Meilen von ihnen entfernt. Kuba ist ihnen verdammt egal, aber sie legen Wert auf Berlin und ihre eigene Sicherheit. Also würden sie sagen, dass wir ihren Interessen geschadet und ihre Sicherheit gefährdet haben. Und sie würden zu dem Schluss kommen, dass wir durch unseren Präventivschlag gegen Kuba ihre Sicherheit, ihre Interessen und ihre Wiedervereinigung gefährdet haben. Ich muss sagen, dass die Sowjets aus ihrer Sicht in einer sehr angenehmen Position sind. Wenn wir nämlich nichts tun, haben sie diese Raketen und können jedes Mal, wenn wir wegen Kuba etwas unternehmen wollen, damit drohen, sie abzufeuern. Ich meine, die Sache ist gefährlich, aber aus ihrer Sicht auch ziemlich praktisch.

Wenn man davon ausgeht, dass Berlin für sie am wichtigsten ist – und daran besteht überhaupt kein Zweifel –, dann sind sie aus ihrer Sicht in einer ziemlich beneidenswerten Position. Bei jedem Gespräch, das wir mit den Russen führen, geht es um diese Stadt … Selbst gestern Abend sprachen Gromyko und ich zwar eine Weile über Kuba, aber Berlin ist das, was Chruschtschow persönlich am Herzen liegt.

Was unsere Position so schwierig macht, ist Folgendes. Wenn wir angreifen und sie mit einem schnellen Luftschlag ausschalten, beseitigen wir die mögliche Bedrohung für die Vereinigten Staaten und verhindern, dass zumindest auf Kuba eine Situation entstehen könnte, in der die Kubaner selbst die Mittel haben, in dieser Hemisphäre ein gewisses Maß an Autorität auszuüben. Andererseits würden wir damit die Chance beträchtlich erhöhen, dass die Sowjets einfach reingehen und sich Berlin mit Gewalt nehmen. Es wird nämlich mit Sicherheit eine Vergeltungsmaßnahme der Sowjetunion geben. Es gibt immer eine. Damit bliebe mir nur noch eine einzige Alternative: der Einsatz von Atomwaffen – eine wahrhaft höllische Alternative – und der Beginn eines atomaren Schlagabtauschs mit allen Konsequenzen.

Wenn wir andererseits mit der Blockade beginnen, von der wir gesprochen haben, besteht die Möglichkeit, dass sie ebenfalls eine Blockade verhängen und sagen, wir hätten angefangen. Auch

NOTIZEN DES PRÄSIDENTEN:
(UNLESERLICH) MCCONE VISIT
MILITARY VISIT
OVERFLIGHTS
MILITARY

in diesem Fall ist es fraglich, welche Haltung die Europäer einnehmen. Auch dann wird in Europa das Gefühl entstehen, dass die Berlinblockade wegen unserer Blockade verhängt wurde. Ich glaube deshalb nicht, dass wir irgendwelche befriedigenden Alternativen haben. Egal, wie wir reagieren, unser Problem ist nicht nur Kuba, sondern auch Berlin. Und wenn wir erkannt haben, wie wichtig Berlin für Europa ist und wie wichtig unsere Verbündeten für uns sind, sehen wir, in was für einem Dilemma wir seit drei Tagen stecken. Sonst wäre die Antwort ziemlich einfach.

Dennoch müssen wir etwas tun. Wenn wir nämlich nichts tun, haben wir das Problem mit Berlin trotzdem. Das war gestern

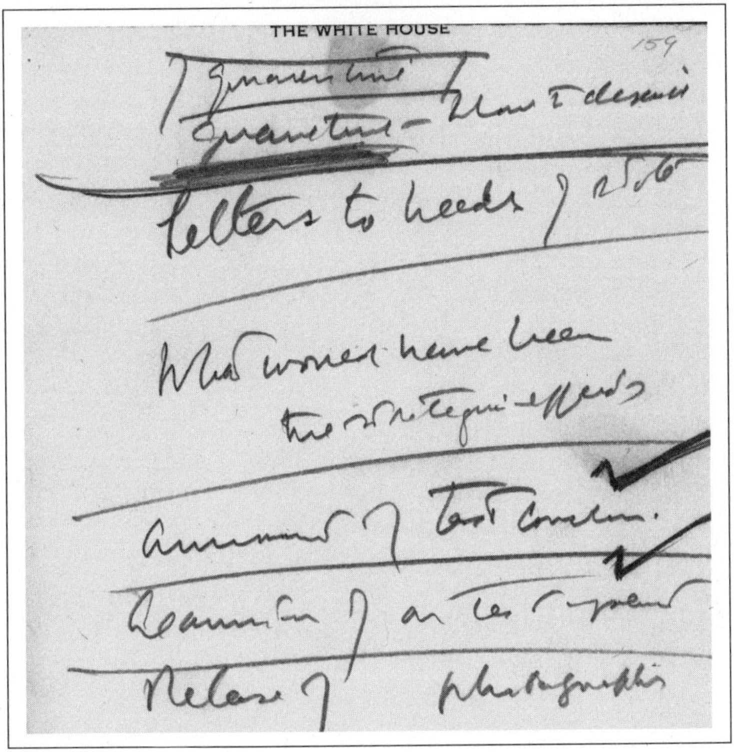

NOTIZEN DES PRÄSIDENTEN:
QUARANTINE
QUARANTINE – HOW TO DESCRIBE
LETTERS TO HEAD OF STATE
WHAT WOULD HAVE BEEN
THE STRATEGIC EFFECTS
ANNOUNCEMENT OF TEST CONCLUSION
REEXAMINATION OF OUR TEXT AGREEMENT
RELEASE OF PHOTOGRAPHS

Abend bei dem Treffen mit Gromyko sehr klar. Wir werden dieses Messer in etwa zwei Monaten direkt in den Bauch gerammt kriegen, wenn die Mittelstreckenraketen einsatzbereit sind. Also müssen wir etwas tun. Die Frage ist nur, *was* wir tun sollen.

Es lässt sich mit Sicherheit sagen, dass zwei von diesen Raketen inzwischen einsatzbereit sind. Sie können, achtzehn Stunden nachdem die Entscheidung für ihren Einsatz gefallen ist, abgeschossen werden. Wir haben es sogar gesehen … *(unverständlich)*. Sie wären im Dezember '62 einsatzbereit. Fernmeldeverbindung, Zielerfassung und ein integriertes Luftverteidigungssystem werden jetzt bald einsatzbereit sein. Was bedeutet *integriert*?

GENERAL MAXWELL TAYLOR Das bedeutet, wir hören jetzt elektronische Emissionen, die vermuten lassen, dass sie inzwischen Luftverteidigungssektoren auf Kuba haben. Ich glaube, das ist die neueste Meldung der Nachrichtendienste.

JFK Ich wollte nur sagen, dass das einige der Probleme waren, die wir besprochen haben. Hören wir nun …

TAYLOR Also, ich möchte nur eine Sache sagen und dann das Wort an General LeMay weitergeben. Wir verstehen die Probleme, Mr President, aber ich denke, wir würden alle übereinstimmend sagen, dass unsere Stärke in Berlin, ja unsere Stärke an jedem beliebigen Ort der Welt von der Glaubwürdigkeit abhängig ist, mit der wir unter bestimmten Bedingungen reagieren. Und wir sind der Ansicht, dass wir diese Glaubwürdigkeit aufs Spiel setzen, wenn wir nicht auf Kuba reagieren.

JFK Ja, das ist richtig. Deshalb müssen wir also reagieren. Und nun lautet die Frage: Wie reagieren wir?

GENERAL CURTIS LEMAY Also, ich stimme dem natürlich zu, was General Taylor gesagt hat. Ich kann gar nicht genug betonen, dass wir keine andere Möglichkeit haben als eine direkte militärische Aktion. Wenn wir diese Blockade durchführen, die vorgeschlagen wurde, also eine *politische* Aktion, dann werden als Erstes die Raketen in den Wäldern verschwinden, besonders die mobilen. Dann können wir sie nicht mehr finden, egal was wir unternehmen, und wir müssen mit Verlusten rechnen, wenn wir zu einem späteren Zeitpunkt etwas unternehmen.

JFK Aber können sie nicht auch jetzt ein paar davon verstecken, jetzt, wo sie alarmiert sind?

LEMAY Das ist möglich. Aber so, wie sie die anderen aufstellen, muss ich sagen, dass es wenig wahrscheinlich ist. Wenn sie überhaupt welche verstecken, würden sie meiner Ansicht nach alle verstecken. Ich glaube nicht, dass es versteckte gibt. Also besteht die einzige Gefahr darin, dass wir eine der sichtbaren Stellungen übersehen haben. Das ist möglich. Wenn wir davon Luftaufnahmen in niedriger Höhe machen, wird das auch eine Warnung für sie sein.

Was die Lage in Berlin betrifft, bin ich nicht Ihrer Meinung, dass sie sich Berlin nehmen, wenn wir uns Kuba nehmen. Wir sind ohnehin mit dem Berlinproblem konfrontiert. Wenn wir gegen Kuba nichts unternehmen, werden sie die Sache mit Berlin vorantreiben, und sie werden sie sehr energisch vorantreiben, weil wir schon am Davonlaufen sind. Wenn wir militärische Maßnahmen gegen Kuba ergreifen, glaube ich, dass …

JFK Was, glauben Sie, würde ihre Reaktion sein?

LEMAY Ich glaube nicht, dass sie überhaupt reagieren würden, wenn wir ihnen sagten, dass die Lage in Berlin genauso ist, wie sie immer war. Wenn sie reagieren, werden wir kämpfen. Ich glaube nicht, dass es an der Lage in Berlin überhaupt etwas ändert, außer dass Sie noch eine Erklärung dazu abgeben müssen. Ich sehe keine andere Lösung. Eine Blockade und politische Verhandlungen führen meiner Ansicht nach zum Krieg. Ich sehe keine andere Lösung. Es führt direkt zum Krieg. Das ist fast so schlimm wie der Appeasement-Kurs in München.

Wenn nämlich diese Blockade durchgeführt wird, dann schicken die ihre MiGs. Die schicken ihre Il-28. Und wir schlittern langsam in einen Krieg hinein unter Bedingungen, die für uns sehr unvorteilhaft sind, weil Raketen auf uns gerichtet sind, die unsere Flugplätze in den südöstlichen Landesteilen ausschalten können. Und wenn sie Atomwaffen einsetzen, wird es die Bevölkerung da unten treffen. Wir würden unter Bedingungen, die nicht gut für uns sind, in einen Krieg hineinrutschen. Ich sehe einfach keine andere Lösung als eine direkte militärische Intervention, jetzt sofort.

GEORGE ANDERSON:[11] Nun, Mr President, ich bin der Ansicht, dass der Kurs, den Ihnen die Stabschefs aus militärischer Sicht empfehlen, der richtige ist. Und ich denke, er ist auch aus politischer Sicht der beste. Ich möchte etwas über die Alternative der

---

11 George W. Anderson (1906–1992), war von 1961–1963 Admiralstabschef der US-Marine und während der Krise für die Seeblockade Kubas verantwortlich.

Blockade sagen. Eine Blockade ist aus militärischer Sicht machbar. Sie ist für uns leichter und kostet weniger Kraft, wenn es sich um eine totale Blockade und nicht nur um eine teilweise Blockade handelt. Wenn wir nur eine teilweise Blockade verhängen, müssen wir an Bord aller neutralen Schiffe gehen, sie durchsuchen und sie vielleicht zu einem Hafen eskortieren, und das wird ganz gewiss *(unverständlich)*, als wenn wir eine komplette Blockade verhängen.

Wenn wir eine komplette Blockade verhängen, haben wir sofort eine Konfrontation mit der Sowjetunion, weil es Schiffe aus dem Sowjetblock sind, die das Material nach Kuba bringen.

Die Blockade wird sich nicht auf die Ausrüstung auswirken, die sich bereits auf Kuba befindet, und sie wird den Russen auf Kuba die Zeit geben, die Raketen zusammenzubauen, die Il-28-Maschinen zusammenzubauen und die MiGs und ihre Steuer- und Kontrollsysteme einsatzbereit zu machen. Und ich bin mit General LeMay einer Meinung, dass eine solche Entwicklung eskalieren wird und dass wir dann andere militärische Maßnahmen ergreifen müssen unter Umständen, die für die Vereinigten Staaten und für unsere Streitkräfte weit weniger günstig sind. Und die Verluste würden wahrscheinlich in den Vereinigten Staaten weit größer sein, falls diese Fanatiker tatsächlich die Absicht haben, irgendwelche Raketen loszuschicken.

Wir können unter diesen Umständen auf keinen Fall garantieren, dass wir Schäden und Todesopfer in den Vereinigten Staaten selbst verhindern können. Meiner Ansicht nach haben wir unter den gegebenen Umständen jedoch eine gute Chance, die Zahl der Todesopfer in den Vereinigten Staaten auf ein Minimum zu beschränken, wenn wir bald handeln. Solange die Sowjetunion Kuba unterstützt, sehe ich für das Kubaproblem keine andere Lösung als eine militärische.

Andererseits ist uns der Bezug zur Lage in Berlin natürlich vollkommen klar. In diesem Fall sind die Kommunisten aus ihrer Sicht Herr der Lage, während für uns jede Handlungsmöglichkeit Unannehmlichkeiten und Nachteile hat. Es ist genau dasselbe wie in Korea, nur in einem größeren Maßstab.

Wir sind uns dessen bewusst, dass eine militärische Lösung in

Berlin sehr schwierig ist. Ich denke, insgesamt haben die Vereinigten Staaten mit ihren positiven und schnellen Unterstützungsmaßnahmen in Berlin ihre Kompetenz, Fähigkeit und Entschlossenheit bewiesen. Alles in allem wird das meiner Ansicht nach die Russen von weiteren aggressiven Handlungen in Berlin abschrecken, aber wenn wir nichts unternehmen, werden sie uns für schwach halten. Deshalb unterstütze ich voll und ganz das Konzept der Stabschefs.

JFK Für mich hat es den Anschein, dass wir davon ausgehen müssen, dass wir, nur um militärisch ... *(unverständlich)* Als wir ihre zwei UN-Vertreter wegen Spionage festgenommen haben, haben sie zwei von unseren Leuten ausgewiesen, und wir müssen davon ausgehen, dass sie wieder ...

ANDERSON Gleiches mit Gleichem vergelten.

JFK *(unverständlich)* Ich meine, sie können unsere Intervention genauso wenig akzeptieren, wie wir sie weitermachen lassen können, ohne etwas zu unternehmen. Sie können nach all ihren Erklärungen nicht einfach zulassen, dass wir ihre Raketen ausschalten und eine Menge Russen töten, ohne darauf zu reagieren. Es ist ganz offensichtlich, dass sie dann versuchen, Berlin zu bekommen. Das ist ein Risiko, das wir vielleicht eingehen müssen, aber ...

LEMAY Also, historisch ist es meiner Ansicht nach umgekehrt gewesen, Mr President. Wenn wir Stärke gezeigt haben, sind sie zurückgewichen. Im Libanon zum Beispiel.[12]

TAYLOR Ich bin auch der Ansicht, Mr President, dass sie etwas tun werden, um ihr Gesicht zu wahren. Aber ich glaube, es wird umso weniger sein, je mehr Haltung wir hier zeigen. Ich halte es wirklich für unwahrscheinlich, dass sie die Daumenschrauben anziehen. Die Gefahr, dass es Berlin trifft, ist genauso groß oder noch größer nach unserer Aktion hier, weil wir unser ... *(unverständlich)*.

JFK Sie müssen drei Monate warten, bis sie die ganzen Sachen einsatzbereit haben, und dann setzen sie uns in Berlin unter Druck. Aber ich glaube, an diesem Punkt werden wir wenigstens

12 Im Jahr 1958 entsandte die Regierung Eisenhower ein großes Kontingent Marines in den Libanon, um dort einen befürchteten Putsch zu verhindern.

die Unterstützung Europas haben – wie viel uns das auch immer nützt, vielleicht nicht viel.

TAYLOR Das ist richtig.

JFK Wir müssen uns klarmachen, dass die Europäer diese Aktion verurteilen werden, gleichgültig was für Fotos von Raketen wir ihnen hinterher zeigen, die …

EARLE WHEELER:[13] Mr President, meiner Ansicht sollten wir, um den größtmöglichen Schutz der Bevölkerung der Vereinigten Staaten gegen einen möglichen Angriff zu gewährleisten, aus militärischer Sicht sowohl einen überraschenden Luftschlag als auch eine Blockade als auch eine Invasion durchführen, weil wir mit jeder dieser Aktionen dazu beitragen, dass die Schlagkraft unseres kubanisch-sowjetischen Gegners wirklich erheblich vermindert wird. Natürlich können wir das nur dann sicher wissen, wenn wir die Insel tatsächlich besetzen.

Ich habe noch einige Dinge in Betracht gezogen, die in der gegenwärtigen Situation wichtig sind: Bis jetzt hat uns Chruschtschow durchaus nicht mit der *Sowjetmacht* konfrontiert. Mit anderen Worten, er hat Kuba nicht zum Mitglied des Warschauer Pakts erklärt. Und er hat auch nicht verkündet, dass das Land ein sowjetischer Stützpunkt ist, obwohl ich vermute, dass er das jederzeit tun könnte, insbesondere dann, wenn er im November in die Vereinigten Staaten kommt. Wenn er es tut, hätten wir sofort eine Konfrontation mit den Sowjets und nicht mehr nur mit den Kubanern. Dann würde das Prestige der Sowjetunion, ihr weltweites Prestige, auf dem Spiel stehen. Das ist heute noch nicht der Fall.

Der Stützpunkt auf Kuba hat, wie mir scheint, aus seiner Sicht mindestens zwei beträchtliche Vorteile und aus unserer Sicht zwei beträchtliche Nachteile. Zunächst einmal hätte die Erklärung, dass auf Kuba eine sowjetische Basis existiert, sofort einen dauerhaften Effekt auf ganz Lateinamerika und wahrscheinlich sogar auf die ganze Welt, weil sie die Frage aufwirft: Sind die Vereinigten Staaten nicht in der Lage, etwas dagegen zu unternehmen, oder sind sie nicht willens, etwas dagegen zu unternehmen? Mit anderen Wor-

13 Stabschef des Heeres.

ten, sie wäre ein Angriff auf unser Prestige. Und nicht nur das, die Sowjets würden auch beträchtliche neue Fähigkeiten zu einem Offensivschlag gegen die Vereinigten Staaten gewinnen, die sie heute noch nicht haben. Sie verfügen über Interkontinentalraketen, die auf uns gerichtet sind, aber nur in begrenzter Zahl. Ihre Luftwaffe hat längst nicht die Größe und Schlagkraft, die sie für wünschenswert halten. Nun aber machen sie durch die Kurzstreckenraketen auf Kuba eine Art Quantensprung, was ihre Fähigkeit betrifft, den Vereinigten Staaten Schaden zuzufügen. Und deshalb sage ich aus militärischer Sicht, wir gehen das geringste Risiko ein, wenn wir die ganze Bandbreite unserer militärischen Möglichkeiten zur Anwendung bringen. Das wär's.

JFK Danke, General.

DAVID SHOUP:[14] Mr President, mich beschäftigt folgende Frage: Unter welchen Umständen will Kuba den Vereinigten Staaten Schaden zufügen? Die Stationierung dieser Art von Waffen und die Bomber können das ganz gewiss tun, und sie verlangen verdammt viel Aufmerksamkeit. Es gibt jedoch einen Aspekt bei der ganzen Angelegenheit, den ich mit dem Rest nicht recht in Einklang bringen kann. Und ich frage mich, ob das amerikanischen Volk und die anderen Nationen der Welt dies nicht ähnlich sehen. Ich meine die Tatsache, dass wir jetzt so besorgt sind beziehungsweise dass wir uns die Köpfe darüber zerbrechen, wie wir einen möglichen Schaden durch einen kubanischen Luftangriff von Amerika abwenden können, während die Welt doch weiß und wir ebenfalls wissen, dass ein sehr viel größeres Potenzial schon heute in Russland auf uns gerichtet ist, und das schon seit vielen Monaten. Trotzdem haben wir Russland nicht angegriffen. Das eine ist mit dem anderen schlecht zu vereinbaren, wenigstens meiner Ansicht nach, und ich glaube, das sieht die amerikanische Öffentlichkeit und sehen andere Nationen dieser Welt ebenso. Das ist ja keine Frage der Distanz, weil die Entfernung kürzer ist. Wenn sie auf Kuba Atomsprengköpfe haben, haben sie auch in Russland

14 General David Shoup (1904–1983), Stabschef des Marine Corps (1961–1963). Er erhielt die »Medal of Honor« für seinen Heldenmut im Zweiten Weltkrieg. Später wurde er ein vehementer Kritiker des Vietnamkriegs.

welche. Es geht also um die Frage, ob Chruschtschow die Kubaner vorschicken und sich selbst raushalten will.

Wenn es erforderlich ist, diese Bedrohung zu beseitigen, dann müssen wir dafür Streitkräfte bereitstellen, erhebliche Kontingente. Und je länger wir warten, umso größer werden diese Kontigente. Und solange wir nicht handeln, werden diese ständig wachsenden Kontingente gebunden sein, einzig und allein für diese Aufgabe. Das bedeutet, sie werden für diese Aufgabe in ständiger Bereitschaft gehalten. Das bedeutet, Sie haben eine beträchtliche Streitmacht an Truppen, Schiffen und Flugzeugen an diese Aufgabe gebunden, die sich uns womöglich irgendwann stellt. Ich kann mir nicht vorstellen, dass sie uns einfach aus Spaß an der Freude angreifen. Sie werden es vielleicht auf Befehl Chruschtschows tun. Aber ich sehe keinen Grund, warum sie uns angreifen sollten, weil sie nicht bei uns einmarschieren und uns erobern können. Deshalb stellt sich mir und wie gesagt auch der Öffentlichkeit und dem Volk die Frage, was das zu bedeuten hat. Bedeutet es wirklich, dass dieses kleine Würstchen von einem Land uns angreifen will? Wenn ja, hat Russland weiß Gott bessere Möglichkeiten, uns anzugreifen, als von Kuba aus.

Deshalb läuft meiner Ansicht nach alles darauf hinaus, dass eine Bedrohung für uns allein von Kuba ausgeht. Und die Bedrohung würde uns jeden Tag mehr schaden. Und mit jedem Tag, an dem die Bedrohung zunimmt, werden bei uns größere Kontingente gebunden und nicht verfügbar sein, wenn anderswo etwas passiert. Und jedes Mal, wenn Sie dann in Berlin oder in Südvietnam oder in Korea intervenieren müssten, müsste man dort Truppen reduzieren. Man wäre nicht handlungsfähig, um sich gegen die stetig wachsende Streitmacht auf Kuba zu behaupten.

Wenn wir diese Bedrohung ausschalten wollen, die jetzt zwar näher, aber nicht annähernd so massiv ist wie die Bedrohung, der wir schon seit vielen Monaten ausgesetzt sind, dann müssen wir meiner Ansicht nach jetzt da reingehen und dabei ganze Arbeit leisten, um die Bedrohung wirklich zu eliminieren. Wenn Sie das Land übernehmen und dort eine neue Regierung einsetzen wollen, die nichtkommunistisch ist, dann müssen Sie in dem Land einmarschieren. Und wenn diese Entscheidung gefallen ist, müssen wir sie so durchführen, dass wir in möglichst kurzer Zeit einen entscheidenden Erfolg erzielen.

JFK Also, es ist eine Tatsache, dass wir mit der Anzahl der Raketen dort leben könnten, und zwar gleichgültig was für welche sie da reinbringen. Wenn sie heute noch nicht genug Interkontinentalraketen haben, haben sie sie in einem Jahr. Sie schaffen offensichtlich eine Menge Mittelstreckenraketen her.

LEMAY Und verbessern ihre Zielgenauigkeit in Bezug auf die fünfzig Ziele, die sie unseres Wissens heute treffen könnten. Das Entscheidende ist aber, dass sie, wenn wir sie dort lassen, nicht nur uns damit erpressen können, sondern auch andere südamerikanische Länder, gegen die sie vielleicht vorgehen wollen.

Es gibt noch einen weiteren Faktor, den ich bis jetzt nicht erwähnt habe, weil er eigentlich nicht in unser Ressort fällt, und das ist der politische Faktor. Aber Sie wollten ja vor einiger Zeit einmal unsere Meinung dazu hören. Da haben wir über Kuba und die SAM-Stellungen[15] dort gesprochen. Und Sie äußerten damals sehr entschieden, dass sie defensiv sind und dass wir gegen Angriffswaffen etwas unternehmen würden. Meiner Ansicht nach würden eine Blockade und politische Gespräche von vielen befreundeten und neutralen Ländern als ziemlich schwache Reaktion auf die aktuelle Lage angesehen werden. Und ich bin mir sicher, dass auch unsere eigenen Staatsbürger dieser Ansicht wären. Mit anderen Worten, Sie stecken ziemlich übel in der Klemme, Mr President.

JFK Was haben Sie gesagt?

LEMAY Sie stecken ziemlich übel in der Klemme.

JFK Sie stecken mit mir zusammen drin. *(Gelächter)*

---

15 SAM: Surface-to-air missiles; Boden-Luft-Raketen.

DIE GENERÄLE LEMAY UND SHOUP WERDEN BELAUSCHT, 19. OKTOBER 1962

JFK verließ den Raum, als das Band noch lief, und dann gingen auch seine engsten militärischen Berater, General Maxwell Taylor und Verteidigungsminister Robert McNamara. Mehrere der Stabschefs blieben zurück, ohne zu ahnen, dass ihr Gespräch aufgezeichnet wurde. Es gibt keinen Hinweis darauf, dass JFK das Band je abhörte, trotzdem war schon die Tatsache, dass das respektlose Gespräch aufgezeichnet wurde, ein Vorteil für den Präsidenten, der sich sehr bewusst darüber war, dass ihn das Militär bei der Invasion in der Schweinebucht denkbar schlecht beraten hatte.

DAVID SHOUP Sie haben ihm glatt den Teppich unter den Füßen weggezogen.
CURTIS LEMAY Lieber Gott. Was zum Teufel meinen Sie bloß?
SHOUP Ich stimme mit dieser Antwort überein, General, ich bin vollkommen mit Ihnen einig, ich bin hundert Prozent mit Ihnen einverstanden. Bin hundert Prozent mit Ihnen einverstanden. Das ist die einzige verdammte ... Er hat es endlich geschafft, das Thema »Eskalation« anzusprechen. Ich war nahe daran *(unverständlich)*.

Das ist das einzige verdammte Argument, das die bei der ganzen verdammten Sache haben. Es war schon in Laos so, es war jedes verdammte Mal so. Wenn sie *Eskalation* sagen, dann war es das. Jemand muss ihn davon abbringen, sonst geht der verdammte Mist immer so weiter. Das ist unser Problem. Geh da rein und mach die Raketen platt, und du bist am Arsch. Geh rein und mach irgendwas platt, und du bist am Arsch.
LEMAY Richtig.

SHOUP Wir sind am Arsch, am Arsch, am Arsch, am Arsch. Warum kann er nicht sagen, dass sie den Hundesohn erledigen, und zwar richtig, und aufhören herumzusülzen. Das war es, worauf ich hinauswollte. Nicht rumsülzen, sondern eine Rakete ausschalten *(unverständlich)*. Verdammt, wenn er es tun will, kann er nicht rumpfuschen, wenn er Raketen ausschalten will. Man kann nicht rumpfuschen, man kann nicht zuerst die Basen ausschalten und dann die SAM-Stellungen ausschalten. Man muss reingehen und einfach alles ausschalten, was einen daran hindert, seinen Job zu machen.

EARLE WHEELER Ich hab gleich rausgehört, dass er auf die Blockade und eine politische Lösung hinauswill …

SHOUP Seine Rede über Berlin war der eigentliche …

WHEELER Er hat diese Rede über Berlin gehalten und …

LEMAY Er setzt beides gleich.

WHEELER Wenn wir Castro kaltmachen, macht Chruschtschow Willy Brandt kalt.[16]

---

16 Willy Brandt (1913–1992), damals Regierender Bürgermeister von Berlin (1957–1966), später Bundeskanzler der Bundesrepublik Deutschland (1969–1974).

TELEFONAT MIT DWIGHT D. EISENHOWER, 22. OKTOBER 1962

Als Präsident hatte Kennedy natürlich das letzte Wort in der amerikanischen Außen- und Militärpolitik. Aber auch wenn die letzte Verantwortung bei ihm lag, gab es doch einige frühere Präsidenten, mit denen er sich beraten konnte. Sie wussten, wie groß die Belastung in seinem Amt war, und hatten in ihrer Amtszeit fast ebenso schwere Entscheidungen getroffen.

JFK General, was ist, wenn die Sowjetunion – Chruschtschow – morgen verkündet, dass es einen Atomkrieg gibt, wenn wir Kuba angreifen? Und was wird Ihrer Ansicht nach passieren, wenn sie diese Dinger abschießen, falls wir eine Invasion auf Kuba machen?

EISENHOWER Oh, ich glaube nicht, dass sie das tun werden.

JFK Sie glauben nicht, das sie das tun werden?

EISENHOWER Nein.

JFK Mit anderen Worten, sie würden das Risiko eingehen, wenn die Lage günstig erschiene?

EISENHOWER Nun ja, in der Tat, was können Sie tun?

JFK Ja.

EISENHOWER Wenn diese Sache hier wirklich so ernst ist, wenn unsere Flanke gefährdet ist und wir uns Sorgen machen müssen, dann müssen Sie, jetzt, wo wir Bescheid wissen, etwas einsetzen.

JFK Ja.

EISENHOWER Vielleicht, dass irgendwer diese Leute dazu drängt, die Raketen zu zünden. Ich glaube nur nicht, dass es dazu kommt.

JFK Ja.

EISENHOWER Auf jeden Fall, was ich sagen will, ist, ich würde meine eigenen Leute in höchster Alarmbereitschaft halten.

JFK Ja, wir bleiben dran!

EISENHOWER Ja, Sir.

JFK Danke, General.

EISENHOWER In Ordnung. Danke.

TREFFEN MIT SENATOREN, 22. OKTOBER 1962

Die US-amerikanische Verfassung schreibt vor, dass der Präsident für bestimmte außenpolitische Entscheidungen, einschließlich der Unterzeichnung von Verträgen, den Rat und die Zustimmung des Senats einholen muss. In diesem Sinne lud JFK am 22. Oktober mehrere führende Senatoren zu einem persönlichen Gespräch ein. Sie alle waren unmittelbar mit Gesetzen befasst, die Kennedy durchbringen wollte. Richard Russell (demokratischer Senator für Georgia) sollte sich als wichtigster Gegner des Bürgerrechtsgesetzes (Civil Rights Act) erweisen, das 1963 vorbereitet und 1964 verabschiedet wurde. An diesem Tag jedoch waren alle Beteiligten einfach nur Amerikaner, die versuchten, ihr Land zu schützen.

JFK Wie schon gesagt, kam diese Information am Dienstagmorgen herein. Mobile Abschussvorrichtungen können sehr schnell bewegt werden. Wir nehmen an, dass wir alle erfasst haben, die jetzt hier sind, wissen es aber nicht. Die CIA meint jedoch, es könnte weitere auf der Insel geben, die noch nicht aufgestellt sind, aufgrund ihrer Mobilität jedoch schnell aufgestellt werden könnten. Mittelstreckenraketen würden wegen ihrer Beschaffenheit natürlich mehr Zeit in Anspruch nehmen. Wir werden sie ausmachen können. Aber die anderen könnten innerhalb weniger Tage aufgestellt werden.

Am Dienstagmorgen, als wir die ersten Bilder sahen, ordneten wir eine intensive Überwachung der Insel an: eine Anzahl von U-2-Flügen bis Mittwoch und Donnerstag. Ich bat Mr McCone[17]

17 John McCone (1902–1991), Direktor der Central Intelligence Agency (1961–1965).

am Mittwoch, General Eisenhower aufzusuchen und ihn zu informieren.

Wir, der Vizepräsident und ich, beschlossen, unsere Wahlkampfreise durchs Land fortzusetzen, um keine Panik auszulösen, bevor wir nicht die notwendigen Informationen hatten. Die letzte Information kam am Sonntagmorgen herein. Sie lieferte uns diesen letzten entdeckten Standort,[18] den wir erwähnt haben.

Wir haben es mit einem wirklich sehr schweren Problem zu tun, wegen Berlin, aber auch aus anderen Gründen, besonders aber wegen Berlin, das ziemlich ... Der Vorteil aus Chruschtschows Sicht besteht darin, dass er zwar ein großes Risiko eingeht, aber auch ziemlich viel gewinnen kann. Ihm ist bestimmt klar, mit welchen Schwierigkeiten wir bei einer Invasion Kubas konfrontiert wären. Wenn wir auf Kuba einmarschieren, besteht die Möglichkeit, dass diese Raketen auf uns abgeschossen werden. Außerdem wird sich Chruschtschow Berlin nehmen, und die Europäer, die Berlin eine so große symbolische Bedeutung beimessen, werden den Verlust der Stadt darauf zurückführen, dass die Vereinigten Staaten voreilig gehandelt haben. Schließlich sind sie fünf- bis sechstausend Meilen von Kuba entfernt und der Sowjetunion viel näher. Deshalb sind ihnen diese Raketen gleichgültig, und vielleicht denken sie, dass sie auch uns gleichgültig sein sollten.

Was immer wir in Bezug auf Kuba unternehmen, verschafft Chruschtschow also die Gelegenheit, in Bezug auf Berlin das Gleiche zu tun.

Wir könnten einfach nichts tun, mit dem Argument, dass diese Raketenbasen nur eine Erweiterung der Bedrohung sind, mit der wir schon seit einigen Jahren leben: durch Unterseeboote, die immer intensiver eingesetzt werden, durch das sowjetische System ballistischer Interkontinentalraketen, das schnell ausgebaut wird und bei uns beträchtliche Zerstörungen anrichten könnte, und durch die sowjetischen Bomber. Das Argument wäre, dass die militärische Bedrohung sich zwar vergrößert, aber es entsteht keine neue, weshalb wir uns auf den wichtigsten Standort, nämlich Berlin, konzentrieren sollten.

---

18 Remedios, Raketenbasis auf Kuba.

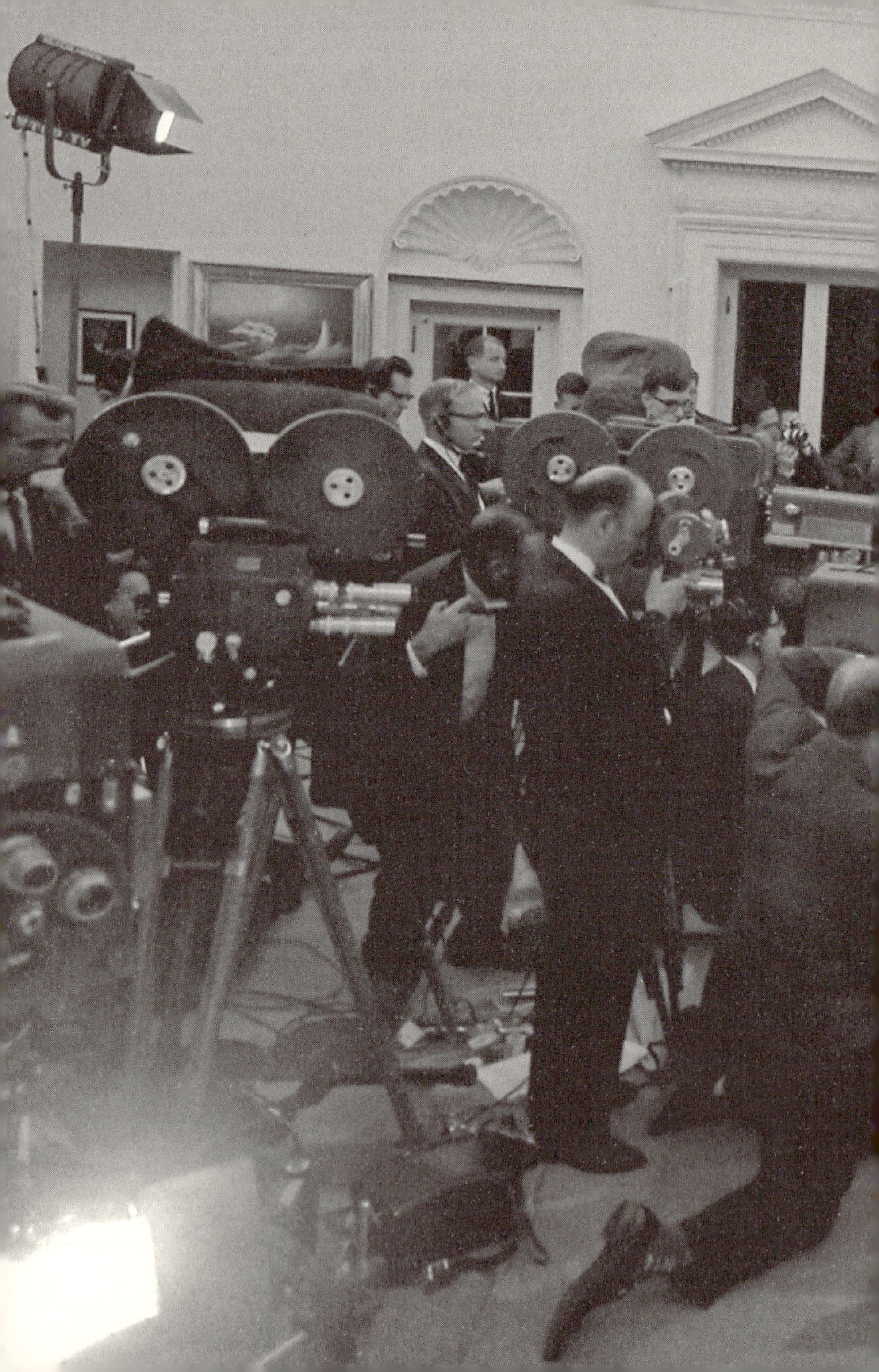

PRÄSIDENT JOHN F. KENNEDY WENDET SICH AM 22. OKTOBER 1962 AN DIE NATION, UM SIE ÜBER DIE ERRICHTUNG VON SOWJETISCHEN RAKETENBASEN AUF KUBA ZU UNTERRICHTEN. MEHR ALS HUNDERT MILLIONEN AMERIKANER SAHEN DIE REDE. DIE NATION BEREITETE SICH GESCHLOSSEN AUF KRIEG VOR. FAST ZWEIHUNDERT MIT NUKLEARWAFFEN BESTÜCKTE FLUGZEUGE WAREN IN DER LUFT, UM EINEN FEINDLICHEN ANGRIFF ABZUWEHREN

Good evening, my fellow citizens:

This Government, as promised, has maintained the closest surveillance of the Soviet military build-up on the island of Cuba. Within the past week, unmistakable evidence has established the fact that a series of offensive missile sites is now in preparation on that imprisoned island. The purpose of these bases can be none other than to provide a nuclear strike capability against the Western Hemisphere. Upon receiving the first preliminary hard information of this nature last Tuesday morning at 9 a.m.,

SKRIPT DES PRÄSIDENTEN FÜR SEINE FERNSEHREDE AM 22. OKTOBER 1962

Wir sind allerdings der Ansicht, dass dieses Verhalten ein Fehler wäre. Deshalb werden wir ab heute Abend eine Blockade über Kuba verhängen, die gemäß dem Rio-Pakt durchgeführt wird. Wir haben ein Treffen der Länder des Rio-Pakts einberufen und hoffen, dass sie die Blockade mit der notwendigen Zweidrittelmehrheit billigen. Wenn wir die Zustimmung nicht bekommen, müssen wir sie illegal oder nach einer Kriegserklärung durchführen, was für uns weniger günstig wäre.

SENATOR EVERETT DIRKSEN Wir wissen nicht, wie Chruschtschow auf eine vollständige Blockade reagiert?

JFK Die Blockade, wie wir sie verkünden, wird sich gegen den Transport von Waffen nach Kuba richten. Aber wir wissen nicht, was die Schiffe des Sowjetblocks tun werden. Damit wir Chruschtschow nicht die Rechtfertigung für eine vollständige Blockade Berlins liefern, beginnen wir mit einer Blockade gegen die Lieferung von Offensivwaffen nach Kuba, bei der alle Schiffe gestoppt werden.

Wir wissen nicht, was die Schiffe des Blocks tun werden. Wir nehmen an, sie werden wahrscheinlich … Wir wissen nicht, was sie tun werden, ob sie versuchen, ein Schiff durchzubringen, damit wir es beschießen und sie eine Rechtfertigung in Bezug auf Berlin haben, oder ob Chruschtschow alle umkehren lässt. Jedenfalls fangen wir mit der Blockade von Angriffswaffen an. Später können wir sie vielleicht auch auf Rohbenzin, Erdöl, Schmieröl und dergleichen ausdehnen, nicht jedoch auf Lebensmittel und Medikamente. Diese Dinge werden in den kommenden Tagen entschieden.

In der Zwischenzeit treffen wir die notwendigen militärischen Vorbereitungen in Bezug auf Kuba, damit wir über die nötige Flexibilität verfügen, falls die Lage sich verschärft. Wir können die Waffen nur durch eine Invasion beseitigen, aber sie könnten auch beseitigt werden, indem sie gezündet werden, und das bedeutet meiner Ansicht nach, dass wir sehr sorgfältig vorgehen müssen.

Wie gesagt: Die Möglichkeit besteht, dass diese Waffen gezündet werden, wenn wir in Kuba einmarschieren. Wenn wir versuchen, sie aus der Luft zu treffen, sollten wir alle erwischen, weil sie mobil sind. Und wir wissen, wo die Standorte sind, aber dort gibt es nicht viel zu zerstören. Sie können sie verlegen und innerhalb von drei Tagen anderswo aufbauen, deshalb ist die Lage nicht gerade sehr einfach.

Was die Alternative betrifft, nichts zu tun, waren wir der Ansicht, dass dies Berlin ebenso gefährden würde wie Lateinamerika. Also kamen wir nach reiflicher Überlegung zu dem Schluss, dass es richtig war, so zu beginnen. Ich weiß nicht, wie sie reagieren werden. Wir haben zwei, drei, vier Probleme. Eines wird eintreten, wenn wir sie weiter überwachen und sie eines unserer Flugzeuge abschießen. Wir haben dann das Problem, gegen einen Teil Kubas vorgehen zu müssen. Ich denke, ich werde Minister McNamara bitten, im Einzelnen auszuarbeiten, was wir militärisch unternehmen. Wenn es irgendeinen starken Widerspruch gegen das gibt, was wir bis jetzt zumindest geplant haben, will ich ihn hören. Ansonsten denke ich, wir sollten sehr engen Kontakt halten, bevor irgendetwas wesentlich anders gemacht wird, und das kann schon in den nächsten vierundzwanzig Stunden passieren, weil ich annehme, dass die sowjetische Reaktion sehr entschieden ausfallen wird. Dann werden wir uns alle wieder treffen. Selbstverständlich haben der Vizepräsident und ich unsere Wahlkampfreise beendet.

SENATOR J. WILLIAM FULBRIGHT Mr President, habe ich richtig verstanden, dass Sie sich für die Blockade entschieden haben und das heute verkünden werden?

JFK Das ist richtig. Eine Quarantäne.

DEAN RUSK Mr President, darf ich dem, was Sie über diese Angelegenheiten gesagt haben, einen Punkt hinzufügen? Wir sind der Ansicht, dass dieser erste Schritt den Menschen auf der anderen Seite eine kurze Pause verschafft, in der sie noch einmal nachdenken können, bevor wir eine wirklich verheerende Krise bekommen. Was uns nämlich in diesem Augenblick erwarten könnte, ist wirklich sehr ernst. Wenn nun die Sowjets unterschätzt haben, was die Vereinigten Staaten in dieser Angelegenheit unternehmen, müssen sie sich überlegen, ob sie ihr Urteil ganz schnell revidieren. Dasselbe gilt auch für die Kubaner. Auch für die UNO und die OAS[19] wäre eine kurze Pause in vielerlei Hinsicht nützlich, vor al-

19 Organisation Amerikanischer Staaten.

lem aber für die Sowjetunion, damit sie eine Chance hat, sich vom Abgrund zurückzubewegen. Ich will damit sagen, Mr President, dass eine schnelle Entwicklung in dieser Sache wirklich schlimme Folgen haben könnte.

SENATOR RICHARD RUSSELL Mr President, mein Gewissen erlaubt es nicht, dass ich unter diesen Umständen schweige. Ich denke, unsere Verantwortung ist immens, und sie verlangt massivere Schritte, und das ist meine aufrichtige Meinung.

Ich kann nicht erkennen, wie wir in eine stärkere oder bessere Position kommen könnten, um auf diese Bedrohung zu reagieren. Offenbar stehen wir an einem Scheideweg. Entweder sind wir eine Supermacht oder nicht. Sie haben diese Leute in den packendsten Reden, die ich seit Woodrow Wilson gehört habe, immer wieder davor gewarnt, was passiert, wenn sie auf Kuba Offensivwaffen stationieren. Sie können nicht sagen, das sie nicht gewarnt worden wären.

Der Außenminister sagt: »Geben Sie ihnen Zeit für eine Denkpause.« Sie werden die Denkpause nutzen, um sich besser vorzubereiten. Und wenn wir uns in dieser Situation abwartend verhalten, weiß ich nicht, ob wir je hoffen können, einen Ort zu finden, wo …

Nun, wir sind absolut berechtigt dazu, die angekündigte Außenpolitik der Vereinigten Staaten umzusetzen … Sie haben immer wieder verkündet, dass wir alle notwendigen Maßnahmen ergreifen würden, wenn sie dort Offensivwaffen hätten, um dafür zu sorgen, dass bestimmte Dinge, zum Beispiel der Transit … Sie können mit diesen Raketen und diesen Schiffen leicht den Transit durch die Windward Passage und die Leeward Passage unterbinden. Sie könnten Guantánamo von der Landkarte verschwinden lassen. Und Sie haben ihnen gesagt, dass Sie so etwas nicht zulassen würden. Sie haben es trotzdem getan. Deshalb finde ich, Sie sollten so schnell wie möglich eine angemessene Streitmacht sammeln und die Situation bereinigen.

Die Zeit wird kommen, Mr President, wo wir dieses Spiel um den Atomkrieg in Berlin und Korea, in Washington, D.C., und in Winder, Georgia, spielen müssen. Ich weiß nicht, ob Chruschtschow wegen Kuba einen Atomkrieg anfangen wird oder nicht.

Ich glaube nicht, dass er es tun wird. Aber ich glaube, je mehr wir uns Zeit lassen, umso eher wird er zu der Überzeugung gelangen, dass wir Angst haben, irgendeinen echten Schritt zu wagen und wirklich zu kämpfen.

JFK Mr Senator, wenn Sie vielleicht zuerst hören, was Minister McNamara zu sagen hat, dann könnten wir …

RUSSELL Verzeihung. Sie sagten nur, wenn jemand nicht einverstanden sei … und ich musste Ihnen einfach sagen, wie ich die Sache empfinde.

TELEFONAT MIT DEM STELLVERTRETENDEN VERTEIDIGUNGSMINISTER ROSWELL GILPATRIC, 23. OKTOBER 1962

Dieses Telefonat vermittelt einen guten Eindruck davon, wie im Oktober 1962 womöglich der dritte Weltkrieg hätte beginnen können. In dem Telefongespräch mit dem stellvertretenden Verteidigungsminister Roswell Gilpatric stellt sich Kennedy konkret vor, wie ein amerikanisches Kriegsschiff ein russisches Schiff stoppt, das versucht, die über Kuba verhängte sogenannte »Quarantäne« zu verletzen. Die Konfrontation, die sich Kennedy in dem Gespräch ausmalt – und auf die man sich sehr konkret vorbereitete – trat nie ein, da beide Seiten sich bemühten, eine Konfrontation auf hoher See nach Möglichkeit zu vermeiden.

JFK Aber wie ich höre, gibt es irgendeine Meldung, dass die russischen Schiffe nicht anhalten werden. Dass wir sie versenken müssen, um sie aufzuhalten. Das dachte ich ... oder müssen wir auf sie schießen? Ich fragte mich, ob es schon Instruktionen gibt, wie das zu geschehen hat, oder wohin man schießen soll, um den Schaden möglichst gering zu halten. Und außerdem, wenn sie geentert werden, schießen die Russen vielleicht auf das Enterkommando, und wir müssten zurückschießen, und es gibt ein ziemliches Gemetzel. Ich glaube, wir sollten zwei oder drei Dinge sicherstellen. Erstens sollten wir eine gewisse Kontrolle über Kameras an Bord dieser Schiffe haben, damit nicht eine Menge Leute eine Menge Bilder schießen, die dann vielleicht in der Presse ...

GILPATRIC Ja, wir überwachen das Fotografieren.

JFK Auf den Schiffen?

GILPATRIC Ja.

JFK Alle Kameras werden abgegeben. Zweitens, ich weiß nicht genug über die Schiffe, wohin sie feuern sollen und ob sie in drei oder vier Schritten vorgehen sollen, wenn sie zum Beispiel ein Schiff zum Anhalten auffordern. Falls es nicht anhält, würde man sie auffordern, die Mannschaft an Deck zu schicken, damit niemand verletzt wird. Und drittens, vielleicht könnten Sie mit jemandem sprechen, damit so ein Protokoll entwickelt wird?

GILPATRIC Ja. Wir haben Instruktionen an den CINCLANT[20] gegeben, die mit folgenden Schritten beginnen: Schuss vor den Bug, Beschuss des Ruders.

JFK Beschuss des Ruders.

GILPATRIC Es folgt ein Enterkommando und dann der Befehl, die Mannschaft an Deck zu holen. Und in jedem Stadium ein Minimum an Gewaltanwendung. Möglich, dass wir noch nicht an alles gedacht haben, aber wir sehen uns die Sache noch einmal an.

JFK Okay, gut. Wie lief die fotografische Aufklärung heute Morgen? Wissen Sie das?

GILPATRIC Keine Zwischenfälle. Die Flugzeuge sind seit ein paar Stunden zurück. Wir sehen die Bilder später.

JFK Aha. Sie besorgen mir dieses eine, ja? Das von den Stützpunkten in Florida?

GILPATRIC Ja, hab ich.

JFK Okay. Haben Sie einen Blick auf West Palm Beach geworfen?

GILPATRIC Ja. Die Air Force macht das. Wir können uns dort sämtliche Möglichkeiten einer besseren Verteilung ansehen.[21]

JFK Okay, gut.

GILPATRIC Haben Sie eine Entscheidung wegen Nelson Rockefeller getroffen, oder lassen Sie die Sache auf sich beruhen?

JFK Einen Moment *(sich abwendend)*. Gibt es was Neues wegen Rockefeller?

---

20 Commander in Chief, Atlantic Command (Kommandeur der US-Atlantikflotte).

21 Kennedy forderte die Luftaufnahmen an, weil er wissen wollte, ob die Flugzeuge in Florida so dicht standen, dass sie wie in Pearl Harbor durch einen einzelnen Luftschlag vernichtet werden könnten.

ROBERT F. KENNEDY *(im Hintergrund)* Wir haben ihm ein Telegramm geschickt.

JFK Wir haben ihm ein Telegramm geschickt, dass ich später mit ihm Verbindung aufnehme. Ich dachte, wir würden uns um sechs treffen, aber ich wollte den Zivilverteidigungsausschuss mitbringen. Wenn wir alle Gouverneure einladen, müssen wir vielleicht auch alle Abgeordneten zu der Besprechung hinzubitten.

GILPATRIC Nein, er wollte nur den Zivilverteidigungsausschuss dabeihaben.

JFK Gut, dann nehmen wir in diesem Sinne Kontakt mit ihm auf. Ich hoffe nämlich, dass Pittmann und Ed McDermott[22] heute sowieso kommen.

GILPATRIC Sie kommen.

JFK Dann schicken wir ein Telegramm von den beiden an ihn und vereinbaren dieses Treffen.

GILPATRIC So ist es richtig.

JFK Okay, Ros.

---

22 Stuart Pittmann war assistierender Staatssekretär für Zivilverteidigung im Verteidigungsminsterium; Edward McDermott war Direktor des Amts für Notstandsplanung (Office of Emergency Planning).

PRÄSIDENT JOHN F. KENNEDY UNTERZEICHNET DIE PROKLAMATION 3504 ZUR AUTORISIERUNG DER SEE-BLOCKADE KUBAS, 23. OKTOBER 1962

INTERDICTION OF THE DELIVERY OF OFFENSIVE WEAPONS TO CUBA

_ _ _ _ _ _ _ _ _ _ _ _ _

BY THE PRESIDENT OF THE UNITED STATES OF AMERICA

A PROCLAMATION

WHEREAS the peace of the world and the security of the United States and of all American States are endangered by reason of the establishment by the Sino-Soviet powers of an offensive military capability in Cuba, including bases for ballistic missiles with a potential range covering most of North and South America;

WHEREAS by a Joint Resolution passed by the Congress of the United States and approved on October 3, 1962, it was declared that the United States is determined to prevent by whatever means may be necessary, including the use of arms, the Marxist-Leninist regime in Cuba from extending, by force or the threat of force, its aggressive or subversive activities to any part of this hemisphere, and to prevent in Cuba the creation or use of an externally supported military capability endangering the security of the United States; and

WHEREAS the Organ of Consultation of the American Republics meeting in Washington on October 23, 1962, recommended that the Member States, in accordance with Articles 6 and 8 of the Inter-American Treaty of Reciprocal Assistance, take all measures,

PROKLAMATION 3504: VERBOT DER LIEFERUNG VON OFFENSIVWAFFEN NACH KUBA

- 2 -

individually and collectively, including the use of armed force, which they may deem necessary to ensure that the Government of Cuba cannot continue to receive from the Sino-Soviet powers military material and related supplies which may threaten the peace and security of the Continent and to prevent the missiles in Cuba with offensive capability from ever becoming an active threat to the peace and security of the Continent:

NOW, THEREFORE, I, JOHN F. KENNEDY, President of the United States of America, acting under and by virtue of the authority conferred upon me by the Constitution and statutes of the United States, in accordance with the aforementioned resolutions of the United States Congress and of the Organ of Consultation of the American Republics, and to defend the security of the United States, do hereby proclaim that the forces under my command are ordered, beginning at 2:00 P.M. Greenwich time October 24, 1962, to interdict, subject to the instructions herein contained, the delivery of offensive weapons and associated materiel to Cuba.

For the purposes of this Proclamation, the following are declared to be prohibited materiel:

> Surface-to-surface missiles; bomber aircraft; bombs, air-to-surface rockets and guided missiles; warheads for any of the above weapons; mechanical or electronic equipment to support or operate the above items; andany other classes of materiel hereafter designated by the Secretary

of Defense for the purpose of effectuating this Proclamation.

To enforce this order, the Secretary of Defense shall take appropriate measures to prevent the delivery of prohibited materiel to Cuba, employing the land, sea and air forces of the United States in cooperation with any forces that may be made available by other American States.

The Secretary of Defense may make such regulations and issue such directives as he deems necessary to ensure the effectiveness of this order, including the designation, within a reasonable distance of Cuba, of prohibited or restricted zones and of prescribed routes.

Any vessel or craft which may be proceeding toward Cuba may be intercepted and may be directed to identify itself, its cargo, equipment and stores and its ports of call, to stop, to lie to, to submit to visit and search, or to proceed as directed. Any vessel or craft which fails or refuses to respond to or comply with directions shall be subject to being taken into custody. Any vessel or craft which it is believed is en route to Cuba and may be carrying prohibited materiel or may itself constitute such materiel shall, wherever possible, be directed to proceed to another destination of its own choice and shall be taken into custody if it fails or refuses to obey such directions. All vessels or craft taken into custody shall be sent into a port of the United States for appropriate disposition.

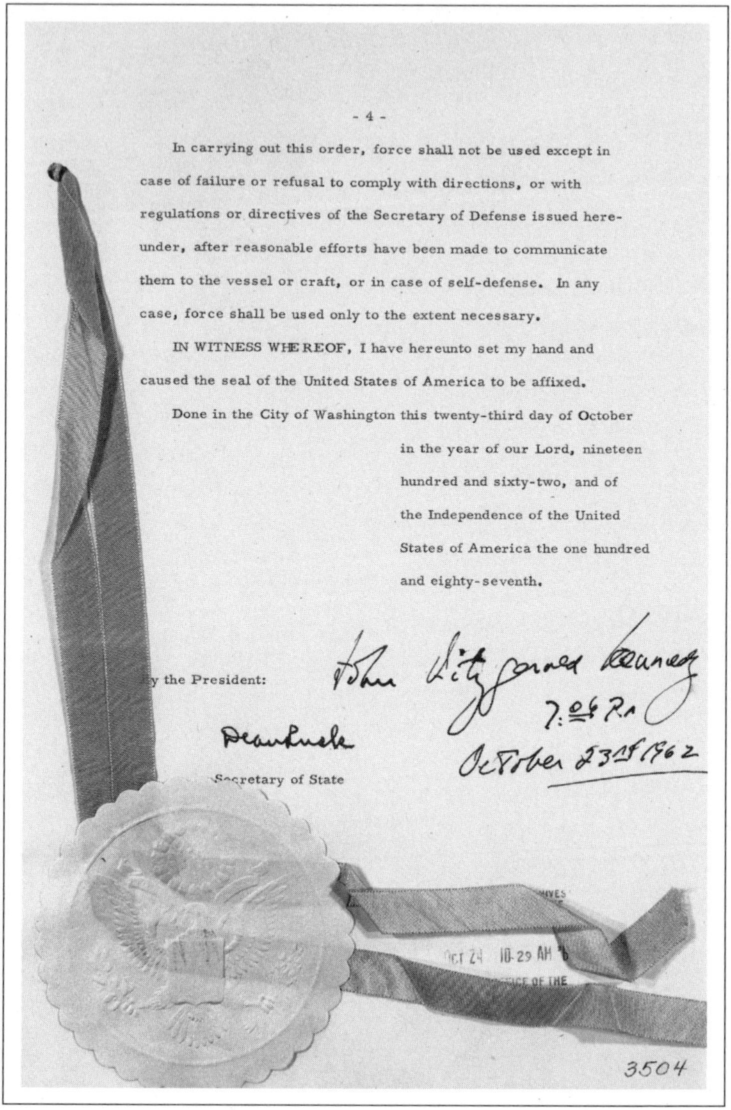

- 4 -

In carrying out this order, force shall not be used except in case of failure or refusal to comply with directions, or with regulations or directives of the Secretary of Defense issued hereunder, after reasonable efforts have been made to communicate them to the vessel or craft, or in case of self-defense. In any case, force shall be used only to the extent necessary.

IN WITNESS WHEREOF, I have hereunto set my hand and caused the seal of the United States of America to be affixed.

Done in the City of Washington this twenty-third day of October in the year of our Lord, nineteen hundred and sixty-two, and of the Independence of the United States of America the one hundred and eighty-seventh.

By the President: John Fitzgerald Kennedy

7:06 P.M.

October 23rd 1962

Dean Rusk

Secretary of State

3504

GESPRÄCH MIT JUSTIZMINISTER ROBERT F. KENNEDY, 23. OKTOBER 1962

Dieser kurze Auszug zeigt, dass Präsident Kennedy während der Krise noch anderen Aufgaben nachkommen musste, den üblichen öffentlichen Auftritten und Repräsentationspflichten. Gleichzeitig machte er sich Sorgen, dass er angesichts der Bedrohung durch die Sowjetunion nicht entschlossen genug wirken könnte und dass der Kongress deshalb ein Amtsenthebungsverfahren gegen ihn einleiten könnte.

RFK Was war das?

JFK Ach Gott, wegen des Essens heute Abend.

RFK Was?

JFK Wegen eines Essens heute Abend. Sie hat jemanden eingeladen, und ich habe jemanden eingeladen.[23]

RFK Wie sieht's aus?[24]

JFK Verdammt schlecht, richtig übel, findest du nicht? Aber andererseits, wir haben keine Wahl. Wenn sie diesmal so dreist vorgehen, muss man sich fragen, was sie als Nächstes tun. Keine Wahl. Ich glaube, wir hatten keine Wahl.

RFK Nein, es gibt keine Wahl. Ich meine, du wärst deines Amtes enthoben worden.

JFK Das glaube ich auch. Sie hätten mich des Amtes enthoben. Ich glaube, sie hätten das Verfahren eingeleitet. Ich wäre nicht

---

23 Ein Dinner für den Maharadscha und die Maharani von Jaipur. Mit »Sie« ist die First Lady, Jacqueline Kennedy, gemeint.

24 Gemeint ist die Blockade, bei der am folgenden Morgen vielleicht die entscheidende Konfrontation stattfinden konnte.

überrascht, wenn sie gleich nach dieser Wahl ein Verfahren einleiten mit der Begründung, dass ich dies gesagt und jenes nicht getan oder zugelassen habe ... Ich meine, ich wäre ...

RFK Ich glaube das nicht. Du weißt, das ist ein ... Wenn wir reingegangen wären und etwas anderes getan hätten oder einen anderen Schritt gemacht hätten, der nicht notwendig gewesen wäre, und dann wärst du ...

JFK Ja.

RFK Ja. Aber so, wie die Dinge jetzt liegen ... Tatsache ist, dass du nicht mehr hättest tun können. Tatsache ist, dass du ganz Südamerika und Mittelamerika dazu gebracht hast, einstimmig zu entscheiden.[25] Die haben uns zwei Jahre lang in den Arsch getreten, und jetzt stimmen sie alle dafür. Und dann die Reaktionen vom Rest der Verbündeten, zum Beispiel David Ormsby-Gore[26] und die anderen, die sagen, dass du es tun musstest. Du kannst nicht ... Ich meine, das ist einfach auf dich zugekommen, das ist nichts, was du hättest vermeiden können.

---

25 Die Organisation Amerikanischer Staaten (OAS) stimmte auf ihrer Konferenz am 23. Oktober 1962 einstimmig dafür, die Position der USA zu unterstützen.

26 David Ormsby-Gore (1918–1985), Minister für auswärtige Angelegenheiten unter Premierminister Harold Macmillan (1957–1961) und britischer Botschafter in den USA (1961–1965).

TELEFONAT MIT DEM BRITISCHEN PREMIERMINISTER HAROLD MACMILLAN, 26. OKTOBER 1962

Trotz eines Altersunterschieds von dreiundzwanzig Jahren war das Verhältnis zwischen Präsident Kennedy und dem britischen Premierminister Harold Macmillan geradezu kameradschaftlich, und sie verfolgten oft gemeinsame Ziele. Während der Kubakrise telefonierten sie fast jeden Abend miteinander. Kennedy berichtete aus dem Zentrum der Ereignisse und profitierte von Macmillans Besonnenheit, Urteilskraft und Erfahrung. Wie in diesem Telefonat deutlich wird, machte er auch wertvolle strategische Vorschläge wie zum Beispiel, auf die britischen Thor-Raketen zu verzichten. Als die Krise schließlich überstanden war, beteiligte er sich aktiv daran, Pläne zu erarbeiten, damit sich derartige Ereignisse nicht wiederholten. Dazu gehörte auch seine nachdrücklich Empfehlung, mit Chruschtschow den Abschluss eines Atomteststoppabkommens anzustreben.

JFK Hallo, Prime Minister.
MACMILLAN Hallo, was gibt's Neues?
JFK Tja, Governor Stevenson[27] hat sich heute Nachmittag mit U Thant[28] getroffen und hat ihm unsere Vorschläge unterbreitet, dass der Waffenimport unterbunden werden soll und die Errichtung der Basen gestoppt werden muss und dass es letztlich zur

---

27 Adlai Stevenson (1900–1965), damals Botschafter bei den Vereinten Nationen, zuvor Gouverneur von Illinois.

28 U Thant (1909–1974), Generalsekretär der Vereinten Nationen von 1961 bis 1971.

Demontierung kommen muss. Es gibt ein paar Berichte über russische Gespräche, aber sie sind ziemlich inoffiziell und unzuverlässig. Darin heißt es, dass sie vielleicht etwas unternehmen könnten, um die Waffen abzuziehen, wenn die territoriale Unverletzlichkeit Kubas garantiert wird. Aber das ist so inoffiziell, dass ich nicht wissen kann, ob da was dran ist oder nicht. Chruschtschow hat gegenüber U Thant die Zusage gemacht, seine Schiffe erst einmal dort herauszuhalten, aber er könne ... er wolle es nicht sehr lange tun. Das ist kein großes Zugeständnis, weil er gar keine Schiffe in dem Gebiet hat. Aber er hat wenigstens offiziell erklärt, dass er seine Schiffe einstweilen dort heraushält. Wir halten die Quarantäne aufrecht. Der Ausbau der Basen geht allerdings weiter. Und ich habe heute Nachmittag eine Erklärung herausgebracht, in der ich beschreibe, wie der Ausbau fortgesetzt wird, und sage, dass wir in den nächsten achtundvierzig Stunden ein paar politische Vorschläge in Bezug auf den Abbau des Stützpunkts haben müssen, sonst müssten wir entscheiden, was wir wegen dieser Aufrüstung unternehmen.

MACMILLAN Es gibt die Idee, die Sie gerade erwähnt haben, dass Kuba so ähnlich wie Belgien werden könnte, durch eine internationale Garantie. Ein unverletzliches Land, dessen Neutralität und Unverletzlichkeit wir alle garantieren. Ist das eine Möglichkeit?

JFK Das ist etwas, worüber wir, glaube ich, nachdenken sollten, und wir werden in den nächsten vierundzwanzig Stunden darüber sprechen, ob es irgendeinen Spielraum für eine Einigung auf dieser Grundlage gibt. Castro würde dann an der Macht bleiben, die Russen hätten vielleicht die Möglichkeit, noch mehr Offensivmaterial zu liefern, und sie haben schon eine beträchtliche Menge geliefert. Wir finden gerade jede Menge Selbstfahrlafetten und sehr moderner Ausrüstung und so weiter, trotzdem könnte es eine Möglichkeit sein. Wahrscheinlich kann ich Ihnen darüber morgen Abend mehr Informationen geben. Bis jetzt gibt es zwar ein paar Hinweise, aber noch nicht genug, um den nächsten Schritt zu tun.

MACMILLAN Ja. Eine andere Möglichkeit wäre meiner Ansicht nach, dass U Thant den Vereinten Nationen vorschlägt, selbst mit

TREFFEN MIT DEM BRITISCHEN
PREMIERMINISTER, 5. APRIL 1961

einer Gruppe hinzureisen und sich zu vergewissern, dass die Raketen für den Zeitraum, in dem eine Konferenz oder Gespräche stattfinden, funktionsuntüchtig gemacht werden – ein Vorschlag, den die Vereinten Nationen, glaube ich, akzeptieren würden.

JFK Ja, das stimmt. Es müsste irgendeine technische Möglichkeit geben, sicherzustellen, dass die Waffen während der Gespräche nicht einsatzfähig sind und die Arbeit auf den Basen eingestellt wird. Das stimmt.

MACMILLAN Ja, aber halten Sie es für möglich, dass U Thant vielleicht nicht ... Ich bin mir ziemlich sicher, dass Hammarskjöld[29] es getan hätte. Könnte U Thant nicht den Vereinten Nationen vorschlagen, das zu tun? Er würde mit einer Gruppe hinfahren und dafür sorgen, dass sie in der Zeit der Gespräche nicht funktionstüchtig sind.

JFK Ja, es gibt einen Vorschlag in dieser Richtung. Sie wollen außerdem ein paar Flüchtlingslager in Florida und Nicaragua, in Guatemala und auf Swan Island inspizieren. Der Vorschlag wurde in dem Gespräch mit dem Gouverneur gemacht, und ich sehe ihn mir genauer an. Ich glaube nicht, dass wir dort etwas laufen haben, das bei einer Inspektion ein Problem darstellen könnte, aber das gehört alles zu den politischen Vorschlägen, die jetzt in Zusammenhang mit dem Gespräch des Gouverneurs in Erwägung gezogen werden. Zusammenfassend würde ich sagen, dass wir morgen früh oder morgen Mittag wissen sollten, ob es einen politischen Vorschlag gibt, mit dem wir einverstanden sein können – und ob die Russen an ihm interessiert sind oder nicht. Wahrscheinlich wissen wir bis morgen Nachmittag noch ein bisschen mehr. In der Zwischenzeit bleibt die Quarantäne bestehen. Er schickt keine Schiffe, und wir lassen heute Nachmittag ein Schiff durch. Aber dann gibt es etwa achtundvierzig Stunden keine weiteren Schiffe, also rechnen wir nicht damit, dass es auf See irgendwelche Probleme gibt. Das Problem, das uns beunruhigt, ist, dass der Ausbau der Basen fortgesetzt wird, und ich habe dazu heute eine Erklä-

29 Dag Hammarskjöld (1905–1961), Generalsekretär der Vereinten Nationen von 1953 bis zu seinem Tod bei einem Flugzeugabsturz im September 1961.

rung herausgebracht. Ich kann Ihnen wahrscheinlich noch genauere Informationen über die verschiedenen politischen Vorschläge und über U Thants Gespräch mit Stevenson besorgen. Ich schicke Ihnen heute Nacht einen Bericht darüber, dann haben Sie ihn am Morgen.

MACMILLAN Uns ist noch ein dritter Punkt eingefallen. Wenn wir den Russen helfen wollen, ihr Gesicht zu wahren, wäre es vielleicht klug, wenn wir uns verpflichten, für denselben Zeitraum, also während der Konferenz, unsere Thor-Raketen hier in England außer Betrieb zu nehmen.

JFK Okay, ich geb das so weiter, und dann setze ich mich in der Sache wieder mit Ihnen in Verbindung.

MACMILLAN Ich denke, es ist vielleicht eine Idee, die den Russen die Zustimmung erleichtert.

JFK Gut, Prime Minister, ich geb das so an das Ministerium weiter. Ich glaube, wir wollen nicht zu viele Raketen demontieren, trotzdem ist der Vorschlag vielleicht hilfreich. Sie bestehen vielleicht auch auf Griechenland, auf der Türkei und auf Italien – aber ich behalte Ihren Vorschlag im Hinterkopf. Wenn wir auf das Thema kommen, ist er vielleicht von Vorteil.

MACMILLAN Ja, aber ich sehe keinen Grund, warum sie danach fragen sollten. Wir haben nämlich sechzig, also wäre es Rakete gegen Rakete, so viele wie auf Kuba.

JFK Ja, stimmt. Lassen Sie mich … Ich werde Stevenson darüber informieren, und er wird es beim Gespräch im Hinterkopf haben.

MACMILLAN Also, wenn wir noch irgendwelche anderen Vorschläge machen können, schicken Sie mir sicherlich noch eine Nachricht, und wir können uns morgen wieder mit Ihnen in Verbindung setzen.

JFK Exakt. Ich glaube, wir müssen einfach warten, bis wir dieses Gespräch analysiert haben. Ich habe noch nicht das ganze Gespräch gesehen, aber ich glaube, es könnte … Und die Aussicht, diese Raketen gegen ein paar Garantien für Kuba einzutauschen, ist immer noch so vage, dass ich jetzt noch nicht sagen kann, ob es wirklich eine reale Möglichkeit ist. Vielleicht wissen wir es morgen Abend um diese Zeit besser.

MACMILLAN Ja, denn in diesem Stadium kann natürlich jede

Bewegung von Ihnen eine Reaktion in Berlin hervorrufen, die für uns alle sehr schlecht wäre. Das ist jetzt die Gefahr.

JFK Also, wir haben keinerlei Probleme auf See, weil er seine Schiffe dort raushält, und wie schon gesagt, wir lassen heute ein Schiff durch aus dem Grund, den Sie genannt haben. Andererseits, wenn wir in den achtundvierzig Stunden nichts erreichen und die Raketenbasen weiter ausgebaut werden, dann müssen wir ein paar unangenehme Entscheidungen treffen.

MACMILLAN Und wenn man diese Entscheidungen trifft, wird man natürlich daran denken müssen, dass sie sich nicht nur auf Kuba, sondern auch auf Berlin auswirken.

JFK Das ist richtig, und das ist der eigentliche Grund, warum wir bis jetzt nicht mehr getan haben. Aber wenn die Raketenbasen bestehen bleiben und weiter ausgebaut werden und wir nichts dagegen tun, hätte das bestimmt ebenfalls starke Auswirkungen auf Berlin.

MACMILLAN Ja, ich denke, das ist die Schwierigkeit, aber jetzt haben wir ja diese politischen Pläne ins Spiel gebracht, und wenn ich darf, schicke ich Ihnen eine Nachricht darüber, und Sie schicken mir das Ergebnis von U Thants Gespräch.

JFK Ja, ich schicke Ihnen das Memorandum, das auf der Kopie des Gesprächs beruht, das Stevenson mit U Thant führte. Und ich nehme morgen um diese Zeit wieder Verbindung mit Ihnen auf, wenn Sie ... Oder ich schicke ich Ihnen morgen nur eine Nachricht. Vielleicht schicke ich Ihnen nur eine Nachricht, wenn es nichts Dringendes zu besprechen gibt. Und drittens: Wir werden auf keinen Fall etwas unternehmen, ehe ich mit Ihnen gesprochen habe. Ich mache mir nicht die Mühe, Sie morgen anzurufen, weil ich vielleicht selbst unten bin ... Ich bin vielleicht morgen Abend nicht hier, und Sie sind vielleicht auch nicht da. Aber ich schicke Ihnen eine Nachricht, wenn es was Neues gibt, und telefoniere auf jeden Fall mit Ihnen, bevor wir irgendetwas Riskantes unternehmen.

MACMILLAN Vielen Dank. Ich bin den ganzen Tag hier, also können sie mich heute, morgen oder am Sonntag jederzeit erreichen.

JFK Also, Prime Minister, ich schicke Ihnen heute Abend oder morgen früh eine Note mit der Anfrage, ob es in Ordnung ist, wenn General Norstad[30] bis 1. Januar im Amt bleibt, damit es eine Überlappung mit Lemnitzers[31] Pflichtrunde gibt. Lemnitzer soll die amerikanischen Streitkräfte in Europa übernehmen und sechzig Tage Zeit haben, um sich an die neue Aufgabe zu gewöhnen. Sie erhalten ein formelles Schreiben. Ich wollte jetzt noch nichts darüber verlauten lassen, weil wir noch nicht mit General de Gaulle Verbindung aufgenommen haben. Er ist sehr empfindlich in diesen NATO-Angelegenheiten. Aber ich bleibe mit Ihnen in Kontakt, und ich nehme an, dass der Vorschlag für Sie annehmbar ist?

MACMILLAN Er ist in der Tat sehr vernünftig.

JFK Gut. Ich melde mich in dieser Sache also morgen formell bei Ihnen, und ich schicke Ihnen heute Abend das Memorandum über das Gespräch mit U Thant. Das wär's, und ich hoffe, dass alles gutgeht.

MACMILLAN Also dann vielen Dank, und Bundy kann natürlich jederzeit de Zulueta[32] hier anrufen. Sie können miteinander sprechen, dann ist es ganz leicht, ein Gespräch zu arrangieren.

JFK Wunderbar, Prime Minister, ich setze mich sehr bald wieder mit Ihnen in Verbindung. Danke und gute Nacht.

MACMILLAN Gute Nacht.

---

30 Lauris Norstad (1907–1988), Luftwaffengeneral und Oberkommandierender des strategischen NATO-Kommandos Europa (Supreme Allied Commander Europe).

31 Lyman Lemnitzer (1899–1988), von 1960 bis 1962 Vorsitzender der Vereinigten Stabschefs, Norstads Nachfolger als Supreme Allied Commander Europe.

32 Philip de Zulueta, persönlicher Sekretär von Premierminister Macmillan.

SITZUNG IM KABINETTSAAL IM WEISSEN HAUS, 27. OKTOBER 1963

Am 27. Oktober analysierte Kennedy mit seinem Beraterkreis verschiedene Angebote Chruschtschows und besprach das komplizierte Problem einer Demontage der veralteten Jupiter-Raketen in der Türkei.

RFK Du hast denen jetzt ein Angebot gemacht und bittest zugleich U Thant, eine Lösung zu finden. Nun kann U Thant entweder zurückkommen und sagen, dass sie an den Basen weiterbauen, dann müssten wir vermutlich irgendwie reagieren. Oder sie sagen, dass sie die Arbeit an den Basen einstellen. Wenn sie sagen, dass sie die Arbeit an den Basen einstellen, können sie entweder unseren Vorschlag akzeptieren, oder sie können ihn ablehnen und sagen, dass sie immer noch die Türkei für Kuba wollen.

Wenn sie den Vorschlag ablehnen und sagen, sie wollen die Türkei für Kuba, aber die Arbeit an den Basen einstellen, ist es vermutlich an der Zeit, die NATO mit einzubeziehen und sie zu fragen: »Das ist der Vorschlag, wollt ihr ihn in Erwägung ziehen?« Wir haben nichts verloren, und sie haben die Arbeit an den Basen eingestellt. Wenn sie sagen, dass sie die Arbeit an den Basen fortsetzen, also wenn sie bis morgen früh gesagt haben, dass sie die Arbeit fortsetzen, müssen wir meiner Ansicht nach entscheiden, ob wir einen Militärschlag führen.

Wenn morgen eine Sitzung der NATO stattfindet, wird meiner Ansicht nach dadurch diese andere Möglichkeit zunichtegemacht, die U Thant vorgeschlagen hat, nämlich mit diesem Brief weiterzumachen und zu sehen, ob wir den Verzicht auf die Invasion in Kuba dagegen eintauschen können, und ich denke, wir halten den

Druck aufrecht. Wir sehen nicht so aus, als würden wir Schwäche zeigen, was diesen ganzen Türkeikomplex betrifft. Ich meine, ich kann nicht erkennen, dass du etwas zu verlieren hast, wenn diese Sitzung morgen nicht stattfindet. Höchstens besteht vielleicht das Risiko, dass einige der Verbündeten sagen, du hättest den Verstand verloren.

MCGEORGE BUNDY Mir wäre es lieber, wenn sich Finletter[33] einen Tag lang umhören würde, was die Leute denken.

JFK Das Problem ist, man hat sie nicht über die Alternativen informiert. Sie werden sagen: »Mein Gott, wir können doch nicht die Raketen in der Türkei eintauschen!« Sie wissen nicht, dass wir in zwei oder drei Tagen einen Militärschlag haben könnten, der vielleicht zur Besetzung Berlins oder zu einem Schlag gegen die Türkei führt. Dann werden sie sagen: »Mein Gott, wir hätten annehmen sollen!«

---

33 Thomas Finletter (1893–1980) war ständiger Vertreter der USA im Nordatlantikrat, dem wichtigsten Entscheidungsgremium der Nato.

VORIGE SEITE:
KABINETTSSITZUNG, 18. OKTOBER 1962

IM UHRZEIGERSINN AB PRÄSIDENT KENNEDY: CLARENCE DOUGLAS DILLON; NICHT IDENTIFIZIERTE PERSON; JUSTIZMINISTER ROBERT F. KENNEDY; NICHT IDENTIFIZIERTE PERSON; JAMES WEBB, LEITER DER NATIONAL AIR AND SPACE ADMINISTRATION (NASA); ROBERT WEAVER, LEITER DER HOUSING AND HOME FINANCE ASSOCIATION (HHFA); JAMES EDWARD DAY, POSTMINISTER; NICHT IDENTIFIZIERTE PERSON; VERTEIDIGUNGSMINISTER ROBERT S. MCNAMARA; NICHT IDENTIFIZIERTE PERSON; WILLIAM WILLARD WIRTZ, ARBEITSMINISTER; ANTHONY CELEBREZZE, GESUNDHEITSMINISTER; NICHT IDENTIFIZIERTE PERSON; GLENN SEABORG, VORSITZENDER DER ATOMENERGIEKOMMISSION; ZWEI NICHT IDENTIFIZIERTE PERSONEN; THEODORE C. SORENSEN, CHEFBERATER DES PRÄSIDENTEN, UND JEROME WIESNER, WISSENSCHAFTSBERATER DES PRÄSIDENTEN

GESPRÄCH MIT VERTEIDIGUNGSMINISTER ROBERT MCNAMARA, 27. OKTOBER 1962

Selbst zu diesem späten Zeitpunkt der Krise, als beide Regierungschefs unter wachsendem Druck standen, eine friedliche Lösung zu finden, gab es immer noch ausgesprochen gefährliche Momente. In diesem Gespräch wiederholt JFK seinen Wunsch, Reserven zu mobilisieren.

JFK Ich finde, wir sollten bis morgen warten, um zu sehen, ob wir Antworten kriegen, wenn U Thant da runterfliegt. Wir nähern uns schnell einer echten … Ich glaube nicht, dass es klug ist, das Feuer von einem Zwanzig-Millimeter-Geschütz am Boden zu erwidern. Ich denke, wir sollten das Montag ins Auge fassen, wenn sie morgen auf uns feuern und wir von den Russen keine Antwort haben. Also, morgen, denke ich, können wir oder sollten wir vielleicht eine Erklärung über den Beschuss abgeben und am Montag verkünden, dass wir nun an allen Orten in Kuba aktiv werden, in den Gebieten, die wir unter Beschuss nehmen können. Und dann gehen wir rein und schalten *alle* SAM-Stellungen aus. Ich glaube nicht, dass es etwas bringt, auf ein Zwanzig-Millimeter-Geschütz am Boden zu schießen. Wir würden nur unsere Flugzeuge gefährden, und die Leute am Boden wären im Vorteil.

Andererseits glaube ich nicht, dass es gut wäre, wenn wir nur halbherzig anfangen. Ich denke, wir sollten uns morgen noch ruhig halten und sie nur so gut wie möglich überwachen. Wenn sie dann immer noch auf uns schießen und wir von den Russen keine befriedigende Antwort bekommen, sollten wir, denke ich, morgen eine Erklärung herausbringen, dass auf uns geschossen wird. Wir betrachten Kuba deshalb als offenes Territorium, und dann schalten wir alle SAM-Stellungen aus.

Wenn wir das nicht tun, sind wir mit dem neu errichteten Schutz für die SAM-Raketen konfrontiert, mit Geschützen, die auf Flugzeuge im Tiefflug schießen, und mit den SAM-Raketen für hoch fliegende Flugzeuge, und wir haben dann keine … Unsere Reaktion wäre dann so begrenzt, dass die ganze Aktion uns nur schaden würde.

Ich denke, wir sollten U Thant morgen darüber informieren, dass wir sie alle ausschalten, wenn sie auf uns schießen. Und wenn wir bis morgen Abend von den Russen oder U Thant oder Kuba keine befriedigende Antwort kriegen, unternehmen wir etwas gegen die SAM-Stellungen. Was meinen Sie?

ROBERT MCNAMARA Ich würde nur sagen, dass wir heute und morgen Abend ein gewisses Maß an Druck aufrechterhalten sollten, das zeigt, das wir hart bleiben. Wenn wir die Luftschläge heute Nacht absagen, klärt das meiner Ansicht nach …

NICHT IDENTIFIZIERTER SPRECHER Ich habe hier ein Papier, über das wir noch nicht gesprochen haben.

MCNAMARA Lassen Sie mich zuerst noch sagen, dass wir meiner Ansicht nach heute Abend den Befehl herausgeben sollten, die vierundzwanzig Reservestaffeln der Luftwaffe und die etwa dreihundert Truppentransporter, die für eine Invasion benötigt werden, zu mobilisieren. Das wäre ein vorbereitender Schachzug und zugleich ein deutlicher Hinweis auf das, was wir vorhaben.

JFK Ich denke, das sollten wir tun.

LUFTAUFNAHME DER RAKETENBASIS BEI SAN CRISTÓBAL
AUF KUBA, 27. OKTOBER 1962

TELEFONAT MIT DWIGHT D. EISENHOWER, 28. OKTOBER 1962

Als die Krise dem Ende zuging, rief ein erleichterter JFK auch die drei Expräsidenten Eisenhower, Truman und Hoover an. Die Gespräche mit Truman und Hoover sind relativ kurz, aber in dem mit Eisenhower (den Kennedy sowohl mit »Mr President« als auch mit »General« anspricht) sprechen die beiden etwas ausführlicher über Strategiefragen und machen dabei einen überraschenden Exkurs in »das verdammt gebirgige Land« Tibet.

JFK Hallo?
VERMITTLUNG Ja, bitte.
JFK Ist der General in der Leitung?
OPERATOR Ja, ich stelle ihn durch, Sir. Sie können sprechen.
JFK Hallo?
EISENHOWER Hier General Eisenhower, Mr President.
JFK General, wie geht es Ihnen?
EISENHOWER Recht gut, danke.
JFK Das ist schön, General. Ich will Sie in dieser Angelegenheit auf den neuesten Stand bringen, weil ich weiß, dass Sie darüber besorgt sind. Wir bekamen am Freitagabend eine Botschaft von Chruschtschow, in der es hieß, er werde die Raketen und die Techniker und so weiter abziehen, vorausgesetzt dass wir keine Invasion auf Kuba planen. Am nächsten Morgen bekamen wir dann die öffentliche Erklärung, in der es hieß, er werde es tun, wenn wir unsere Raketen aus der Türkei abzögen. Danach brachten wir, wie Sie wissen, eine Erklärung heraus, dass wir uns so nicht einigen könnten. Und heute Morgen kam dann diese neue Botschaft. Wir müssen jetzt also abwarten, wie sich die Sache entwickelt, es ist alles wirk-

lich ziemlich kompliziert. Wenn die Russen die Raketen und die Techniker abziehen und die subversiven Aktivitäten einstellen …

EISENHOWER Ja.

JFK Also, wir haben gerade ein befriedigendes Verfahren vereinbart, um zu prüfen, ob diese Maßnahmen durchgeführt werden. Ich glaube, dass unseren Interessen gedient ist, wenn wir das durchführen können, auch wenn es vielleicht nur ein weiteres Kapitel in einer ziemlich langen Geschichte ist, was Kuba betrifft.

EISENHOWER Natürlich. Und hat er irgendwelche Bedingungen formuliert, Mr President?

JFK Nein, mit der einen Ausnahme, dass wir keine Invasion auf Kuba machen.

EISENHOWER Aha.

JFK Das ist die einzige Bedingung, die bis jetzt formuliert ist. Aber wir haben unter diesen Bedingungen ohnehin nicht vor, auf Kuba einzumarschieren.

EISENHOWER Nein.

JFK Wenn wir sie dort rauskriegen können, ist das für uns bei weitem besser.

EISENHOWER Völlig richtig. Ich bin ganz Ihrer Meinung. Ich frage mich nur, weil er weiß, dass wir unser Wort halten, ob er versucht, uns zu irgendeiner Erklärung oder Verpflichtung zu zwingen, die sich eines Tages als unangenehm erweisen könnte. Zum Beispiel könnten sie vielleicht Guantánamo bombardieren.[34]

JFK Stimmt.

EISENHOWER Das ist es, worauf ich hinauswill. Ich bin ganz Ihrer Meinung, dass das eine sehr versöhnliche Geste von ihm ist.

JFK Stimmt.

EISENHOWER Vorausgesetzt, es bedeutet nicht …

JFK O ja, ganz ihrer Meinung. Deshalb glaube ich auch, dass die Kubageschichte noch nicht zu Ende ist. Aber ich glaube, wir werden genügend Spielraum behalten, um unsere Interessen zu schützen, wenn er …

---

34 Das amerikanische Nutzungsrecht für die Marinebasis an der kubanischen Südküste war in der Folge des Spanisch-Amerikanischen Kriegs ausgehandelt worden.

Уважаемый г-н Президент,

Получил Ваше письмо от 25 октября. Из Вашего письма я почувствовал, что у Вас есть некоторое понимание сложившейся ситуации и сознание ответственности. Это я ценю.

Сейчас мы уже публично обменялись своими оценками событий вокруг Кубы и каждый из нас изложил свое об'яснение и свое понимание этих событий. Поэтому я считал бы, что, видимо, продолжение обмена мнениями на таком расстоянии, пусть даже в виде закрытых писем, вряд ли что-либо добавит к тому, что одна сторона уже сказала другой.

Думаю, Вы правильно поймете меня, если Вы действительно заботитесь о благе мира. Мир нужен всем: и капиталистам, если они не потеряли рассудка, и тем более коммунистам, людям, которые умеют ценить не только свою собственную жизнь, но больше всего - жизнь народов. Мы, коммунисты, вообще против всяких войн между государствами и отстаиваем дело мира с тех пор, как появились на свет. Мы всегда рассматривали войну как бедствие, а не как игру и не как средство для достижения определенных целей и тем более - не как самоцель. Наши цели ясны, а средство их достижения - труд. Война является нашим врагом и бедствием для всех народов.

Так понимаем вопросы войны и мира мы, советские люди, а вместе с нами и другие народы. Это я во всяком случае твердо могу сказать за народы социалистических стран и также за всех прогрессивных людей, которые хотят мира, счастья и дружбы между народами.

Его Превосходительству
Джону КЕННЕДИ,
Президенту Соединенных Штатов
Америки

BRIEF DES SOWJETISCHEN MINISTERPRÄSIDENTEN NIKITA CHRUSCHTSCHOW AN PRÄSIDENT KENNEDY, 29. OKTOBER 1962

[redacted]

DECLASSIFIED 5c
E.O. 11652, Sec. 3(E) and 5(D) or (E)
State Dept. Bulletin #1795
By ________ NARS, Date 11/27/73

DEPARTMENT OF STATE
DIVISION OF LANGUAGE SERVICES

(TRANSLATION)

LS NO. 46118
T-85/T-94
Russian

[Embossed Seal of the USSR]

Dear Mr. President:

I have received your letter of October 25. From your letter I got the feeling that you have some understanding of the situation which has developed and a sense of responsibility. I appreciate this.

By now we have already publicly exchanged our assessments of the events around Cuba and each of us has set forth his explanation and his interpretation of these events. Therefore, I would think that, evidently, continuing to exchange opinions at such a distance, even in the form of secret letters, would probably not add anything to what one side has already said to the other.

I think you will understand me correctly if you are really concerned for the welfare of the world. Everyone needs peace: both capitalists, if they have not lost their reason, and all the more, communists--people who know how to value not only their own lives but, above all else, the life of nations. We communists are against any wars between states at all, and have been defending the cause of peace ever since we came into the world. We have always regarded war as a calamity, not as a game or a means for achieving particular purposes, much less as a goal in itself. Our goals are clear, and the means of achieving them is work. War is our enemy and a calamity for all nations.

This is how we Soviet people, and together with us, other peoples as well, interpret questions of war and peace. I can say this with assurance at least for the peoples of the Socialist countries, as well as for all progressive people who want peace, happiness, and friendship among nations.

His Excellency
John Kennedy,
President of the United States of America

[redacted]

GPO-918984

OFFIZIELLE ÜBERSETZUNG DES BRIEFS
VON CHRUSCHTSCHOW VOM 29. OKTOBER 1962

Эти соображения продиктованы искренним стремлением разрядить обстановку, устранить угрозу войны.

С уважением

Н.ХРУЩЕВ

26 октября 1962 года

[redacted]

need not explain to you, because you yourself understand perfectly what dread forces our two countries possess.

Therefore, if there is no intention of tightening this knot, thereby dooming the world to the catastrophe of thermonuclear war, let us not only relax the forces straining on the ends of the rope, let us take measures for untying this knot. We are agreeable to this.

We welcome all forces which take the position of peace. Therefore, I both expressed gratitude to Mr. Bertrand Russell, who shows alarm and concern for the fate of the world, and readily responded to the appeal of the Acting Secretary General of the U.N., U Thant.

These, Mr. President, are my thoughts, which, if you should agree with them, could put an end to the tense situation which is disturbing all peoples.

These thoughts are governed by a sincere desire to alleviate the situation and remove the threat of war.

Respectfully,

[s] N. Khrushchev

N. Khrushchev

October 26, 1962

[redacted]

EISENHOWER Genau das habe ich gemeint.

JFK … wenn er, wenn sie es mit Subversion versuchen … Wenn sie irgendwelche aggressiven Handlungen versuchen, dann sind alle Vereinbarungen nichtig. Außerdem vermute ich, dass wir nächsten Monat wegen Berlin ohnehin noch einandergeraten werden. Also ist die gegenwärtige Entwicklung wichtig, weil sie wirklich bedeutet, dass Chruschtschow zurückgesteckt hat. Andererseits glaube ich, dass sie, wie wir alle wissen, nur probieren, was möglich ist, und man sich auf ihr Wort nicht verlassen kann. Also müssen wir einfach am Ball bleiben.

EISENHOWER Wie ich bereits sagte, Mr President, es gibt da diese eine Sache … Diese Leute messen mit zweierlei Maß, und ich glaube, es war ein Fehler, Berlin mit Kuba oder sonst etwas gleichzusetzen.

JFK Stimmt.

EISENHOWER Sie nehmen jeden Ort auf der Welt. Egal, wo er ist.

JFK Das stimmt.

EISENHOWER Und es ist einfach die Frage, ob man an einem solchen Ort ist, wo man keinen Widerstand leisten kann oder will.

JFK Ja, genau.

EISENHOWER Wie damals, als wir in Tibet helfen wollten.[35] Wie sieht's in Tibet aus? Verdammt gebirgiges Land, wir konnten sie nicht einmal erreichen.

JFK Stimmt.

EISENHOWER Also mussten wir uns wieder zurückziehen, das ist alles.

JFK Sehr richtig.

EISENHOWER Das versuchen die jetzt mit Ihnen. Sie probieren aus, ob Sie etwas unternehmen können oder nicht. Und dann, wenn sie einen anderen Ort finden, bei dem sie aus irgendeinem Grund denken …

JFK Ja.

EISENHOWER … dann werden sie aktiv.

JFK Das stimmt.

---

35 Ab 1956 unterstützte die CIA den tibetanischen Widerstandskampf gegen die chinesische Besatzung.

EISENHOWER Deshalb glaube ich, Sie machen genau das Richtige in dieser Angelegenheit. Handeln Sie! Aber lassen Sie die nur wissen, dass Sie nicht der Aggressor sein werden. Dann haben Sie immer noch das Recht, zu …
JFK Genau.
EISENHOWER … entscheiden, ob der andere der Aggressor ist.
JFK Also, wir lassen nicht locker, und ich bleibe mit Ihnen in Verbindung, General.
EISENHOWER Vielen Dank, Mr President.
JFK Okay. Danke Ihnen.

TELEFONAT MIT HARRY TRUMAN, 28. OKTOBER 1962

VERMITTLUNG Ja, Sir?
JFK Präsident Truman, bitte.
VERMITTLUNG Danke. Hallo?
TRUMAN Ja, hallo.
VERMITTLUNG Eine Minute, dann haben Sie ihn in der Leitung, Mr President.
TRUMAN Alles klar.
JFK Hallo.
TRUMAN Hallo, hier Harry Truman.
JFK Hallo. Wie geht es Ihnen, Mr President?
TRUMAN Es geht mir gut, und ich freue mich einfach unglaublich, wie diese Sache ausgegangen ist.
JFK Ja, wir sind noch dran, ich wollte Sie nur auf den neuesten Stand bringen. Wir bekamen am Freitagabend einen Brief von ihm, der in Bezug auf diese Rückzüge recht versöhnlich war. Dann, am Samstagmorgen, zwölf Stunden nachdem der Brief gekommen war, bekamen wir diesen ganz anderen Brief über die Raketenbasen in der Türkei.
TRUMAN So machen die es immer.
JFK Nun, den haben wir dann zurückgewiesen. Dann meldeten sie sich wieder und akzeptierten den ursprünglichen Vorschlag. Deshalb, glaube ich, wird das noch ziemlich kompliziert werden. Aber wenigstens machen wir Fortschritte, was den Abzug der Raketen betrifft. Außerdem glaube ich, dass Chruschtschow einige Schwierigkeiten hatte, seine Position zu verteidigen. Meiner Meinung nach wird das die Lage in Berlin schwieriger machen; weil er in Kuba einen Rückschlag erlitten hat, wird er …
TRUMAN Stimmt.

JFK … in Berlin unversöhnlicher auftreten. Aber wenigstens ist es besser als vor ein paar Tagen.
TRUMAN Nun ja, Sie sind auf dem richtigen Weg. Bleiben Sie einfach an denen dran. Das ist die Sprache, die die verstehen, und genau so sind sie mit Ihnen umgegangen.
JFK Ja, schön.
TRUMAN Man hat mich gebeten, die Sache zu kommentieren, und ich habe gesagt, der Präsident der Vereinigten Staaten ist der Einzige, der das kommentieren kann.
JFK *(lacht)* Alles klar. Okay. Schön. Passen Sie gut auf sich auf. Ich melde mich wieder bei Ihnen.
TRUMAN In Ordnung.
JFK Danke, Mr President.
TRUMAN Ich freue mich sehr, dass Sie angerufen haben.
JFK Ja, danke, Mr President. Auf Wiederhören.

DER EHEMALIGE PRÄSIDENT TRUMAN WAR DER ERSTE OFFIZIELLE BESUCHER IM OVAL OFFICE NACH DEM AMTSANTRITT VON PRÄSIDENT KENNEDY, 21. JANUAR 1961

TELEFONAT MIT HERBERT HOOVER, 28. OKTOBER 1962

HOOVER … die jüngsten Ereignisse kommen mir einfach unglaublich vor.

JFK Sie *sind* unglaublich. Ich bekam am Freitagabend eine Nachricht von denen, die ziemlich entgegenkommend war. Und dann am Samstag kriegten wir die über die Türkei. Und heute Morgen bekamen wir eine, in der sie wieder zu der vernünftigeren Position zurückgekehrt sind. Also bleiben wir jetzt am Ball und können befriedigende Prüfverfahren ausarbeiten, aber ich wollte Sie einfach auf den neuesten Stand bringen. Wir haben noch eine Menge Probleme zu lösen, aber ich glaube, wir haben einige Fortschritte gemacht.

HOOVER Das ist ein schöner Triumph für Sie.

JFK Na ja, ich glaube, wir müssen einfach einen Schritt nach dem anderen machen und sehen, was diese Woche passiert. Aber ich wollte Sie einfach informieren. Ich bleibe mit Ihnen in Kontakt und halte Sie auf dem Laufenden.

HOOVER Danke.

JFK Danke, Mr President. Auf Wiederhören.

JOHN F. KENNEDY MIT DEM FRÜHEREN PRÄSIDENTEN
HERBERT HOOVER, NEW YORK, 28. APRIL 1961

FÜNF

DIE BOMBE

VORIGE SEITE:
PRÄSIDENT KENNEDY BEOBACHTET DEN FLUG EINER POLARIS-RAKETE, DIE VOM U-BOOT USS *ANDREW JACKSON* AUS ABGEFEUERT WURDE, 16. NOVEMBER 1963

In seiner Antrittsrede hatte Kennedy versprochen, dass die Vereinigten Staaten »jede Last auf sich nehmen« werden, um den Frieden zu bewahren, und dass seine Regierung dabei niemals vor Verhandlungen zurückschrecken werde. In der Zeit unmittelbar nach der Kubakrise erfüllte er das zweite Versprechen. Auf diesen Bändern wird klar, dass er bereit war, politisches Kapital zu investieren, um dafür zu sorgen, dass die Welt nicht noch einmal so dicht an den Abgrund geraten würde.

Niemand würde Präsident Kennedy je naiven Pazifismus vorwerfen. Im Jahr 1961 beantragte er dreimal militärische Mittel im Kongress, und das Ergebnis war eine außerordentliche Steigerung der Rüstungsproduktion. Danach wurden jährlich zwanzig statt zehn Polaris-U-Boote pro Jahr gebaut. Die Zahl der einsatzbereiten Bomber der strategischen Luftstreitkräfte, des Strategic Air Command, erhöhte sich um 50 Prozent, und es wurden tausend neue Interkontinentalraketen mit Atomsprengköpfen gebaut, von denen jeder die achtzigfache Zerstörungskraft der Hiroshima-Bombe besaß.

Insgesamt stiegen die US-amerikanischen Rüstungsausgaben allein 1961 um 14 Prozent, und das war, *nachdem* Präsident Eisenhower vor einem militärisch-industriellen Komplex gewarnt hatte. Zu einem Teil war die enorme Steigerung der Rüstungsausgaben durch das Wahlversprechen motiviert, die sogenannte Raketenlücke zu schließen und die Sicherheit der Vereinigten Staaten zu erhöhen.

Doch Kennedy hatte gleichzeitig eine intuitive Abscheu vor Atomwaffen und misstraute der allzu bequemen strategischen Denkweise, die mit ihnen einherging. Immer wieder war er entsetzt darüber, wie schnell seine Stabschefs in ihren Szenarios die Möglichkeit in Betracht zogen, auf eine große kommunistische Armee eine Atombombe zu werfen, weil sie sie anders nicht schlagen konnten. Am 13. September 1961 wurde ihm ein Verteidigungsplan unterbreitet, in dem die Rede war von einem »massiven, totalen, umfassenden, vernichtenden strategischen Angriff auf alles, was rot ist«. Binnen fünfzehn Minuten nach seinem Befehl würden Raketen und Bomber auf 3729 Ziele in Russland und China zufliegen.

Am 28. Oktober 1962, dem Tag, als die Kubakrise endete, hatte Chruschtschow geschrieben: »Wir würden den Meinungsaustausch über das Verbot von atomaren und thermonuklearen Waffen, allgemeine Abrüstung und andere Probleme bezüglich des Abbaus internationaler Spannungen gern fortsetzen.« Kennedy unternahm nun Schritte, um auf frühere, bessere Bestrebungen zurückzukommen. Wenn es nicht möglich war, die Welt von Atomwaffen zu befreien, dann konnte man wenigstens verhindern, dass sie in der Atmosphäre, unter Wasser und im Weltraum getestet wurden.

Tatsächlich hatte Chruschtschow schon Jahre zuvor, im Jahr 1955, ein Testverbot vorgeschlagen, als Wissenschaftler die tödlichen Auswirkungen von radioaktivem Fall-out entdeckt hatten. Kennedy hatte sich als junger Senator in den fünfziger Jahren für das Verbot eingesetzt aus Empörung über die große Abhängigkeit der Regierung Eisenhower von ihrem Atomwaffenarsenal. Doch die Spannungen des Kalten Krieges hatten zu einer Fortsetzung der Tests geführt, auch aufseiten der USA, die ihre Tests infolge der sowjetischen Versuche im April 1962 wieder aufnahmen. Mit aktiver Unterstützung des britischen Premierministers Macmillan begann nun ein neuer Dialog, der im Frühjahr 1963 erste Früchte trug. Im März sagte Kennedy: »Mich plagt die Vorstellung, dass bis 1970 vielleicht zehn und bis 1975 fünfzehn oder zwanzig

Atommächte existieren könnten, wenn wir keinen Erfolg haben.« Im Juni 1963 hielt er eine Rede an der American University, in der deutlich wurde, wie stark sein Denken sich weiterentwickelt hatte, seit die Welt im Oktober 1962 am Abgrund gestanden hatte, und er lud die Russen dazu ein, sich gemeinsam um ein neues Testverbot zu bemühen. Chruschtschow, der auf seine eigene Art ebenfalls auf Veränderung bedacht war, ließ sich die Gelegenheit nicht entgehen. Die drei Atommächte trafen sich im Juli 1963 unter verbesserten Bedingungen und unterzeichneten am 25. Juli ein vorläufiges Abkommen, das am 24. September vom Senat ratifiziert wurde und am 10. Oktober in Kraft trat. Innerhalb eines Jahres hatte sich vieles verändert. Neun Tage später sprach Kennedy an der University of Maine und richtete anlässlich des ersten Jahrestags der Kubakrise folgenden Appell an seine Zuhörer: »Lasst uns beschließen, die Herren und nicht die Opfer unserer Geschichte zu sein.«

SITZUNG ZUM THEMA VERTEIDIGUNGSHAUSHALT, 5. DEZEMBER 1962

In diesem kurzen Auszug der Tonbandaufnahme macht Kennedy sich Gedanken zur Logik des sogenannten »Gleichgewichts des Schreckens«. Er tendiert offenbar zu einer neuen strategischen Sichtweise.

JFK Die andere Frage lautet, ob der Zweck unserer strategischen Aufrüstung erstens darin besteht, die Russen abzuschrecken, und zweitens darin, sie anzugreifen, wenn es so aussieht, als ob sie uns angreifen wollten, oder darin, die Wirkung zu vermindern, die ein russischer Angriff bei uns haben würde. Ich denke, sie konzentrieren sich auf unsere Großstädte, aber wir können nicht sicher sein, was für Ziele sie genau haben, ob sie nun geschützte Abschussbasen verwenden oder U-Boote, und wenn ich den Verteidigungsminister richtig verstehe, können wir keinen Erstschlag führen, ohne selbst immensen Schaden zu erleiden.

Wenn es uns aber wirklich darum geht, sie abzuschrecken, dann haben wir dafür eine große Menge von Polaris-U-Booten und Flugzeugen und die strategische Streitmacht der Marine und die ballistischen Raketen – eine gewaltige Menge an Megatonnen, die wir auf die Sowjets abwerfen könnten, genug, um sie von jeglichem Einsatz von Atomwaffen abzuschrecken.

Aber wozu sind sie sonst gut? Ich weiß es nicht, man kann sie nicht selbst zuerst einsetzen. Sie taugen nur zur Abschreckung, und wenn die Russen uns angreifen, weil wir es nicht geschafft haben, sie abzuschrecken, dann geht es nur noch darum, sie zu zerstören, weil wir unseren Teil des Vertrags erfüllen müssen, und das

Zeug auf ihre Städte abzuwerfen und sie zu vernichten. Es leuchtet mir daher wirklich nicht ein, warum wir so viele Atomwaffen bauen, wie wir bauen.

PRÄSIDENT KENNEDY GIBT AN BORD DER USS *OBSERVATION ISLAND* DEN BEFEHL ZUM START EINER POLARIS-RAKETE, 16. NOVEMBER 1963

GESPRÄCH MIT NORMAN COUSINS, 22. APRIL 1963

Auf den Kennedy-Tonbändern findet sich eine erstaunliche Vielfalt von Gesprächspartnern. Hin und wieder empfing Präsident Kennedy auch sehr unkonventionelle Denker, um Meinungen zu hören, die nicht aus der Washingtoner Politszene stammten. Der Journalist Norman Cousins (1915–1990) war einer davon. Als Herausgeber des vielgelesenen *Saturday Review* äußerte er seine Meinungen zu einer Vielzahl von Themen. Ein Thema lag ihm besonders am Herzen: Seit dem Abwurf der Atombombe auf Hiroshima war er ein entschiedener Gegner der atomaren Aufrüstung. Sein Engagement führte dazu, dass er in den frühen sechziger Jahren gebeten wurde, zwischen dem Kreml und dem Weißen Haus als Emissär tätig zu werden. Er hatte außerdem guten Kontakt zum Vatikan, eine Tatsache, die sich 1963 in der Enzyklika *Pacem in Terris* niederschlug, in der Papst Johannes XXIII. zur Bewahrung des Friedens und der Menschenrechte und auch zur Entspannung zwischen den Nuklearmächten aufforderte. In dem langen Gespräch am 22. April 1963 berichtete Cousins Präsident Kennedy sehr detailliert über seinen kurz zuvor erfolgten Besuch bei Chruschtschow in dessen Datscha und plauderte auch ein bisschen über das Badmintonspiel mit dem Generalsekretär und über ihre Frotzeleien. Aber Cousins und Kennedy sprachen auch über die Weltlage und das immer stärkere Engagement der Vereinigten Staaten in Südostasien. Kennedy machte Andeutungen, dass er sich aus der Region zurückziehen und sich nicht auf ernsthafte Kämpfe einlassen wolle. (»Wir werden das nicht tun.«) Aber er gab auch zu verstehen, dass er sich an das Genfer Abkommen[36] halten und Südvietnam in der einen oder anderen Form weiterhin unterstützen wolle.

JFK Es entbehrt nicht einer gewissen Ironie, dass Sie nun mit uns beiden sprechen. *(Unverständlich)* Insbesondere wenn er sich mit den Chinesen herumplagt, die einfach hoffnungslos sind, und ich mit *(unverständlich)* und Nixon und dem Rest dieser Leute, die auch nicht viel besser sind.
COUSINS Die politische Situation ist in der Tat sehr vergleichbar, das ist interessant.
JFK Stimmt. Chruschtschow glaubt offenbar, sich beschweren zu müssen. Ich finde das nicht, aber er hat das Gefühl, und darauf kommt es an, nicht auf das, was ich denke. Aber als wir verhandelt hatten, hatte der Senat angedeutet, dass wir auf sechs, ja vielleicht sogar auf fünf Inspektionen heruntergehen könnten,[37] und ich hatte den Eindruck, dass es kein schrecklich großes Zugeständnis für ihn gewesen wäre, uns so weit entgegenzukommen. Es sei denn, er hat viel größere Schwierigkeiten als ich. Ich glaube, ich würde im Senat sowieso nicht damit durchkommen, nicht einmal mit sechs, *aber* wenigstens würde es mir nichts ausmachen, dafür zu kämpfen. Doch seine Macht muss sehr begrenzt sein, wenn er nicht von drei auf fünf gehen kann.
COUSINS Wie gesagt, auf einer persönlichen Ebene. Die Männer im Obersten Sowjet haben zu ihm gesagt: Nikita, du hast wieder mal einen Narren aus dir gemacht. Und wieder wird alles an die Person geknüpft.
JFK Genau das passiert. Wir waren in den letzten paar Monaten dem Vorwurf ausgesetzt, dass wir ständig unsere *(unverständlich)* verringern würden. Ich meine, Nixon hat es erst neulich wieder gesagt, aber man hört es ständig, dass wir gegenüber den Sowjets zu nachgiebig sind. Ich weiß, Chruschtschow weist so etwas einfach von sich, aber hier hat es eine gewisse Wichtigkeit.

---

36 Abkommen vom 21. Juli 1954, mit dem der Indochinakrieg beendet und Vietnam geteilt wurde, bis im Juli 1956 freie Wahlen eine gemeinsame Regierung legitimieren sollten.

37 Die USA hatten gehofft, eine Vielzahl von jährlichen Inspektionen der sowjetischen nuklearen Anlagen durchführen zu können. Die Sowjetunion betrachtete dies aber als Spionage und drang auf eine geringere Zahl.

TELEFONAT MIT HARRY TRUMAN, 26. JULI 1963

Am 26. Juli, dem Tag, als Präsident Kennedy seine Fernsehansprache zum Thema Atomteststoppabkommen hielt, das praktisch erst einen Tag zuvor abgeschlossen worden war, fand dieses Telefongespräch zwischen Kennedy und Truman statt. Es zeigt, dass sich aus der ehemals schwierigen Beziehung ein sehr freundschaftliches Verhältnis entwickelt hatte. Truman fühlte sich seinem Nachfolger (der einiges getan hatte, um das Verhältnis zu pflegen, indem er ihn zu offiziellen Anlässen ins Weiße Haus einlud) so verbunden, dass er anbot, ihn durch öffentliche Erklärungen bei der Durchsetzung des Testverbots zu unterstützen. Am Ende nimmt das Gespräch kurzzeitig eine erstaunlich private Wendung.

JFK Hallo.

TRUMAN Mr President.

JFK Wie geht es Ihnen?

TRUMAN Danke, mir geht es gut, und ich möchte Ihnen zu diesem Abkommen gratulieren.

JFK Na ja, ich finde, Averell Harriman hat gute Arbeit geleistet, und ich denke, das Abkommen wahrt unsere Interessen, und andererseits hilft es vielleicht ein wenig.

TRUMAN Mir geht es genauso. Ich schreibe Ihnen einen persönlichen Brief über bestimmte Abschnitte, die Ihnen sicher vertraut sind, aber ich dachte, das war es, was Sie von mir haben wollten.

JFK Stimmt genau.

TRUMAN Aber ich stimme völlig mit den Bestimmungen überein. Lieber Gott, vielleicht können wir damit einen totalen Krieg verhindern.

JFK Nun, ich denke, das ist der Zweck, ich denke, es geht nur darum, zu sehen, wohin wir uns bewegen und was mit China passiert. Ich denke, das ist unser …

TRUMAN Ja, und ich gratuliere Ihnen, dass Sie das hingekriegt haben. Ich finde, es ist eine wunderbare Sache.

JFK Ich weiß das sehr zu schätzen, Mr President, das ist sehr freundlich, und ich werde …

TRUMAN Ich werde Ihnen einen extra Luftpostbrief schicken, in dem ich noch einmal betone, was ich jetzt zu Ihnen sage.

JFK Wunderbar. Ich glaube, alles, was Sie darüber sagen, wird sehr hilfreich sein.

TRUMAN Na ja, ich werde nichts öffentlich sagen, bis Sie mir die Erlaubnis erteilen.

JFK Ja, also, ich denke …

TRUMAN Ich mag die Leute nicht, die ständig mit einem Ausspruch des Präsidenten ankommen …

JFK Ach so, nein, aber wissen Sie was? Ich halte heute Abend eine Rede, und danach wäre es hilfreich, wenn Sie sich bei dieser Gelegenheit äußern könnten.

TRUMAN Das mache ich gern.

JFK Schön.

TRUMAN Ich flieg morgen nach St. Louis …

JFK Aha.

TRUMAN Zur Versammlung der Amerikanischen Legion.[38]

JFK Aha.

TRUMAN Meinen Sie, das ist eine gute Gelegenheit?

JFK Ich könnte mir keine bessere vorstellen.

TRUMAN Ich werde mich im Zusammenhang mit dem Brief, den ich Ihnen schicke, zu der Sache äußern, wenn Ihnen das recht ist. Sie bekommen ihn morgen früh.

JFK Das wäre sehr hilfreich.

TRUMAN Na ja, ich will es gern so machen, wie es Ihnen am besten nützt.

JFK Das ist gut. Wenn Sie morgen etwas dazu sagen könnten, das würde uns bestimmt Auftrieb geben.

TRUMAN Das mach ich gern. Ich dachte, die Sonntagszeitungen wären vielleicht auch ein guter Ort dafür.

---

38 American Legion; die Veteranenorganisation der U.S. Army.

JFK Oh, gut. Das ist prächtig, Mr President. Sie hören sich an, als wären Sie gut in Form.

TRUMAN Allerdings, allerdings. Meine einziges Problem, meine einzige Sorge ist, dass die Gattin glücklich und zufrieden ist. *(lacht)*

JFK *(lacht)* Ja, verstehe.

TRUMAN Na ja, Sie wissen, wie es ist. Sie hat furchtbar Angst, dass ich mich übernehme! Aber das tu ich nicht. Sie ist eine treue Seele. Aber ich möchte gern alles tun, um Ihnen behilflich zu sein.

JFK Das ist schön. Ich glaube, wenn Sie morgen etwas dazu sagen, wäre das großartig.

TRUMAN In Ordnung.

JFK Vielen Dank, Mr President.

TREFFEN MIT WISSENSCHAFTLERN AUS ANLASS DES ATOMTESTSTOPPABKOMMENS, 31. JULI 1963

Dieser kurze, aber aufschlussreiche Gesprächsauszug beweist, dass Präsident Kennedy über das Teststoppabkommen hinaus für eine weiterreichende Entspannung eintrat, in die er nicht nur die Signatarmacht Sowjetunion, sondern auch das kommunistische China, das das Abkommen nicht unterzeichnet hatte, mit einbeziehen wollte.

JFK Also, ich möchte nur ein paar Worte über diesen Vertrag sagen und darüber, wie wir in seinem Rahmen agieren sollten und was wir uns von ihm versprechen und nicht versprechen. Es gibt eine ganze Menge Theorien darüber, warum die Sowjetunion sich auf dieses Abkommen einlässt.

Ich glaube nicht, dass jemand genau sagen kann, welche Rolle der Streit mit China spielt, aber er ist sicher ein Faktor, und ich glaube, auch die inneren Wirtschaftsprobleme der Sowjetunion spielen eine Rolle. Sie haben vielleicht das Gefühl, dass sich die *(Ereignisse?)* auf der Welt in ihre Richtung bewegen und ... dass die westliche Welt so voller Widersprüche ist, dass sie auf lange Sicht siegen können ... dabei wollen sie aber eine atomare Auseinandersetzung vermeiden oder die Wahrscheinlichkeit, dass es zu einem Konflikt mit uns kommt, verringern.

Wie auch immer. Wir sind jedenfalls der Ansicht, dass wir alles daransetzen sollten, die Art von Zusammenstößen wie 1961 in Berlin oder letzten Herbst mit Kuba, wo es wirklich ziemlich knapp war, zu vermeiden. Wir sind der Ansicht, dass wir die Risiken auf ein Minimum reduziert haben. Unser Überwachungssystem ist ziemlich gut, und außerdem werden wir unsere unterirdischen Tests fortsetzen, und wir haben eine Rücktrittsklausel.

Vielleicht machen die Chinesen nächstes Jahr oder in achtzehn Monaten oder in zwei Jahren einen Test, und wir entscheiden dann, ob wir auch wieder mit den Tests anfangen sollen. Wie ich erfahren habe, wollten wir ohnehin erst 1964 wieder in der Atmosphäre testen, also haben wir mindestens ein Jahr oder anderthalb Jahre, um die Möglichkeiten einer Entspannung mit der Sowjetunion auszuloten. Gut möglich, dass sich daraus nichts ergibt, aber es könnte auch zu einem Ergebnis führen.

Offensichtlich würde es in unserem Interesse liegen, wenn es bis zu einem gewissen Grad zu Absprachen mit der Sowjetunion und den Chinesen käme. Aber ich glaube nicht, dass unser Überwachungssystem nicht gut genug ist oder dass die Arbeit in unseren Forschungsstätten nutzlos wird, wie es so viele Wissenschaftler in Bezug auf ein umfassendes Teststoppabkommen befürchtet hatten. Wie es den Anschein hat, konnten wir das alles weitgehend vermeiden. Ich weiß, dass es ein gewisses Problem mit dem Weltraum gibt und vielleicht auch noch ein Überwachungsproblem, aber ich denke, generell können wir die Forschungsstätten weiterhin relativ zügig ausbauen und mit den unterirdischen Tests wie geplant fortfahren. Und wir werden sehen, wie sich unsere Lage darstellt, sollten die Chinesen tatsächlich dahin kommen, eine Bombe zu entwickeln.

Außerdem können wir mit unseren Überwachungssystemen feststellen, ob die Sowjetunion irgendwelche Durchbrüche erzielt, die dazu führen, dass sie Raketenabwehrsysteme stationiert – was wir vermutlich bald tun können oder tun werden. Aber es gibt keine Hinweise darauf, dass sie es tatsächlich getan hat, was natürlich das strategische Gleichgewicht verändern und uns veranlassen würde, wieder mit den Tests zu beginnen. Wir können Johnston Island[39] vorbereiten, sodass wir in relativ kurzer Zeit wieder an-

---

39 Johnston Island gehört zu einem Atoll im Pazifik, auf dem die Vereinigten Staaten atmosphärische und unterirdische Atomtests durchführten. Die Klausel »Safeguard C« des Teststoppabkommens gab den USA das Recht, weiterhin Atomwaffen auf Johnston Island zu testen, falls dies notwendig werden sollte.

TREFFEN MIT DR. JOHN FOSTER, DIREKTOR DER LIVERMORE LABORATORIES; DR. NORRIS BRADBURY, DIREKTOR DES LOS ALAMOS LABORATORY; DR. GLENN SEABORG, DEM VORSITZENDEN DER US-ATOMENERGIEKOMMISSION, SOWIE ATOMENERGIEKOMMISSIONSMITGLIED JOHN PALFREY

fangen können. Ich glaube also nicht, dass wir unnötige Risiken eingehen, und ich denke, in den nächsten zwölf oder achtzehn Monaten oder zwei Jahren kann auf der Welt eine Menge passieren, und wir beschließen vielleicht, die Tests wiederaufzunehmen, aber wenn wir es tun, haben wir es wenigstens mit diesem Vertrag versucht.

Das sind meine Gründe für dieses Abkommen. Ich weiß, dass Dr. Teller[40] und andere besorgt sind und meinen, wir sollten wei-

40 Edward Teller (1908–2003), Kernphysiker, bekannt als »Vater der Wasserstoffbombe«. In den achtziger Jahren war er ein vehementer Befürworter von Ronald Reagans Strategic Defense Initiative (SD).

termachen, und vielleicht zeigt die Zukunft, dass es die bessere Entscheidung gewesen wäre. Aber ich glaube nicht, dass wir jetzt, im Sommer 1963, weitermachen sollten – angesichts des Abkommens, das wir bekommen haben, angesichts der Rücktrittsmöglichkeiten, die wir haben, und angesichts der unterirdischen Tests, die wir durchführen werden.

GESPRÄCH MIT SENATOR HENRY »SCOOP« JACKSON, 9. SEPTEMBER 1963

Das Atomteststoppabkommen wird am 5. August 1963 in Moskau feierlich unterzeichnet. Aber Kennedy hatte immer noch eine Schlacht in den USA zu schlagen, weil er die Bestätigung des Senats brauchte. Zwei Monate lang, von August bis Ende September, bemühte er sich verstärkt um die Stimmen der wichtigsten Senatoren. Am Morgen des 9. September traf er sich mit den Fraktionschefs, den Senatoren Everett (republikanischer Vertreter von Illinois) und Mike Mansfield (demokratischer Vertreter von Montana), und besprach mit ihnen die noch bestehenden Probleme vor der entscheidenden Abstimmung über den Vertrag. Später am selben Tag führte er ein langes Gespräch mit Senator Henry »Scoop« Jackson (demokratischer Vertreter von Washington), in dem es, wie bei vielen anderen Gesprächen, um die allgemeine Weltlage ging. Jackson, ein führender Militärexperte im Senat, äußerte sich mit großer Sachkenntnis über die möglichen Vor- und Nachteile des Abkommens. Und Kennedy beschrieb eloquent die zu erwartende Entspannung, die ein funktionierendes Abkommen auf den Kalten Krieg haben würde, der während der Kubakrise gefährlich heiß geworden war. Das lange Gespräch berührt auch das Thema Vietnam, bei dem Jackson damals schon große Bedenken hatte, obwohl er durchaus zum Lager der Falken gehörte. Kennedy schilderte ihm, wie schwierig es war, als demokratischer Präsident Friedensinitiativen zu starten, da Kritiker wie Richard Nixon und andere rechte Politiker die meisten seiner Positionen angriffen. (»Sie werden feststellen, dass diese Leute nichts lieber tun, als zu beweisen, dass jeder demokratische Präsident falsch oder zu weich mit dem Kommunismus umgeht.«) Das lange und aufschlussreiche Gespräch mit dem Senator zeigt anschaulich, dass die Gründerväter der Vereinigten Staaten weise handelten, als sie die konsultative Beziehung zwischen dem Senat und dem Präsidenten in der Verfassung festschrieben.

JFK Und ich finde nicht, dass wir uns bei irgendjemandem entschuldigen sollten …

JACKSON Ich entschuldige mich bei niemandem.

JFK Aber ich habe den Eindruck, dass wir einiges vorzuweisen haben, was unsere Leistungen im Verteidigungssektor betrifft. Tatsache ist, dass die B-47 ausgelaufen wäre. Sie wurde von der letzten Regierung komplett vernachlässigt, es hätte keine B-47 mehr gegeben, und *wir* haben weitergemacht, nach der Berlinkrise.

JACKSON Das sehe ich auch so, deshalb will ich versuchen, ob *(unverständlich)*. Das macht mir Sorgen. Ich glaube, jeder, der aufrichtig zu Ihnen ist, wird Ihnen sagen, dass wir zu Unrecht kritisiert worden sind. Wir hatten hier diese massive Aufrüstung, und trotzdem wird das große Thema im kommenden Wahlkampf, wenn man von den Bürgerrechten absieht und so weiter, die innere und äußere Sicherheit sein.

JFK Bei meinem Amtsantritt gab es zwei Probleme: Am 19. Januar hatten wir hier eine Besprechung, bei der Eisenhower und Levinson und alle anderen eine militärische Intervention in Laos empfahlen. Und im Sommer hatten wir eine …

JACKSON Und Berlin war extrem in Gefahr.

JFK Tatsache ist, dass Berlin nie sicherer war als heute, wir haben Laos nicht verloren, und wenn es gut für das Bild in der Öffentlichkeit ist: Es läuft wirklich gut für uns in dem Krieg dort, ich habe einen Bericht von Hartkinson *(?)* und Krulak[41] gelesen, die gerade da unten waren. Deshalb bin ich der Ansicht, dass wir gut sind *(?)*, wir sind gut für die Wirtschaft, Kuba ist immer noch ein Problem, aber mein Gott, wir haben es geerbt.

JACKSON Also, ich glaube, die Kritik, mit der wir es zu tun bekommen, wird sich darum drehen, ob wir den Willen haben, unsere Macht einzusetzen, und wie weit wir dabei gehen.

---

41 Victor H. Krulak (1913–2008), General des Marine Corps.

JFK Wir haben das zweimal sehr deutlich gemacht. Erstens 1961 im Konflikt um Berlin, als Chruschtschow mit seinem Ultimatum bei uns auf Granit biss. Und zweitens im vergangenen Oktober im Fall Kuba, und ich denke, wir haben in beiden Situationen bewiesen, dass wir durchaus dazu bereit sind … Tatsache ist, dass Chruschtschow im Juni in Wien[42] sagte, er werde im Dezember einen Friedensvertrag unterzeichnen und danach würden sich alle amerikanischen Kräfte, die sich durch Ostdeutschland bewegten, einer kriegerischen Handlung schuldig machen. Tja, damit ist er nicht durchgekommen, er musste es schlucken, nachdem wir unseren Verteidigungsetat erhöht hatten.

JACKSON Er muss ziemlich viel schlucken.

JFK Ich weiß. Die werden genau diesen Vorwurf erheben. Wir haben ihnen denselben Vorwurf gemacht. Aber wir haben meiner Ansicht nach eine Antwort.

JACKSON Aber wir müssen vielleicht trotzdem noch in Laos intervenieren. Ich war zehn Tage lang in Vietnam, bin bei ein paar Einsätzen dabei gewesen und habe die Operation beobachtet, und wenn sie sich geschickt anstellen, müssen sie nur Laos einnehmen, dann können sie Südvietnam wunderbar umgehen. Aus strategischer Sicht muss man meiner Ansicht nach das Gebiet am Mekong beherrschen, das sind etwa zwei Drittel von Laos …

JFK Das ist ein verdammt riskanter Ort für eine Intervention.

JACKSON Ich weiß, aber wenn sie es geschickt anstellen … Was haben wir bislang groß unternommen? Wir unterstützen Südvietnam mit einer Million Dollar pro Tag.

JFK Ja, stimmt. Ich glaube, deshalb hatten wir immer das Gefühl, wir müssten ihnen zu verstehen geben, dass wir am Mekong intervenieren werden. Wir können sonst von niemandem verlangen, dass er dort interveniert.

JACKSON Nein. Ich will nur sagen, es ist ein heißes Pflaster, aber ich glaube nicht, dass es schon zu Ende ist.

JFK Ich schon.

JACKSON Denken Sie an die Chinesen und Russen.

---

42 Auf dem Gipfeltreffen zwischen Kennedy und Chruschtschow, Juni 1961.

JFK Ich würde mir das mit Laos noch mal gut überlegen, obwohl wir beide damit gedroht haben und das wahrscheinlich der Grund ist, warum sie nicht das ganze Land eingenommen haben. Sie dachten, dass wir vielleicht tatsächlich intervenieren.

JACKSON Also, dann tun Sie es – nach der Wahl.

JFK Also, Scoop, ich will nur sagen, dass es in dieser Debatte sehr viel bewirken könnte und dass wir, nachdem wir so weit gegangen sind, den Vertrag zu unterzeichnen, in einer viel schlechteren Position wären, wenn er im Kongress durchfiele, als wenn wir ihn erst gar nicht eingebracht hätten. Also, ich vermute ja, dass die chinesischen Kommunisten in drei Jahren eine Bombe zünden, und dann können wir beschließen, dass wir die Tests wieder aufnehmen. Aber wenigstens …

JACKSON Nicht erst in drei Jahren.

JFK Vielleicht in einem Jahr oder in achtzehn Monaten. Ich sage nicht, dass … Es war nie so gedacht, dass dieses Abkommen für immer und ewig gelten soll, es war als aktuelle politische Anstrengung gedacht, wir würden bis '64 ohnehin keine Tests durchführen, und ich denke, in den nächsten achtzehn Monaten könnte es einige Bedeutung für uns haben.

JACKSON Na ja, auch das hängt wieder von unserem Willen ab. Tatsächlich haben wir damit das Moratorium[43] wiederhergestellt, diesmal hoffentlich ohne vor der Realität die Augen zu verschließen.

JFK Außer, dass wir weiterhin unterirdische Tests haben.

JACKSON Na ja, das ist eine zusätzliche Vereinbarung.

JFK *(unverständlich)*

JACKSON Ja. Tatsächlich lässt sich zusätzlich zu den unterirdischen Tests noch einiges durch Extrapolierung und durch verschiedene simulierte Tests erreichen. Das große Problem ist, wie Sie wissen, die Frage, was die Russen abgesehen von den offensichtlichen schwarzen Eigenschaften bei den Tests starker Kernwaffen herausgefunden haben. Es gibt ein ganzes Fachgebiet für neue wissenschaftliche Phänomene, die offenbar niemand erklären

---

43 Ein im Anschluss an die Genfer Atomteststopp-Konferenz im Jahr 1958 abgeschlossenes Abkommen.

kann, und um ehrlich zu sein, wenn ich dem Vertrag zustimme, was ich hoffe und morgen zu entscheiden versuche, dann habe ich das Gefühl, dass wir in Zukunft mehr für Trägersysteme werden ausgeben müssen, weil wir die qualitativen Vorteile, die sie durch die extreme Stärke ihrer Bomben haben, durch eine größere Zahl an Trägersystemen ausgleichen müssen, damit wir den quantitativen Vorteil nutzen, den wir bei den Waffen, also bei den Sprengköpfen, haben. Und ich glaube, es wird mehr kosten, unterirdisch zu testen, es wird mehr ins Geld gehen, das heißt, diese Sache wird uns nicht weniger, sondern mehr kosten. Das ist meine persönliche Analyse.

JFK Ja, ich denke, es werden große Kosten anfallen.

JACKSON Wir werden für die Geheimhaltung einen Preis zahlen müssen. Das ist eine verdammt starke Waffe in deren Arsenal.

JFK Wir können ziemlich gut beobachten, was sie tun.

JACKSON Na ja, das ist die einzige Sache, in der wir einer Meinung sind, aber die Frage ist, was haben die herausgefunden, wovon wir womöglich keine Ahnung haben?

SECHS

RAUMFAHRT

VORIGE SEITE:
PRÄSIDENT KENNEDY BESICHTIGT DIE MERCURY-RAUMKAPSEL *FRIENDSHIP 7*, ZUSAMMEN MIT OBERST JOHN GLENN, CAPE CANAVERAL, FLORIDA, 23. FEBRUAR 1962

Der Kalte Krieg hatte überall auf der Erde seine Schauplätze – und einen außerhalb der Erde. Der Weltraum war für einen Präsidenten, der auf die Zukunft, auf Technologie und auf prompte Reaktion auf alle Herausforderungen von außen setzte, von größter Bedeutung. Zu Beginn von Kennedys Amtszeit, am 12. April 1961, war der erste sowjetische Kosmonaut Juri Gagarin ins All gestartet. Diese beeindruckende Leistung verstärkte nur die Bemühungen der neuen US-Regierung, die sich das Schlagwort von den »New Frontiers« auf die Fahnen geschrieben hatte, auch hier zu neuen Ufern aufzubrechen. Kennedy setzte die Wissenschaftler der NASA unter enormen Druck, die Sowjetunion zu übertrumpfen. NASA-Chef James Webb war für einen Regierungsangestellten sehr freimütig und rebellierte oft gegen diesen Druck, teilte allerdings Kennedys Begeisterung und Erfolgswillen.

TREFFEN MIT JAMES WEBB, JEROME WIESNER UND ROBERT SEAMANS, 21. NOVEMBER 1962

JFK Würden Sie sagen, dass dieses Programm oberste Priorität hat in Ihrer Behörde?

WEBB:[1] Nein, Sir. Es hat eine hohe Priorität neben anderen Projekten. Aber es ist sehr wichtig, sich zu vergegenwärtigen, dass, wenn man bedenkt, was man mit der Rakete anstellen kann, wenn man bedenkt, wie man aus der Atmosphäre hinaus in den Raum gelangen und dort Messungen anstellen kann, mehrere wissenschaftliche Fachrichtungen, die sehr wichtig sind, sich in diesem Bereich treffen.

JFK Jim, für mich hat es oberste Priorität. Darüber sollten sich alle absolut im Klaren sein. Ein paar der anderen Programme können ohne weiteres sechs Monate oder neun Monate zurückfallen, ohne dass es besonders viel ausmacht. Aber das hier ist aus politischen Gründen wichtig, aus außenpolitischen Gründen, weil das hier, ob wir wollen oder nicht, ein Wettlauf ist. Wenn wir als Zweite auf dem Mond landen, ist das schön, aber eben nur der zweite Platz. Wenn wir sechs Monate zu spät kommen, weil Sie dem Programm nicht die nötige Priorität eingeräumt haben, dann wäre das eine ernste Sache. Also sollten wir uns hier schon einig sein, dass dieses Programm oberste Priorität hat.

WEBB Aber es geht doch um den Weltraum selbst, dort soll doch das Apollo-Raumschiff operieren und soll auch die Landung stattfinden.

---

1 James Webb (1906–1992) war 1961 bis 1968 Administrator der Raumfahrtbehörde National Aeronautics and Space Administration (NASA).

PRÄSIDENT KENNEDY MIT NASA-CHEF
JAMES WEBB, 30. JANUAR 1961

JFK Ich weiß ja, dass all diese anderen Sachen, Satelliten, Nachrichtenübertragung und Wetterbeobachtung und so weiter, sehr bedeutsam sind, aber die können warten.
WEBB Das meine ich nicht. Ich meine das wissenschaftliche Programm zur Erforschung der Raums, in dem die Apollo funktionieren muss und die Mondlandung stattfinden wird.
JFK Ach so, Sie sagen also, dass das Programm der bemannten Mondlandung also durchaus die oberste Priorität bei der NASA hat, ja?
UNIDENTIFIZIERTER SPRECHER Mit der entsprechenden Forschung, die dazugehört …
ROBERT SEAMANS:[2] Nun ja, wenn man das hinzufügt, die notwendigen Forschungsprogramme …

2 Robert Seamans (1918–2008), stellvertretender Administrator der NASA.

MEMORANDUM FOR

VICE PRESIDENT

In accordance with our conversation I would like for you as Chairman of the Space Council to be in charge of making an overall survey of where we stand in space.

1. Do we have a chance of beating the Soviets by putting a laboratory in space, or by a trip around the moon, or by a rocket to land on the moon, or by a rocket to go to the moon and back with a man. Is there any other space program which promises dramatic results in which we could win?

2. How much additional would it cost?

3. Are we working 24 hours a day on existing programs. If not, why not? If not, will you make recommendations to me as to how work can be speeded up.

4. In building large boosters should we put out emphasis on nuclear, chemical or liquid fuel, or a combination of these three?

5. Are we making maximum effort? Are we achieving necessary results?

I have asked Jim Webb, Dr. Weisner, Secretary McNamara and other responsible officials to cooperate with you fully. I would appreciate a report on this at the earliest possible moment.

MEMORANDUM FÜR DEN VIZEPRÄSIDENTEN,
20. APRIL 1961

JFK Die Forschung … Der Flug zum Mond ist das absolut vorrangige Projekt. Es wird zu einer Menge wissenschaftlicher Erkenntnisse und Entwicklungen führen, die sehr wichtig sind. Aber die Stoßrichtung der NASA ist meiner Meinung nach das Mondprogramm. Der Rest kann ruhig sechs oder neun Monate warten.
WEBB Also, das Problem … Jerry hebt die Hand … Lassen Sie mich eins sagen, vielleicht möchten Sie dann *(unverständlich)*. Was mir Sorgen macht bei einer so kategorischen Ankündigung, ist erstens, dass es einfach noch unbekannt ist, ob der Mensch in der Schwerelosigkeit lebensfähig und die bemannte Mondlandung also überhaupt möglich ist. Mit einer solchen starren Festlegung macht man sich politisch angreifbar, was ich gern vermeiden würde. Wenn man womöglich eingestehen muss, dass man mit seiner obersten Priorität gescheitert ist, dann sollte man sich so etwas zweimal überlegen. Und der zweite Punkt ist, dass die Forschung, die wir im Raum anstellen, wenn wir dort physisch hingelangen können, die Technologie speist, sodass die Ingenieure bessere Raumschiffe bauen können. Das wiederum führt zu besseren Forschungsinstrumenten und gibt uns die Chance, mehr zu lernen. Jetzt, genau in diesem Moment, sitzen überall an unseren Universitäten exzellente, fähige Wissenschaftler und arbeiten an diesem Problem. Damit haben Sie landesweit einen geistigen Prozess in Gang gesetzt, der so umfassend ist, wie ich so etwas in all den Jahren, die ich in der Politik herumpfusche, noch nicht erlebt habe. Aber diese Forscher haben ganz konkrete Fragen zu lösen. Und die Menschen, die die geistige Arbeit leisten, die die Grundlagen erforschen, auf denen die Weltraummacht dieser Nation in den kommenden fünfundzwanzig oder hundert Jahren beruhen wird, haben da nämlich einige Zweifel und …
JFK Zweifel inwiefern?
WEBB Ob die eigentliche Landung auf dem Mond wirklich das Entscheidende ist.
JFK Was glauben sie denn, was das Entscheidende ist?
WEBB Sie glauben, dass das Entscheidene ist, den Weltraum als solchen zu verstehen … und die Gebiete der Naturgesetze, wie sie draußen im Raum gelten, sozusagen. Dazu sollte sich vielleicht lieber Jerry äußern als ich, aber die Atomforscher sind inzwischen

bis zu den kleinsten Teilchen des Atomkerns vorgedrungen. Und da draußen im Universum, da hat man dieselbe allgemeine Struktur, allerdings in einem riesigen universellen Maßstab.

JFK An diesen Dingen sind wir natürlich auch sehr interessiert, aber die können zur Not auch noch sechs Monate warten.

WEBB Aber Sie brauchen dieses Wissen, um diese Sache durchzuziehen.

JFK Ich verstehe schon, was Sie meinen, aber das betrifft wirklich nur die Fakten, die direkt für das Programm relevant sind. Jim, ich glaube, die brauchen wir unbedingt.

WIESNER:[3] Mr President, ich glaube, dass Jim einige der wissenschaftlichen Probleme, die mit der Mondlandung zusammenhängen, nicht ganz verstanden hat, und das wollte auch Dave Bell sagen und ich jetzt auch gerade. Wir wissen überhaupt nichts über die Oberfläche des Mondes, und wir raten wild herum, wie wir auf dem Mond landen wollen, und wir könnten eine schreckliche Katastrophe erleben, wenn wir jemanden auf der Mondoberfläche absetzen und die dann ganz anders aussieht, als wir glauben, und die Forschungsprogramme, die uns diese Informationen liefern, müssen höchste Priorität haben. Aber sie gehören direkt zum Mondlandungsprogramm. Forschungsprojekten, die nicht dazugehören, können wir eine Priorität einräumen, die uns angemessen erscheint.

UNIDENTIFIZIERTER SPRECHER Das sieht der Präsident auch so.

ROBERT SEAMANS Genau. Ich möchte nur kurz sagen, dass ich mit Ihnen übereinstimme, Jerry, dass wir eine große Bandbreite an wissenschaftlichen Daten sammeln müssen, um den Mondflug durchführen zu können. Zum Beispiel müssen wir Bescheid wissen, welche Bedingungen auf der Mondoberfläche herrschen. Das ist der Grund dafür, dass wir die Entwicklung der Centaur vorantreiben – um die unbemannten Surveyors rechtzeitig zum Mond zu bringen, damit ihre Ergebnisse in die Entwicklung der Apollo einfließen.

---

3 Jerome Wiesner (1915–1994) war wissenschaftlicher Berater der Präsidenten Eisenhower, Kennedy und Johnson sowie von 1971 bis 1980 Präsident des Massachusetts Institute of Technology (MIT).

JFK Ja. Allerdings würde ich nicht gern sechs oder sieben Milliarden Dollar für reine Raumforschung ausgeben. Warum geben wir sieben Millionen Dollar aus, um Trinkwasser aus Meerwasser zu gewinnen, wenn wir gleichzeitig sieben Milliarden Dollar für Raumforschung ausgeben? Das hat offensichtlich nicht dieselbe Priorität, außer was den militärischen Nutzen angeht, und außerdem hat die Sowjetunion dieses Gebiet zu einem großen Vergleichstest unserer beiden Systeme erklärt. Deshalb machen wir da mit. Also müssen wir uns einig sein, dass dieses Programm das Schlüsselprogramm ist und dass wir auch gern alles andere erforschen können, aber da gibt es vieles, was wir erforschen wollen, Krebs und so weiter.
WEBB Aber, sehen Sie, wenn Sie darüber sprechen, kann man nur schwer eine Grenze ziehen zwischen dem, was ...
JFK Alles, womit wir uns befassen, sollte direkt damit zusammenhängen, wie wir vor den Russen zum Mond kommen.
WEBB Warum kann es nicht direkt mit der Vorherrschaft im Weltraum zusammenhängen – das sind Ihre eigenen Worte?
JFK Weil wir, meine Güte, schon seit fünf Jahren überall erzählen, dass wir die Vorherrschaft im Weltraum besitzen, und niemand glaubt es, denn die anderen haben die Rakete und den Satelliten. Wir wissen zwar, wie viele Satelliten wir hochschießen, zwei- oder dreimal so viele wie die Sowjetunion ... wissenschaftlich sind wir führend. Das ist wie mit diesem Gerät in Stanford, das uns 125 Millionen Dollar kostet, und jeder sagt mir, dass wir die Nummer eins weltweit sind. Und was ist das für ein Ding? Ich hab keine Ahnung.
MEHRERE SPRECHER Der Linearbeschleuniger!
JFK Na bitte. Aber niemand weiß etwas davon!
WEBB Lassen Sie es mich anders formulieren. Die weiterentwickelte Version der Saturn ist fünfundachtzigmal so schubstark wie die Atlas. Wir entwickeln jetzt gerade eine sehr große Rakete mit einem Index von fünfundachtzig, wenn wir die Atlas mit eins ansetzen. Die Russen haben eine Trägerrakete, die 6,3 Tonnen in die Erdumlaufbahn bringen kann. Das haben sie sehr effizient und gut hinbekommen. Was ich Ihnen sagen möchte, ist, dass Vorherrschaft im Weltraum bedeutet, dass man in der Lage ist, entweder

die russische Rakete oder die weiterentwickelte Saturn besser als alle anderen zu machen. Eine Reihe möglicher Fortschritte *(unverständlich)*.

JFK Das Einzige ... Wir werden heute Morgen über die 400 Millionen Dollar keinen Beschluss fassen. Ich möchte mir genau ansehen, was Dave Bell ... Aber ich glaube wirklich, dass wir uns klarmachen müssen, dass unsere Politik sein muss, dass dies das NASA-Programm mit der obersten Priorität ist und – neben der Verteidigung – eine der beiden obersten Prioritäten der Regierung. Ich glaube, dass dies unsere Haltung sein sollte. Das ändert jetzt vielleicht nichts am Zeitplan, aber wir müssen uns zumindest darüber im Klaren sein, ansonsten würden wir nicht so viel Geld ausgeben, der Weltraum als solcher interessiert mich nämlich nicht unbedingt. Ich glaube, Raumforschung ist eine gute Sache, und wir sollten vernünftige Summen hineinstecken, aber hier sprechen wir von ungeheuren Ausgaben, die unseren Haushaltsplan sprengen und sämtliche anderen Budgetposten beeinträchtigen, und die einzige Rechtfertigung, um so etwas jetzt und auf diese Weise zu tun, ist meiner Ansicht nach, dass wir dann hoffen können, sie zu schlagen und zu demonstrieren, dass wir sie überholt haben, auch wenn wir, Gott sei's geklagt, einige Jahre verspätet gestartet sind.

TELEFONAT MIT MAJOR GORDON COOPER, 16. MAI 1963

Gordon Cooper (1927–2004) gehörte zur ersten Gruppe der Mercury-Astronauten und flog am 15. und 16. Mai 1963 eine wichtige Mission, bei der er die Erde zweiundzwanzigmal umrundete und seine Raumkapsel sicher zur Erde zurückbrachte, obwohl mehrere wichtige Navigationssysteme ausgefallen waren. JFK rief Cooper an, kurz nachdem er an Bord des Bergungsschiffs gekommen war. 1965 sollte Cooper Kommandant von Gemini 5 werden.

JFK Major? Major? Können Sie mich hören? Hallo, Major Cooper, können Sie mich hören? Hallo, Major Cooper!
COOPER Ja, Sir.
VERMITTLUNG Hören Sie den Präsidenten?
COOPER Ja, Sir.
JFK Alles klar, Major. Ich wollte Ihnen nur gratulieren. Das war ein wunderbarer Flug.
COOPER Vielen Dank, Sir.
JFK Wir haben schon mit Ihrer Frau gesprochen, und Sie hat es sehr gut durchgestanden.
COOPER Oh, sehr schön.
JFK Und wir hoffen … wir freuen uns schon darauf, Sie am Montag zu treffen, denn wir sind sehr stolz auf Sie, Major.
COOPER Vielen Dank, Sir. Es war ein guter Flug, und ich habe ihn sehr genossen.
JFK Oh, sehr schön, ausgezeichnet. Also, bis Montag dann. Alles Gute.
COOPER Danke sehr, Sir.
JFK Danke, Major.

PRÄSIDENT KENNEDY BESICHTIGT RAKETENMODELLE
IN CAPE CANAVERAL, FLORIDA, 11. SEPTEMBER 1962

BESPRECHUNG MIT JAMES WEBB, 18. SEPTEMBER 1963

Seit der Besprechung vor einem Jahr, am 21. November 1962, ist ganz offensichtlich viel geschehen. Kennedy ist vorsichtiger geworden, Webb kühner. Tatsächlich haben sie in diesem sehr schnell ablaufenden Dialog praktisch die Rollen getauscht.

JFK Falls ich wiedergewählt werde, schaffen wir es nicht mehr bis zum Mond in meiner Amtszeit, oder?
WEBB Nein, das nicht. Wahrscheinlich kommen wir noch zu den bemannten Vorbeiflügen, während Sie Präsident sind. Wir brauchen noch Zeit. Es ist eine schwierige Aufgabe, wirklich schwierig. Aber ich kann Ihnen sagen, was während Ihrer Präsidentschaft erreicht worden ist, nämlich eine der wichtigsten Errungenschaften dieser Nation. Die grundlegende Bereitschaft, Technologie einzusetzen, um zur führenden nationalen Macht zu werden. Das wird mehr als alles andere das Ergebnis des Raumfahrtprogramms sein.
JFK Wie meinen Sie?
WEBB Der gezielte Einsatz von Naturwissenschaft und Spitzentechnologie, um die Nation zu stärken, unsere Wirtschaft, in allen Bereichen.
JFK Glauben Sie, die Mond… die bemannte Landung auf dem Mond ist eine gute Idee?
WEBB Ja, Sir, absolut.
JFK Warum?
WEBB Weil …
JFK Könnten Sie dasselbe auch mit deutlich billigeren Geräten erreichen?
WEBB Nein, Sir, dasselbe nicht.

PRÄSIDENT KENNEDY BESICHTIGT DIE SATURN-I-STARTRAMPE, CAPE CANAVERAL, FLORIDA, 16. NOVEMBER 1963

(Unterbrechung)

WEBB Noch während Ihrer Präsidentschaft wird das in diesem Land zum Tragen kommen. In der Wissenschaft wie in der Technik werden Sie eindeutig die Führungsposition einnehmen. Da habe ich keinen Zweifel. Und die Jugend sieht das natürlich viel besser als meine Generation. Die High-School-Absolventen und die College-Erstsemester sind hundertprozentig begeistert davon, dass der Mensch jetzt Dinge erforscht, die ihm absolut neu sind. Er analysiert die Bestandteile der Erde, die Eigenschaften der Gravitation und des Magnetismus, die Eigenschaften des Lebens auf der Erde. Und er lernt das Universum verstehen, indem er sich nur diese drei Bereiche ansieht. Vielleicht hat er irgendwann auch Proben vom Mond und vom Mars, und dann gibt es sicher auch Messungen der Gravitation und des Magnetfelds der Venus, und falls wir da draußen irgendwo Leben finden, dann werden das entscheidende Etappen auf dem Entwicklungsweg des menschlichen Geistes sein. Und ich sage Ihnen voraus, Sir, Sie werden es nicht bereuen, dass Sie das alles angestoßen haben.

SIEBEN

VIETNAM

VORIGE SEITE:
DER KONGRESSABGEORDNETE JOHN F. KENNEDY
BERICHTET IN DER BOSTONER HANDELSKAMMER
ÜBER SEINE REISE DURCH FERNOSTASIEN UND DEN
NAHEN OSTEN, 19. NOVEMBER 1951

Bereits in seinem Buch *Profiles of Courage* schrieb Kennedy, die Politik sei ein Bereich, »wo man sich ständig zwischen zwei Fehlern entscheiden muss«. In seiner Zeit als Präsident dürfte er diesen Aphorismus wohl vor allem im Hinterkopf gehabt haben, als es um das Engagement der USA in Südostasien ging. Kennedys Interesse an Vietnam reichte erstaunlich weit zurück. Er hatte das Land schon 1951 bereist, als die Franzosen sich in den letzten Stadien eines recht unrühmlichen Rückzugs aus ihrer Kolonie befanden. Wie aus einem privaten Diktat hervorgeht, hat er schon sehr früh in einer Weise über die Dritte Welt nachgedacht, die nicht vom vorherrschenden Schwarzweißdenken des Kalten Krieges geprägt war.

In den ersten Monaten der Regierung Kennedy stand vor allem Laos im Zentrum der Aufmerksamkeit und noch nicht so sehr Vietnam. Dort waren die Amerikaner in der Lage, befreundete Kräfte auf eine Art zu unterstützen, bei der nicht die Gefahr bestand, dass dies zu einem großen Konflikt eskalieren könnte. In Vietnam jedoch, einem viel größeren und komplexer strukturierten Land, war es weitaus schwieriger, den Lauf der Geschichte zu beeinflussen, eine Erfahrung, die zuvor auch schon andere ausländische Mächte bei ihrem Engagement in Vietnam gemacht hatten. Unter Präsident Eisenhower hatten die Vereinigten Staaten mit großem Interesse beobachtet, wie Vietnam versuchte, mit dem Beschluss der Genfer Indochina-Konferenz von 1954 zurechtzukommen, aus dem es als zweigeteilter unabhängiger Nationalstaat hervorgegangen war, dessen eine Hälfte, Südvietnam, mit den Vereinigten Staaten verbündet war. Im Sommer 1963 verschlechterten sich die Bedingungen für die amerikanische Unterstützung Südvietnams, sowohl qualitativ als auch quantitativ, als die Regierung des südvietnamesischen Präsidenten Ngo Dinh Diem an öffentlicher Zustimmung verlor. Die Regierung Diem hatte begonnen, mit brutalen Mitteln die Buddhisten des Landes zu unterdrücken, und drohte, neue Bündnisse mit Frankreich und mit Nordvietnam zu schmieden. Obwohl Präsident Kennedy kein Anhänger der berühmten »Domintheorie« war, war er doch sehr besorgt darüber, dass die USA Gefahr liefen, einen ehemals verlässlichen Verbündeten in dieser Weltregion zu »verlieren. Also erhöhte er die Zahl der sogenannten militärischen Berater in Vietnam. Ende 1962 waren dies 11500 Mann, und Ende 1963 war die Zahl auf mehr als 16000 angewachsen.

Trotzdem widerstand Kennedy, wie aus den Bandaufnahmen hervorgeht, konsequent dem Druck, amerikanische Truppen in den Kampf zu schicken, und brachte privat sein Misstrauen gegenüber den Militärberatern zum Ausdruck, die auf einen solchen Militäreinsatz drängten. Als die Diem-Regierung immer schwächer wurde, wurden Kennedy Ende 1963 Pläne unterbreitet, die drastischer denn je ausfielen. Darunter war auch der Plan, Diem und seinen Bruder Ngo Dinh Nhu zu stürzen, eine Operation, die von vietnamesischen Generälen mit Unterstützung der CIA, des amerikanischen Außenministeriums und des neuen amerikanischen Botschafters in Vietnam, Henry Cabot Lodge, ausgebrütet wurde. Dieser Plan wurde am 2. November 1963 mit der brutalen Exekution Diems und Nhus in die Tat umgesetzt. Danach wurde eine Reihe unpopulärer und inkompetenter Regierungen installiert, die in der langen Tragödie des Vietnamkriegs letztlich allesamt scheiterten. Das Memorandum, das Kennedy am 4. November 1963 diktierte, lässt ahnen, wie verstört er über das brutale Ergebnis des Putsches war, vor allem da er wusste, dass der Coup nur das Ergebnis von schlechter Kommunikation, unvollständigen Anweisungen und selbstherrlichen Militärs war.

Heute widmet sich eine ganze Kleinindustrie der Frage, wie eine zweite Amtszeit Kennedys die Entwicklung in Vietnam beeinflusst hätte.

PERSÖNLICHES DIKTAT, BETREFFEND EIN GESPRÄCH MIT RICHARD NIXON ÜBER VIETNAM, IM APRIL 1954

Am Vorabend der katastrophalen französischen Niederlage in der Schlacht von Dien Bien Phu im Jahr 1954 hatte der damalige Senator John F. Kennedy ein angeregtes Gespräch mit dem damaligen Vizepräsidenten Richard Nixon, seinem späteren Gegner im Präsidentschaftswahlkampf von 1960. Das frühe Fragment des Gesprächs der beiden Politiker, die als US-Präsidenten beide erhebliche Schwierigkeiten in Vietnam haben sollten, enthält eine überraschend frühe Einschätzung der Probleme, in die sich demokratische wie republikanische Regierungen in Indochina verstricken sollten.

JFK In dem Gespräch mit Nixon gestern Abend vertrat dieser die Ansicht, dass Restons[1] Artikel über Dulles' Misserfolg *(unverständlich)* in der heutigen Morgenzeitung absolut ungerechtfertigt sei, und er fügte hinzu, dass er sich noch gut daran erinnere, wie falsch Reston in Bezug auf Alger Hiss[2] gelegen habe. Zweitens sagte er, Dulles[3] habe ihm mitgeteilt, dass die Franzosen um Luftunterstützung für einen Luftschlag auf Dien Bien

---

1 James »Scotty« Reston (1909–1995), Kommentator und Reporter der *New York Times*. Er berichtete viele Jahre aus Washington.

2 Alger Hiss (1904–1996), bekannter Anwalt und Beamter des Außenministeriums, der im Zentrum einer nationalen Auseinandersetzung stand. Er wurde 1948 beschuldigt, Kommunist zu sein, und der Fall wurde von Senator Joseph McCarthy aufgegriffen. Hiss wurde 1950 wegen Meineids verurteilt.

3 John Foster Dulles (1888–1959), Außenminister unter Präsident Eisenhower.

Phu[4] gebeten hätten, dass dort eine Menge Truppen konzentriert seien und dass ein solcher Schlag sowohl eine militärische Hilfe gewesen wäre als auch die Moral gestärkt hätte. Die Briten hätten sich jedoch geweigert, sich an dem Luftschlag zu beteiligen, und deshalb sei nichts geschehen. Seither würden die Franzosen auf uns herumhacken, weil sie uns um Hilfe gebeten und wir sie zurückgewiesen hätten. Nixon ist sehr verbittert, was die Briten betrifft. Er sagt, sie würden nur kämpfen, wenn Hongkong oder Malaya[5] bedroht seien. Außerdem hätten sie sich immer um ein Kräftegleichgewicht bemüht, und heute gebe es dieses Gleichgewicht natürlich nicht einmal mehr annähernd, weil tatsächlich 160 Millionen Amerikaner gegen 800 Millionen Kommunisten stünden. Als ich ihn frage, welche gemeinsame Aktion denn erfolgreich wäre, räumt er ein, dass es keinen Sinn hätte, Truppen in die Region zu schicken, weil die Chinesen dann eingreifen würden, und schließlich gab er auch noch zu, dass man nur die Franzosen und die Vietnamesen unterstützen und auf ihren Erfolg hoffen könne. Aber er räumt auch ein, dass er sich manchmal fragt *(verzerrt)* ... dass sie da unten alle in einem schlechten Zustand seien und die Kräfte, die auf einen Frieden drängten, immer stärker würden. *(Verzerrt)* Er sagte, er habe sich mit republikanischen Parteikollegen gestritten ... *(verzerrt)* Jetzt greife er die Regierung Eisenhower nicht dafür an, dass sie zu viel täte und sich in Indochina zu weit vorwage, sondern dafür, dass sie es nicht tue *(verzerrt)*. Er sagt, dass natürlich weder eine Teilung noch eine Koalition funktionieren werde. Er sagt, es seien nicht genügend Truppen und Material vorhanden, aber er sagt auch, dass man zwangsläufig die Franzosen hinausdrängen werde, wenn man die Unabhängigkeit vorantreibe, und dass es in diesem Punkt keine Lösung gebe.

---

4 Dien Bien Phu war Schauplatz der entscheidenden Schlacht zwischen den Franzosen und den von Ho Chi Minh geführten vietnamesischen Freiheitskämpfern. Sie begann am 13. März 1954 und endete am 7. Mai 1954.

5 Die britische Kolonie Malaya wurde 1946 unabhängig und 1963 in den neuen Nationalstaat Malaysia integriert.

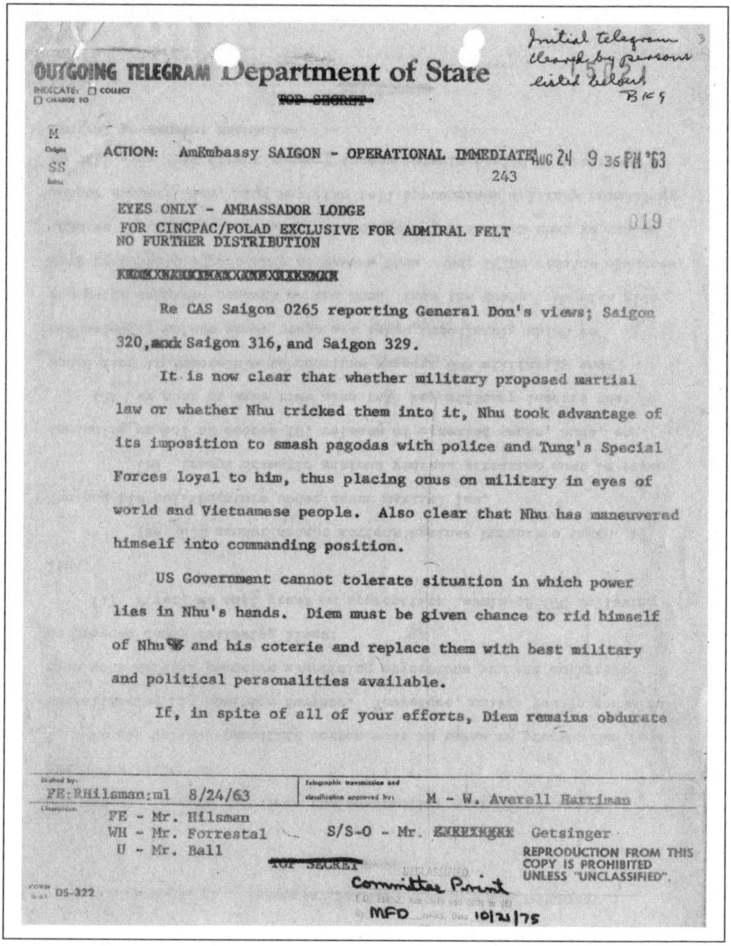

Initial telegram cleared by persons listed below. BKS

OUTGOING TELEGRAM Department of State

INDICATE: ☐ COLLECT ☐ CHARGE TO

~~TOP SECRET~~

M

Origin SS

ACTION: AmEmbassy SAIGON - OPERATIONAL IMMEDIATE AUG 24 9 36 PM '63

243

EYES ONLY - AMBASSADOR LODGE

FOR CINCPAC/POLAD EXCLUSIVE FOR ADMIRAL FELT

NO FURTHER DISTRIBUTION

019

Re CAS Saigon 0265 reporting General Don's views; Saigon 320, Saigon 316, and Saigon 329.

It is now clear that whether military proposed martial law or whether Nhu tricked them into it, Nhu took advantage of its imposition to smash pagodas with police and Tung's Special Forces loyal to him, thus placing onus on military in eyes of world and Vietnamese people. Also clear that Nhu has maneuvered himself into commanding position.

US Government cannot tolerate situation in which power lies in Nhu's hands. Diem must be given chance to rid himself of Nhu and his coterie and replace them with best military and political personalities available.

If, in spite of all of your efforts, Diem remains obdurate

Drafted by: FE:RHilsman:ml 8/24/63

Telegraphic transmission and classification approved by: M - W. Averell Harriman

Clearances: FE - Mr. Hilsman

WH - Mr. Forrestal

U - Mr. Ball

S/S-O - Mr. Getsinger

~~TOP SECRET~~

REPRODUCTION FROM THIS COPY IS PROHIBITED UNLESS "UNCLASSIFIED".

FORM DS-322

Committee Print

DECLASSIFIED

MFO 10/21/75

OBEN UND DIE FOLGENDEN SEITEN:
TELEGRAMM 243 DES AMERIKANISCHEN AUSSENMINISTERIUMS AN DEN AMERIKANISCHEN BOTSCHAFTER IN VIETNAM, HENRY CABOT LODGE, VOM 24. AUGUST 1963. IN DEM TELEGRAMM WIRD PRÄSIDENT DIEM AUFGEFORDERT, SEINEN BRUDER NGO DINH NHU AUS DESSEN MACHTPOSITION IN SÜDVIETNAM ZU ENTFERNEN

TOP SECRET

and refuses, then we must face the possibility that Diem himself cannot be preserved.

We now believe immediate action must be taken to prevent Nhu from consolidating his position further. Therefore, unless you in consultation with Harkins perceive overriding objections you are authorized to proceed along following lines:

(1) First, we must press on appropriate levels of GVN following line:

(a) USG cannot accept actions against Buddhists taken by Nhu and his collaborators under cover martial law.

(b) Prompt dramatic actions redress situation must be taken, including repeal of decree 10, release of arrested monks, nuns, etc.

(2) We must at same time also tell key military leaders that US would find it impossible to continue support GVN militarily and economically unless above steps are taken immediately which we recognize requires removal of the Nhus from the scene. We wish give Diem reasonable opportunity to remove Nhus, but if he remains obdurate, then we are prepared to accept the obvious implication that we can no longer support Diem. You may also tell appropriate military commanders we will give them direct support in any interim period of breakdown central government mechanism.

TOP SECRET

~~TOP SECRET~~

(3) We recognize the necessity of removing taint on military for pagoda raids and placing blame squarely on Nhu. You are authorized to have such statements made in Saigon as you consider desirable to achieve this objective. We are prepared to take same line here and to have Voice of America make statement along lines contained in next numbered telegram whenever you give the word, preferably as soon as possible.

Concurrently with above, Ambassador and country team should urgently examine all possible alternative leadership and make detailed plans as to how we might bring about Diem's replacement if this should become necessary.

Assume you will consult with General Harkins re any precautions necessary protect American personnel during crisis period.

You will understand that we cannot from Washington give you detailed instructions as to how this operation should proceed, but you will also know we will back you to the hilt on actions you take to achieve our objectives.

Needless to say we have held knowledge of this telegram to minimum essential people and assume you will take similar precautions to prevent premature ~~kmxkxx~~ leaks.

GP-2.

BALL

END.

~~TOP SECRET~~

BESPRECHUNG MIT MILITÄRBERATERN, 28. AUGUST 1963

An dem Tag, als der »Marsch auf Washington« stattfand, hatte Kennedy eine lange Besprechung zum Thema Vietnam, bei der er sich gegen die Empfehlung aussprach, einen Putsch vietnamesischer Generäle gegen Präsident Diem zu unterstützen.

DER FRANZÖSISCHE GENERAL JEAN DE LATTRE DE TASSIGNY BEI EINEM BESUCH IN VIETNAM. HINTEN RECHTS (EINGEKREIST) IST DER JUNGE KONGRESSABGEORDNETE JOHN F. KENNEDY ZU SEHEN

JFK Ich glaube nicht, dass wir diesen Putsch zulassen sollten … Vielleicht wissen sie dort schon davon, vielleicht müssen die Generäle aus dem Land fliehen, vielleicht helfen wir ihnen, rauszukommen. Aber wir haben keinen ausreichenden Grund, solange wir die Aussichten nicht für gut genug halten. Ich glaube nicht, dass unsere Lage wirklich so schlecht ist. Ich bin mir nicht sicher, wie das bei den Generälen ist. Sie jammern wahrscheinlich schon seit Monaten herum. Ich weiß, wie viele von ihnen zum Handeln bereit sind. Ich sehe keinen Grund loszuschlagen, bevor wir nicht von einer guten Erfolgschance ausgehen können.

BESPRECHUNG MIT VIETNAM-BERATERN, 29. OKTOBER 1963

Die Planung des Putsches wurde bis in den Herbst fortgesetzt und erreichte Ende Oktober ihre Endphase. Kennedy rief seine Berater zu sich, unter anderem William Colby, den Leiter der Abteilung Fernost der CIA; Außenminister Dean Rusk; den Nationalen Sicherheitsberater McGeorge Bundy; den Militärexperten Maxwell Taylor; Verteidigungsminister Robert S. McNamara sowie Justizminister Robert F. Kennedy. Robert Kennedy, der immer versuchte, seinen Bruder zu schützen, und alles tat, um eine schlecht geplante Aktion wie die Invasion in der Schweinebucht zu vermeiden, sprach sich in dieser Phase vehement gegen den Putsch aus. Seine Kritik an dem Krieg in Vietnam sollte sich noch verschärfen, als sich die Vereinigten Staaten unter Präsident Lyndon B. Johnson immer stärker engagierten, und war 1968 ein Motiv für seine eigene Präsidentschaftskandidatur.

RFK Darf ich einen Vorschlag machen?
JFK Ja.
RFK Es handelt sich vielleicht um eine Minderheit, Mr President, aber ich kann bei genauerer Betrachtung einfach keinen Sinn in der Sache erkennen. Ich meine, es wäre etwas ganz anderes als ein Putsch im Irak oder in einem südamerikanischen Land. Wir sind dabei so extrem stark beteiligt. Was wir wirklich tun, ist fast dasselbe wie das, worüber wir vor etwa vier Wochen an diesem Tisch gesprochen haben. Wir legen die ganze Zukunft des Landes, ja die Zukunft Südostasiens, jemandem in die Hände, den wir nicht besonders gut kennen, einem Mann, zu dem nur ein einziger Vertreter der Regierung der Vereinigten Staaten Kontakt gehabt hat und

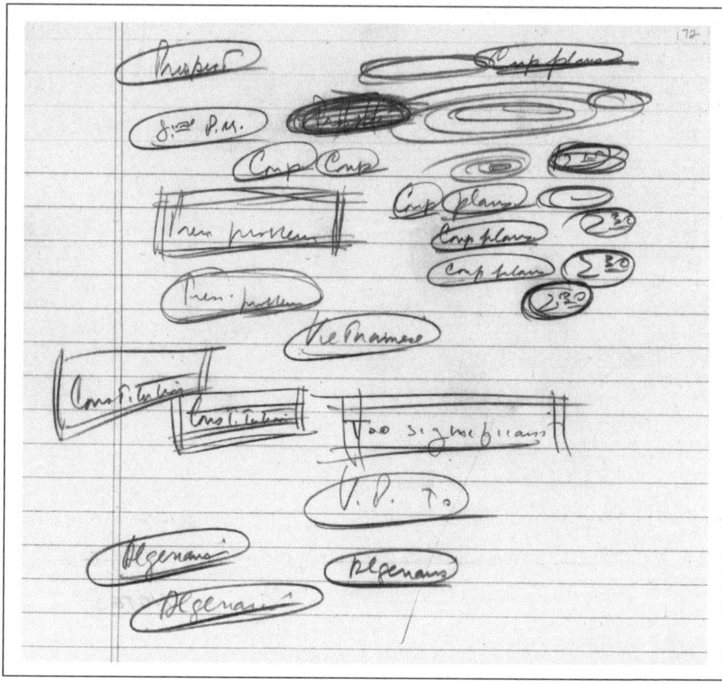

MERKZETTEL DES PRÄSIDENTEN MIT NOTIZEN WIE *»PRESS PROBLEM«* UND *»COUP PLANS 2:30«*. IM MITTELPUNKT DES BLATTS FINDET SICH DAS WORT *»VIETNAMESE«*

der wiederum sagt, dass er ein paar weitere Leute zusammengebracht hat. Es ist klar, dass Diem[6] ein Kämpfer ist. Ich meine, er ist nicht wie Bosch,[7] der einfach das Feld räumt. Er ist ein entschlossener Mann, der dableiben und vermutlich kämpfend untergehen

6 Ngo Dinh Diem (1901–1963), erster Präsident Südvietnams. Er führte das Land von 1955 bis zu seiner Ermordung am 2. November 1963.

7 Juan Bosch (1909–2001), langjähriger Oppositioneller in der Dominikanischen Republik. Er wurde im Februar 1963 Präsident, nachdem Diktator Rafael Trujillo am 30. Mai 1961 ermordet worden war, wurde aber nach nur sieben Monaten durch einen Putsch am 25. September 1963 gestürzt.

wird, und er wird wahrscheinlich auch ein paar Soldaten zum Kämpfen haben. Wenn die Sache fehlschlägt, gehen wir ein verdammt großes Risiko ein. Denn der Krieg läuft gerade einigermaßen gut, wenn ich Bob McNamara richtig verstanden habe. Und ob wir wegen ein paar ziemlich unzuverlässigen Berichten, dass in zwei oder drei Tagen ein Putsch stattfinden wird, die ganze Zukunft der Vereinigten Staaten in der Region riskieren sollten ... ich meine, diese Berichte sind nicht ausführlich und gehen nicht ins Detail, diese Berichte, die vom Botschafter kommen, führen nicht einmal unsere Mittel auf oder verwerfen oder entwerfen einen Plan, was passieren wird im Falle eines Putsches. Meiner Ansicht nach müssen wir in dieser Angelegenheit einige wirklich schwerwiegende Dinge gegeneinander abwägen.

Ich meine, wir haben doch bestimmt das Recht, zu wissen, was passieren wird und wie es in die Tat umgesetzt wird. Wir sollen doch wohl nicht nur hoffen, dass der Putsch Erfolg hat und die Vietnamesen in der Lage sind, ihn zufriedenstellend zu planen. Meiner Ansicht nach sollten wir wenigstens eine wichtige Rolle spielen, wenn wir schon in die Sache verwickelt werden. Es werden sowieso alle sagen, dass wir es getan haben. Ich glaube nicht, dass wir uns nur halbherzig beteiligen können, weil man uns dafür verantwortlich machen wird. Wenn die Sache scheitert, wird uns Diem vermutlich hochkant aus dem Land hinausschmeißen, und sein Geheimdienst ist bestimmt so gut, dass er wissen wird, dass es diese Kontakte und Gespräche gegeben hat, und er wird diese Leute schnappen. Sie werden sagen, dass die Vereinigten Staaten dahinterstecken. Meiner Ansicht nach sind wir auf dem besten Weg in eine Katastrophe. Natürlich kann die Sache auch Erfolg haben, aber ich glaube nicht, dass irgendjemand, dass irgendwelche Berichte, die ich gesehen habe, darauf hindeuten, dass jemand einen Plan hat, wohin die Sache führen soll. Und ich finde, dass dieses Telegramm, das nun leider schon raus ist, darauf schließen lässt, dass wir mit dem Putsch einverstanden sind, aber wir sind der Ansicht, dass wir noch etwas mehr Informationen haben sollten.

BESPRECHUNG MIT VIETNAM-BERATERN, 10. SEPTEMBER 1963

Im Herbst 1963 bekam Präsident Kennedy weiterhin widersprüchliche Berichte über die Lage in Vietnam und darüber, ob die US-amerikanischen Anstrengungen erfolgreich waren oder nicht. Die Widersprüche traten am 10. September besonders deutlich zutage, als Kennedy eine Anzahl seiner führenden Berater versammelte, um die Berichte von General Victor Krulak und von Joseph Mendenhall, einem Berater des Außenministeriums, zu hören. Krulak sagte, die Amerikaner würden mit ihren militärischen Anstrengungen gute Fortschritte machen und der immer heftiger werdende »Krieg« würde »gewonnen«, wenn die Vereinigten Staaten ihr Engagement fortsetzten. Mendenhall sprach unmittelbar nach Krulak und warnte vor einem »vollständigen Zusammenbruch der Zivilregierung in Saigon«. Er beschrieb eine Stadt, in der die Furcht umging. Regierungsgebäude seien verbarrikadiert, während ein wichtiger Minister in seinem Büro sitze und Detektivromane lese.

MENDENHALL Mein Fazit lautet, dass Mr Nhu gehen muss, weil wir den Krieg in Vietnam nicht gewinnen können, wenn er bleibt. Diese Ansicht wird, wie ich sagen kann, auch von unserem stellvertretenden Missionschef Mr Truehart geteilt, dem politisch erfahrenen Amerikaner, der schon länger vor Ort ist als irgendwer sonst, und sie wird auch von unserem Konsul geteilt. Trueheart sagte bei einer Besprechung im Büro des Botschafters, er habe große Angst, dass die Leute zum VC[8] überlaufen würden, wenn

8 Abkürzung für Vietcong, die südvietnamesische Guerillaorganisation, die gegen die Regierung Diem und das amerikanische Militär kämpfte.

sie nur die Wahl zwischen Nhu und dem Vietcong hätten. Ich stellte diese Angst auch bei anderen US-amerikanischen Zivilbeamten in Zentralvietnam fest. Auch das ist mein Fazit, Mr President.

JFK Und Sie sind beide im selben Land gewesen? *(Nervöses Gelächter)*

MENDENHALL Ja, Sir.

KRULAK Der eine hat mit Militärs gesprochen, der andere mit Zivilisten.

JFK Aber wie kommt es zu dieser unterschiedlichen Beurteilung? Das ist doch alles nicht neu, wir reden doch schon seit drei Wochen darüber. Einerseits sagt das Militär, dass der Krieg besser läuft, und andererseits sagen die Politiker, dass die Lage sich drastisch verschlechtert, was auch das Militär in Mitleidenschaft zieht. Sie haben eine Menge Erfahrung, Gentlemen, und wir haben eine Menge Vertrauen in jeden von Ihnen. Was ist der Grund für diese Diskrepanz?

KRULAK Das kann ich Ihnen sagen. Wir haben hier zwei unterschiedliche Sichtweisen, eine stadtbezogene und eine gesamtnationale. Das ist meine Einschätzung, Sir. Mr Mendenhall vertritt die städtische Sicht und ich eher eine ländliche. Das heißt nicht unbedingt, dass sich mein Standpunkt durchsetzen muss, aber die Stadt Saigon ist wie das Schwarze in einer Zielscheibe: Es ist von sehr viel Scheibe umgeben. Die Einstellungen in Saigon sind anders, sie sind viel politischer und weniger pragmatisch als die auf dem Land. Was Mr Mendenhalls Äußerungen über den Niedergang der Kriegsanstrengungen in einer der nördlichen Provinzen betrifft, so war ich dort und habe mit unseren Militärberatern gesprochen. Sie vertreten die gegenteilige Ansicht, und ich glaube, sie haben recht. Es ist offenbar schwierig, aus diesen zwei weit auseinander liegenden Ansichten eine Synthese herzustellen, es sei denn wir konzentrieren unsere Aufmerksamkeit auf die Frage, was wir in Vietnam wollen, und das ist gewinnen. Und ich glaube, militärisch gesehen gewinnen wir. Und sosehr wir die erbärmliche Regierung dort unten beklagen, und Mr Nhu ist mit Sicherheit die Personifizierung der Missstände, die wir beklagen, könnten wir immer noch *(unverständ-*

lich) durchziehen und den Krieg gewinnen, wenn es uns irgendwie möglich wäre, ihr Verhalten zu tolerieren, da bin ich mir ganz sicher.

PRESSEKONFERENZ AM 23. MÄRZ 1961, WASHINGTON, D.C.

PERSÖNLICHES DIKTAT, 4. NOVEMBER 1963

Allein schon die Tatsache, dass Präsident Kennedy diesen Kommentar aufnahm, weist darauf hin, dass er wegen der Ereignisse besorgt war, die zum Sturz von Präsident Diem und seinem Bruder geführt hatten. Er war auch entsetzt über die mangelhafte Planung, die überhaupt erst zu dem Putsch führte. Wie schon bei der Kubakrise nahm sich Kennedy die Zeit, zu skizzieren, wie ein Ereignis von ungewöhnlicher historischer Tragweite entstanden war und welche Ansichten die führenden Mitglieder seines Stabs in der Angelegenheit vertreten hatten. Etwa in der Mitte der Aufnahme wurde Kennedy durch seinen Sohn, John Kennedy jr., unterbrochen, was vermutlich den persönlichen Ton seiner Äußerungen und den Schock, den er am Diktiergerät zum Ausdruck brachte, noch verstärkte.

JFK 4. November 1963. Am Wochenende hat der Putsch in Saigon als Kulminationspunkt einer dreimonatigen Diskussion über einen Putsch stattgefunden, die sowohl die Regierung hier als auch die in Saigon gespalten hat. Gegen einen Putsch waren General Taylor, der Justizminister, Verteidigungsminister McNamara. Etwas weniger ausgeprägt auch John McCone,[9] vielleicht wegen einer alten Feindschaft mit Lodge, die dazu führt, dass er dessen Urteil nicht traut, und zum Teil vielleicht auch wegen einer neuen Feindschaft, weil Lodge seinen Stationschef ausgetauscht hat. Für den Putsch war das Außenministerium unter Führung von Averell Harriman, George Ball und Roger Hilsman, unterstützt von Mike

---

9 John McCone, Direktor der CIA.

Forrestal im Weißen Haus.[10] Meiner Ansicht nach haben wir seit dem Telegramm Anfang August, in dem wir den Putsch vorschlugen, eine beträchtliche Mitverantwortung in der Sache. Meiner Ansicht nach war die Depesche schlecht entworfen, sie hätte nie an einem Samstag verschickt werden dürfen, und ich hätte sie ohne eine Besprechung am runden Tisch, bei der McNamara und Taylor ihre Ansichten hätten vorbringen können, nicht absegnen dürfen. Zwar versuchten wir den Fehler durch spätere Telegramme wiedergutzumachen, doch jenes erste Telegramm ermunterte Lodge, einen Kurs zu verfolgen, zu dem er ohnehin schon neigte. Harkins[11] war auch weiterhin gegen den Putsch, mit der Begründung, dass die militärischen Anstrengungen gut liefen. Es gab eine deutliche Diskrepanz zwischen Saigon und dem Rest des Landes. Politisch verschlimmerte sich die Lage, aber militärisch hatte das noch keine Auswirkungen. Es gab jedoch das Gefühl, dass es negative Auswirkungen haben könnte. Deshalb waren Verteidigungsminister McNamara und General Taylor dafür, zusätzlichen Druck auf Diem und Nhu auszuüben, um sie …

(John F. Kennedy jr. betritt den Raum)

JFK Möchtest du etwas sagen? Sag hallo.
JOHN Hallo.
JFK Sag's noch mal.
JOHN Böser, böser Daddy.
JFK Warum fallen die Blätter von den Bäumen?
JOHN Weil es Herbst ist.
JFK Warum fällt Schnee vom Himmel?
JOHN Weil es Winter ist.
JFK Warum werden die Blätter grün?

---

10 Roger Hilsman (*1919), assistierender Staatssekretär für fernöstliche Angelegenheiten im Außenministerium; Michael Forrestal (1927–1989), Berater des Nationalen Sicherheitsrats und Sohn des früheren Verteidigungsministers James Forrestal, mit dem JFK 1945 nach Europa gereist war.

11 General Paul D. Harkins (1904–1984), Kommandeur der US-Streitkräfte in Vietnam von 1962 bis 1964.

JOHN F. KENNEDY UND ROBERT F. KENNEDY MIT
JOHN F. KENNEDY JUNIOR UND CAROLINE KENNEDY
IM WEISSEN HAUS, 14. OKTOBER 1963

JOHN Weil es Frühling ist.

JFK Wann fliegen wir nach Cape Cod? Nach Hyannisport?

JOHN Wenn Sommer ist.

JFK Jetzt ist Sommer.

JOHN *(lacht)* Deine Pferde.

JFK Ich war entsetzt über den Tod von Diem und Nhu.[12] Ich hatte Diem viele Jahre zuvor mit Richter Douglas getroffen. Er war eine außerordentliche Persönlichkeit, und obwohl er in den letzten Monaten immer schwieriger wurde, hielt er sein Land über einen Zeitraum von zehn Jahren zusammen und bewahrte unter widrigen Bedingungen seine Unabhängigkeit. Die Art, wie er getötet wurde, machte die Sache besonders abscheulich. Jetzt ist die Frage, ob die Generäle zusammenbleiben und eine stabile Regierung gründen können oder ob Saigon sich mit der Zeit gegen die öffentliche Meinung wendet. Die Intellektuellen, die Studenten und so weiter werden sich in nicht allzu ferner Zukunft gegen diese Regierung wenden, weil sie ihnen repressiv und undemokratisch erscheint.

Außerdem haben wir heute noch einen weiteren Test auf der Autobahn. Das ist kein Witz und beruht nicht auf irgendeinem Missverständnis. Die Sowjets wollen offensichtlich demonstrieren, dass sie die Bedingungen bestimmen, unter denen wir uns auf der Autobahn bewegen.[13] Wir versuchen zu erreichen, dass wir freien Zugang haben und ihren willkürlichen Regeln deshalb nicht unterworfen sind. Bin außerdem besorgt über die bevorstehende Annullierung sämtlicher amerikanischer Ölverträge. Argentinien. Es läuft darauf hinaus, dass das Hickenlooper Amendment[14] in

---

12 Ngo Dinh Nhu (1910–1963), jüngerer Bruder von Präsident Diem. Er war der wichtigste Verteidiger der repressiven Politik seines Bruders, obwohl er kein offizielles Regierungsamt innehatte.

13 Die besondere Lage Westberlins machte es notwendig, dass die US-amerikanischen Soldaten sich auf den Autobahnen der DDR frei bewegen konnten. Die Sowjets und ihre ostdeutschen Verbündeten stellten die Amerikaner oft auf die Probe, indem sie ihre Bewegungsfreiheit beschränkten.

14 Im Jahr 1962 wurde im Kongress eine Ergänzung des Foreign Assistance Act von 1961 eingebracht, die die Hilfe für kommunistische Länder und für Länder,

Kraft tritt, was bedeuten würde, dass es uns schwererfallen wird, sie zu unterstützen, und unsere Beziehungen werden sich verschlechtern. In Peru könnte eine ähnliche Situation eintreten. Die Anwendung des Hickenlooper Amendment auf Ceylon hat das falsche Zeichen gesetzt und fatalerweise die Anwendung auf andere Länder eingeleitet, insbesondere auf Lateinamerika, wo starke nationale Gefühle eine große Rolle spielen.

Adenauer sagte, wir hätten 1961 die Mauer abreißen sollen und dass wir trotz ihrer leidenschaftlichen Appelle damals sechzig Stunden lang tatenlos geblieben seien. Das ist völlig absurd. Ich habe Bundy angewiesen, ein Dossier über diese Zeit zusammenzustellen, um zu beweisen, dass damals keine deutsche Partei, keine wichtige Zeitung und ganz bestimmt nicht unser Militär oder das von Frankreich oder England irgendeine Aktion von uns erwartet oder gutgeheißen hätte.

---

die das Eigentum amerikanischer Konzerne verstaatlichten, beschränkte. Der vor allem gegen Kuba gerichtete Gesetzentwurf war nach Senator Bourke B. Hickenlooper aus Iowa benannt. Die Regierung Kennedy war gegen das Gesetz, weil es ihren Bemühungen zuwiderlief, neue Wege im Umgang mit der Dritten Welt und insbesondere mit Lateinamerika zu beschreiten.

ACHT

DIE WELT, WIE SIE IST

VORIGE SEITE:
DIE PRÄSIDENTEN KENNEDY UND DE GAULLE
VERLASSEN DEN ÉLYSÉE-PALAST, PARIS, 2. JUNI 1961

»Wir müssen uns der Welt stellen, wie sie ist«, sagte Kennedy im Juni 1963 in einer Rede an der American University in Washington, D.C.[1] Doch angesichts einer Welt im Wandel war das eine ziemliche Herausforderung. Als Kennedy 1960 für die Präsidentschaft kandidierte, war eines seiner vielen Argumente, dass sich die Welt schnell ändere und die Vereinigten Staaten nicht genug täten, um mit dieser Veränderung Schritt zu halten. Acht Jahre lang waren die Amerikaner mit Metaphern von fallenden Dominosteinen und in zwei Farben geteilten Schachbrettern traktiert worden. Kennedy wollte den Blick auf die Welt weiten. Als Senator hatte er versucht, die Aufmerksamkeit auf Vietnam und Algerien zu lenken, und als Präsident galt sein vordringliches Interesse den Sorgen und Nöten von Süd- und Nordafrika, Indien, China, Indonesien, dem Nahen Osten und vielen anderen Teilen der Weltgemeinschaft. Allein im Jahr 1960 entstanden neunzehn neue Staaten, und während sich die früheren Kolonialmächte immer mehr zurückzogen, wollten diese neuen Länder ernst genommen und mit Respekt behandelt werden. Kennedy verstand das instinktiv. Er lud afrikanische Staatschefs dazu ein, gemeinsam mit ihm bei Staatsakten aufzutreten, und verbrachte ungewöhnlich viel Zeit

1 Präsident Obama zitierte diesen Satz in seiner Nobelpreisrede im Dezember 2009.

mit ihren Botschaftern. Arthur M. Schlesinger bezeichnete ihn einmal als den »Außenminister für die Dritte Welt«.

Manchmal trug diese neue Diplomatie erstaunliche Früchte. So zum Beispiel während der Kubakrise, als afrikanische Staaten sowjetischen Flugzeugen untersagten, auf dem Weg nach Kuba bei ihnen aufzutanken. Manchmal blieben die positiven Resultate auch aus. Vietnam war eine ehemalige Kolonie, die sich durchaus nicht in eine Richtung entwickelte, wie es den Vereinigten Staaten recht sein konnte, trotz aller finanziellen und militärischen Hilfe. Dennoch stellten Kennedys Anstrengungen im Bereich der Außenpolitik einen wichtigen Versuch dar, dem Grundwert der Menschenrechte im Sinne der amerikanischen Verfassung neue Relevanz zu verschaffen.

BESPRECHUNG MIT AFRIKA-BERATERN, 31. OKTOBER 1962

Während seiner Zeit als Senator und dann besonders als Präsident zeigte Kennedy in einem Maß Interesse an Afrika, wie es für die damalige Periode und für einen Politiker, der sein Handwerk in der Hochphase des Kalten Krieges gelernt hatte, ungewöhnlich war. Kennedy betonte immer wieder, wie wichtig Afrika für die Welt sei. Er setzte sich für den Studentenaustausch ein und erwähnte laut Arthur Schlesinger im Wahlkampf von 1960 das Wort »Afrika« allein 479 Mal. Eine eindrucksvolle Anzahl von Staatsbesuchen in Kennedys Amtszeit wurde von afrikanischen Repräsentanten bestritten: elf im Jahr 1961, zehn im Jahr 1962 und sieben im Jahr 1963. Die Kubakrise war kaum vorbei, als Kennedy sich mit seinen Afrika-Beratern zusammensetzte, um über den Kongo zu sprechen, der durch das grausame Erbe des belgischen Kolonialismus und durch Gewaltakte in jüngster Zeit (insbesondere die Ermordung des charismatischen Führers Patrice Lumumba am 17. Januar 1961) sehr instabil geworden war.

MENNEN WILLIAMS:[2] Mr President, es gibt noch einen Faktor, den wir im Auge behalten müssen, nämlich dass wir in Bezug auf die Lage in Kuba die afrikanischen Stimmen brauchen …

JFK Ja.

WILLIAMS … und wir brauchen sie auch in Bezug auf Rotchina. Und sie werden nicht viel Vertrauen in uns haben, wenn wir uns im Kongo nicht durchsetzen. Deshalb glaube ich, wir müssen bei

2 G. Mennen Williams (1911–1988), Gouverneur von Michigan (1948–1960) und assistierender Staatssekretär für afrikanische Angelegenheiten (1961–1966).

dieser Sache in Bewegung bleiben. Ich bin der Ansicht, dass der Plan, den George skizziert hat, ausreichen wird. Aber ich glaube einfach, dass wir unsere Entschlossenheit zeigen müssen.

JFK Also, ich finde, dass wir schon verdammt viel getan haben. Ich meine, ich weiß, dass wir keinen Erfolg hatten, aber niemand kann sagen, dass wir weniger Erfolg gehabt hätten als irgendein europäisches Land. Mein Gott, Sie brauchen sich bloß die Liste anzusehen! Die Engländer haben überhaupt nichts für uns getan. Und die Franzosen: nichts für uns *(unverständlich)*. Die Deutschen und Italiener können nicht, also gibt es keine andere westliche Macht, die im Moment irgendetwas tut. Wir haben nicht genug getan, um die Sache zu erledigen, aber …

WILLIAMS Aber jetzt, Sir, nach der Kubakrise, sehen Sie für die doch wie ein Riese aus, und sie sagen, der kann sich auf Kuba durchsetzen, was wird er hier in der Region für uns bewirken? Deshalb glaube ich, wir können …

JFK Also, ich denke, wir sollten allen Einfluss, den wir bei diesen Leuten besitzen, in den nächsten paar Wochen so energisch wie möglich einsetzen.

BEGRÜSSUNG DES PRÄSIDENTEN
DER ELFENBEINKÜSTE
FÉLIX HOUPHOUËT-BOIGNY
AM NATIONAL AIRPORT,
WASHINGTON D. C., 22. MAI 1962

BESPRECHUNG ZUM THEMA VERTEIDIGUNGSHAUSHALT, 21. OKTOBER 1962

In den häufigen Besprechungen mit seinen militärischen Beratern wartete JFK oft mit überraschenden Vorschlägen auf, um die konventionelle Doktrin zu erschüttern, die in Washington so verbreitet war. Dieses Treffen fand kurz nach der Kubakrise statt und drehte sich vor allem um die zukünftige Kubapolitik der US-Regierung, den Verteidigungshaushalt und den theoretischen wie praktischen Sinn von Nuklearwaffen. Verteidigungsminister Robert McNamara präsentierte bei dieser Gelegenheit einen Finanzplan für 1964, der Militärausgaben in Höhe von 54,4 Milliarden Dollar vorsah. McNamara war im Übrigen immer ein wichtiger Verbündeter für Präsident Kennedy, wenn es um Bestrebungen für eine Reform der gewaltigen Bürokratie im Verteidigungsressort ging. In ihrer Besprechung kritisierte JFK die Leichtfertigkeit, mit der das Militär sich auf die kommenden Jahre vorbereitete.[3]

JFK Woran ich denke, ist Kuba, wo wir auf unilateraler Basis agieren und die ganze Verantwortung tragen werden. An Südostasien, wo sich, entweder in Laos oder in Südvietnam, eine Krise ankündigt, das ist Nummer zwei. Und drittens werden wir wohl in Indien ziemlich schnell reagieren müssen und eine Menge Ausrüstung und Flugzeuge hinschicken. Diese Dinge werden meiner Ansicht nach am ehesten passieren. Ziemlich unwahrscheinlich ist

---

3 Anwesend waren: Robert McNamara, Verteidigungsminister; General Maxwell Taylor, militärischer Berater; McGeorge Bundy, Nationaler Sicherheitsberater; George Ball, Unterstaatsekretär im Außenministerium; Jerome Wiesner, wissenschaftlicher Berater.

dagegen ein langwieriger konventioneller Krieg in Europa, weil ich nicht glaube, dass sich unsere Verbündeten darauf vorbereiten.
MAXWELL TAYLOR Wir sind zur Zeit nicht darauf vorbereitet, in Europa einen solchen Krieg zu führen.
JFK Aha, und warum haben wir dann sechs Divisionen und zwei weitere in Reserve und genug Ausrüstung, um einen konventionellen Krieg zu führen, bis man uns den *(unverständlich)* kürzt? Ich glaube, das ist sinnvoll. Ich bin sehr dafür, wenn die Europäer dadurch zum Handeln motiviert werden, aber wenn sie nichts tun, dann werden wir das in der Nato beschließen, und dann sollten wir ihnen meiner Ansicht nach sagen: Folgendes sind wir bereit zu tun, aber das hat nur Sinn, wenn wir jemanden an unserer rechten und an unserer linken Seite haben.
ROBERT MCNAMARA Das ist genau das Thema meiner Erklärung, ich habe jetzt einen Entwurf davon fertig. *(Mehrere Stimmen)* Ich schlage vor, genau das zu sagen: Es hat keinen Sinn, wenn wir genug für die amerikanischen Divisionen kaufen und dann nach dreißig Tagen mit offenen Flanken dastehen. Und genau das ist die Lage, in der wir uns befinden. Aber ich teile absolut die Ansicht, dass es auf der Welt andere Problemlagen gibt, die den größten Teil dieser Ausgaben rechtfertigen, wenn nicht sogar alle.
JFK Also, ich denke an ... Ich gebe Ihnen drei Beispiele: Das erste könnte zum Beispiel ein Bürgerkrieg in Brasilien oder anderswo sein, und wir wollen eine Menge Ausrüstung da runterschicken, wir machen eine Luftbrücke und so weiter, das heißt, wenn wir nicht irgendwie alles auf Europa konzentrieren, bin ich absolut dafür. Ich glaube nur nicht ... wir sollten darüber nachdenken ... außer *(unverständlich)* für den ziemlich unwahrscheinlichen Fall, dass wir in Europa bis zu einem solchen Punkt einen konventionellen Krieg führen müssen, bis zu dem Punkt, wo unser *(unverständlich)* uns versorgen kann.

TELEFONAT MIT SARGENT SHRIVER, 2. APRIL 1963

In diesem kurzen Gespräch äußert Kennedys Schwager Sargent Shriver seine Besorgnis, dass die CIA das von Kennedy initiierte Friedenscorps[4] unterwandern könnte, um an Nachrichtenmaterial aus dem Ausland zu gelangen. (Shriver war der erste Direktor des Friedenscorps.) Kennedy begreift schnell, welche fatalen Folgen dies hätte für seinen wichtigsten Beitrag zu einer kulturellen Diplomatie, und verspricht, dagegen vorzugehen.

JFK Hallo.
SHRIVER Hallo, Jack?
JFK Ja, hallo Sarge.
SHRIVER Hi, wie geht es dir?
JFK Gut. Wirklich gut.
SHRIVER Tut mir leid, dass ich dich stören muss.
JFK Keine Ursache.
SHRIVER Aber ich habe hier den Verdacht, dass ein paar von unseren Freunden bei der Central Intelligence Agency trotz deiner Instruktionen glauben, sie seien schlauer als alle anderen, und Leute im Friedenscorps zu platzieren versuchen.
JFK Aha.
SHRIVER Und John McCone hat mir zwei oder dreimal gesagt, dass sie das nie tun würden, und Dulles natürlich auch.
JFK Ja klar.

---

4 Peace Corps; unabhängige Bundesbehörde der Vereinigten Staaten mit der Aufgabe, das gegenseitige Verständnis von Amerikanern und Nicht-Amerikanern im Ausland zu verbessern.

PRÄSIDENT KENNEDY UND DER DIREKTOR DES FRIEDENS-CORPS, R. SARGENT SHRIVER, IM WESTLICHEN SÄULENGANG DES WEISSEN HAUSES, 28. AUGUST 1961

SHRIVER Sie haben entsprechende Mitteilungen herausgegeben und so weiter.

JFK Genau.

SHRIVER Aber jetzt haben wir eine Gruppe in Ausbildung, die verdächtig wirkt, und ich würde mich gern nach deinen Empfehlungen richten, aber ich will diese Typen verdammt noch mal nicht …

JFK Okay, würdest du bitte Dick Helms anrufen?[5]

5 Richard Helms (1913–2002), damals stellvertretender Direktor für Planung der Central Intelligence Agency; er wurde später ihr Direktor (1966–1973).

SHRIVER Dick Helms?

JFK Ja. Er leitet die Abteilung da, und du sagst ihm einfach, dass du mit mir gesprochen hast und dass ich niemanden da drin haben will.

SHRIVER Okay.

JFK Und wenn sie schon drin sind, sollen sie jetzt abziehen, bevor das Kind in den Brunnen gefallen ist. Und wenn es damit ein Problem gibt, soll Dick Helms den Präsidenten anrufen. Dass …

SHRIVER Okay.

JFK Es ist uns sehr, sehr wichtig, dass da niemand drin ist. Wir wollen doch nicht die ganze Idee in Misskredit bringen.

SHRIVER Okay, gut.

JFK Mein Gott, sie würden ohnehin nicht viel Nachrichtenmaterial bekommen!

SHRIVER Das stimmt.

JFK Da fällt mir noch etwas anders ein. Wenn diese Leute zurückkommen, können wir dann etwas unternehmen, um einige von ihnen im Auswärtigen Dienst unterzubringen?

SHRIVER Ja. Der Auswärtige Dienst hat seine Prüfungspläne und die Art der Prüfungen geändert und Stellen für sie geschaffen. Sie haben dieses Jahr getan, was sie können, um den Leuten vom Friedenscorps den Zugang zum Auswärtigen Dienst zu erleichtern, und …

JFK Ja.

SHRIVER … die USIA[6] hat das Gleiche getan, und auch USAID[7] versucht, etwas zu unternehmen.

JFK Alles klar.

SHRIVER Ich glaube, wir müssen mal einen Probelauf machen und sehen, ob es klappt.

JFK Okay. Ich wollte einfach nur sichergehen. Lass mich wissen, wenn wir irgendetwas tun können, aber diese Leute würde ich gern im diplomatischen Dienst haben.

---

6 United States Information Agency; ehemalige Behörde für Öffentlichkeitsarbeit.

7 United States Agency for International Development; Behörde für Entwicklungshilfe.

SHRIVER Okay, gut.
JFK Okay.
SHRIVER Danke.
JFK Wiederhören, Sarge.

BESPRECHUNG WEGEN INDIEN UND CHINA, 9. MAI 1963

Für die meisten Menschen in der westlichen Welt war ein drohender Atomkrieg nur denkbar als Folge des Konflikts zwischen den Vereinigten Staaten und der Sowjetunion. In diesem Auszug befasst sich JFK mit einer Anzahl weiterer Szenarios, einschließlich völlig unvorhersagbarer Aktionen der Chinesen.

JFK Kommen wir also zur Verteidigung Israels und Saudi-Arabiens. Meiner Ansicht nach sollten wir darüber nachdenken, ob es *(unverständlich)* für uns erstrebenswert ist, Indien eine Garantie zu geben, die wir tatsächlich einlösen würden. Meiner Ansicht nach besteht kein Zweifel daran, dass die USA entschlossen sind, einen chinesischen Sieg über Indien nicht zuzulassen. Wenn wir das täten, könnten wir uns genauso gut aus Südkorea und Südvietnam zurückziehen. Ich denke, wir werden das entscheiden, wenn es an der Zeit ist. Ich habe also nichts dagegen, wenn wir ein paar Verpflichtungen eingehen. Wenn es politisch wichtig ist …
MAXWELL TAYLOR Mr President, ich hoffe, dass wir uns genauer mit unserer Haltung gegenüber Rotchina befassen, von der Mandschurei bis *(unverständlich)*, bevor wir uns zu sehr in die Indienfrage vertiefen. Indien ist nur Teilaspekt des Gesamtproblems, wie wir politisch und militärisch im Lauf des nächsten Jahrzehnts mit Rotchina umgehen sollen.
JFK Allem Anschein nach ist Indien das einzige Land, das über die nötige militärische Stärke verfügt, um etwas zu unternehmen.
TAYLOR Der Gedanke gefällt mir gar nicht, in dieser Sache einen nichtnuklearen Bodenkrieg zu führen, wenn China tatsächlich eingreifen sollte und uns in irgendeinem Teil Asiens entgegentritt.

JFK Das ist richtig. Ich glaube, es ist viel unwahrscheinlicher, dass das passiert, wenn die wissen, dass wir es wirklich ernst meinen. Vielleicht wissen sie das jetzt schon durch unser Verhalten letzten Herbst und durch unsere Aktionen in Südvietnam. Ich dachte, wir sollten, egal welche Beschränkungen wir ihnen auferlegen und egal welche Unterstützung wir dadurch vielleicht erhalten, wir sollten einige Anstrengungen unternehmen, um ihnen eine Garantie zu geben. Meiner Ansicht nach wäre ein Angriff auf Indien nämlich genauso unverzeihlich wie der nordkoreanische Angriff auf Südkorea im Jahr 1950.

MCNAMARA Mr President, General Taylors Äußerung impliziert, dass wir eine ernsthafte Verpflichtung, Indien gegen China zu verteidigen, nur eingehen können, wenn wir uns darüber im Klaren sind, dass wir sie im Fall eines großangelegten chinesischen Angriffs nur erfüllen könnten, wenn wir Atomwaffen einsetzen.

TREFFEN MIT DEM SOWJETISCHEN AUSSENMINISTER ANDREJ GROMYKO, 10. OKTOBER 1963

Nach Kennedys historischer Rede am 10. Juni 1963 an der American University, in der er den Wunsch äußerte, auf eine friedliche Zusammenarbeit mit der Sowjetunion hinzuarbeiten, nahmen die amerikanisch-sowjetischen Beziehungen eine deutliche Wende. Im Herbst 1963 besuchte der sowjetische Außenminister Andrej Gromyko das Weiße Haus. Kennedy äußerte im Gespräch mit Gromyko wiederholt den Wunsch, eine Politik der Entspannung und Abrüstung einzuleiten. Als das Gespräch von Kennedys Kindern unterbrochen wurde, reagierte der für seine emotionale Kälte bekannte sowjetische Bürokrat mit einem herzlichen Lachen. Die hier abgedruckten Auszüge stammen aus einem langen Gespräch, das zeigt, welche Fortschritte die amerikanisch-sowjetischen Beziehungen in dem Jahr nach der Kubakrise gemacht haben.

JFK Ich möchte nicht, dass Sie das entmutigt. In Ihrer Lage ist Ihnen vielleicht gar nicht bewusst, welche Fortschritte wir gemacht haben. Aber wir waren *(unverständlich)* in den Vereinigten Staaten während der letzten drei Monate, und das in mehreren Richtungen, und wir glauben, dass wir in unseren Beziehungen zur Sowjetunion einige Fortschritte gemacht haben. Wir werden vielleicht die deutsche Frage nicht lösen können. Und wir werden wahrscheinlich nicht alle Probleme lösen. Aber angesichts der internen und externen Schwierigkeiten, mit denen unsere beiden Länder konfrontiert sind, habe ich den Eindruck, dass wir unsere Sache ziemlich gut gemacht haben. Also bin ich eher zuversichtlich. Und ich will nicht, dass Sie womöglich enttäuscht sind.
GROMYKO *(unverständlich)* Nun, es gibt Verbesserungen …

PRÄSIDENT KENNEDY UND GENERALSEKRETÄR CHRUSCH-
TSCHOW IN DER SOWJETISCHEN BOTSCHAFT IN WIEN.
VON LINKS NACH RECHTS: BOTSCHAFTER LLEWELLYN E.
THOMPSON, KENNEDY, CHRUSCHTSCHOW SOWIE DER SOWJE-
TISCHE AUSSENMINISTER ANDREJ GROMYKO, 4. JUNI 1961

JFK … Man kann sich in diesen Angelegenheiten nur mit einem bestimmten Tempo bewegen. Wir haben das Atomtestverbot verwirklicht. Wir haben gewisse Fortschritte gemacht, die für die Vereinigten Staaten ziemlich … Ist Ihnen klar, dass der Kongress noch im Sommer 1961 einstimmig Resolutionen gegen den Handel mit den Sowjets verabschiedet hat? Und jetzt kommen wir hoffentlich mit diesem wirklich großen Handelsabkommen voran. Das ist ein ziemlicher Kurswechsel der amerikanischen Politik. Das ist ein Fortschritt. Wir sprechen darüber, dass wir nächste Woche die Frage der Raumfahrt in Angriff nehmen, wir sprechen darüber, das Abkommen über die zivile Luftfahrt unter Dach und Fach zu bringen, wir führen die notwendigen Gespräche. Ich stimme mit Ihnen darin überein, dass wir das Berlinproblem noch nicht gelöst haben, aber angesichts der Tatsache, dass wir eine Menge Probleme haben … Sie haben einige Ihrer Truppen aus Kuba abgezogen, also ist es dort für uns weniger problematisch. Das ist ein gewisser Fortschritt.

GROMYKO Sie haben recht, Mr President, die Atmosphäre hat sich geändert, im weitesten Sinn des Wortes, die ganze Informationslage, und in einem engeren, aber wichtigen Sinn auch die Atmosphäre in Bezug auf unsere Beziehungen, die Beziehungen zwischen den Vereinigten Staaten und der Sowjetunion. Doch das Programm … Ungelöste Probleme sind ungelöste Probleme.

(Unterbrechung)

Um nun unser Verständnis dieser Angelegenheit offiziell zu formulieren *(unverständlich)* …

KINDER Daddy!

JFK Machen Sie einfach die Tür auf. Sagen Sie guten Tag zu meiner Tochter und meinem Sohn. Sagt guten Tag! Kommt kurz herein und sagt guten Tag. Wollt ihr den Minister begrüßen?

GROMYKO Hallo, guten Tag.

JFK Möchten Sie John guten Tag sagen? Wollt ihr dem Botschafter guten Tag sagen?

GROMYKO Sieh an, sieh an. Ihre Kinder sind in unserem Land sehr beliebt. *(Lachen)*

JFK Sein Chef ist der Mann, der euch Puschinka geschickt hat. Ihr wisst schon, den kleinen Hund.[8]

GROMYKO Der hat euch doch nicht etwa *(unverständlich)* Geheimnisse verraten? *(Lachen)*

GROMYKO Also, Mr President, ich hatte den Nichtangriffspakt erwähnt …

8 Staats- und Parteichef Chruschtschow hatte Jacqueline Kennedy auf deren Bitten hin für ihre Kinder einen Welpen von der sowjetischen »Weltraum-Hündin« Strelka zukommen lassen.

TELEFONAT MIT STAATSPRÄSIDENT TITO, 24. OKTOBER 1963

Kennedy ließ bei ausländischen Staatchefs gern seinen persönlichen Charme spielen, insbesondere wenn diese Bereitschaft gezeigt hatten, sich der Sowjetunion zu widersetzen. Bei dem jugoslawischen Staatschef Tito war dies der Fall,[9] und als er im Herbst 1963 einen Besuch in den Vereinigten Staaten machte, rief ihn Kennedy persönlich an, um ihm seine besten Wünsche zu übermitteln.

JFK Hallo?
VERMITTLUNG Ja, bitte.
JFK Hallo?
NICHT IDENTIFIZIERTER SPRECHER 2192.
VERMITTLUNG Bereit.
JFK Mr President?
TITO Ja, ich bin am Apparat.
JFK Oh, wie geht es Ihnen? Hier ist …
TITO Mir geht es sehr gut, Mr President.
JFK Wie fühlen Sie sich? Fühlen Sie sich besser?
TITO Ja. Viel besser.

---

9 Tito war im Zweiten Weltkrieg der Chef einer Partisanenarmee gewesen, die den Nazis heftigen Widerstand leistete. Im Kalten Krieg ging er einen dritten Weg als Führer eines kommunistischen Staates, indem er den Sowjets die Stirn bot und bestimmte Werte des Westens übernahm.

JFK Es tut mir sehr leid wegen der Schwierigkeiten in New York.[10] Und ich bin untröstlich, dass Sie keine Gelegenheit hatten, Kalifornien und einige andere Teile der Vereinigten Staaten zu besuchen.

TITO Oh, vielen Dank. Das war nicht so schlimm.

JFK Also, mich buhen sie in New York auch immer aus manchmal. Ich hoffe, dass Sie eine gute Rückreise haben, und wir haben uns sehr gefreut, dass Sie in die Vereinigten Staaten gekommen sind.

TITO Danke. Vielen Dank.

JFK Und richten Sie Mrs Tito Grüße von mir aus.

TITO Danke.

JFK Und wie gesagt, wir sind glücklich, dass Sie hier sind, und möchten, dass Sie irgendwann wiederkommen.

TITO Ja.

JFK Und Kalifornien und Massachusetts und den Rest der Vereinigten Staaten sehen.

TITO Ja, danke.

JFK Gut.

TITO Ich hoffe auch, dass ich Sie in Jugoslawien treffen werde. *(Lacht)*

JFK *(lacht)* Abgemacht, schön, gut, herzlichen Dank.

TITO Wiederhören.

JFK Auf Wiederhören.

---

10 Als Tito im Oktober 1963 die Vereinigten Staaten besuchte, hatten Kroaten und Serben gegen ihn protestiert, und auch Senator Thomas Dodd aus Connecticut sparte nicht mit Kritik.

BESPRECHUNG MIT ASIEN-EXPERTEN, 19. NOVEMBER 1963

Anfang 2012 machte die John F. Kennedy Library die letzten Tonbänder zugänglich, darunter Besprechungen aus der letzten Woche in Kennedys Leben. Bei diesem Treffen am 19. November sprach er eine Stunde mit Asien-Experten über eine geplante umfangreiche Reise in die Region, wobei sich das Gespräch besonders auf Indonesien und seinen charismatischen, aber unberechenbaren Führer Sukarno konzentrierte. Kennedy war fasziniert von Sukarno und seinem problemgeplagten Land, das über große Rohstoffreserven und ein großes Entwicklungspotenzial verfügte, aber von inneren Konflikten zerrissen war. Kennedy hatte sich schon immer Gedanken darüber gemacht, wie man die Dritte Welt gewinnen und neue Bündnisse schmieden konnte, die den Kalten Krieg verändern und das Schwarzweißdenken der fünfziger Jahre durchbrechen würden. Als ersten Schritt auf dem Weg zu diesem Ziel plante er wechselseitige Staatsbesuche mit Sukarno, und er nahm sich in der hier dokumentierten Sitzung vor, eine sechzehntägige Reise zu machen, die ihn unter anderem nach Malaysia und Thailand, auf die Philippinen, nach Taiwan, Japan und Korea und natürlich auch nach Indonesien führen sollte. Das Prestige eines Präsidentenbesuchs, vor allem angesichts der großen Popularität, die Kennedy genoss, war »der machtvollste Hebel«, den die USA hatten, wie es einer seiner Berater ausdrückte. Kennedy war sich dessen vollauf bewusst und wollte diesen Hebel gern ansetzen, um die politischen Bedingungen in Indonesien zu verbessern. Teilnehmer der Besprechung waren unter anderem Howard Jones, amerikanischer Botschafter in Indonesien, Roger Hilsman, Staatssekretär für fernöstliche Angelegenheiten, und Michael Forrestal vom Nationalen Sicherheitsrat.

JFK Warum machen wir uns nicht an die Arbeit? Ich glaube, wir sind uns ziemlich einig darüber, was wir in den Angelegenheiten, die wir diskutiert haben, unternehmen können. Ich würde gern dorthin fahren. Ich weiß nicht, ob ich überallhin kann, wo Roger mich hinhaben will, ich würde gern … Aber ich weiß nicht, ob es politisch …

JONES An welchen Zeitraum denken Sie, Sir?

JFK Ich glaube nicht, dass ich mehr als sechzehn Tage weg sein kann.

JONES In welchem Monat, Sir?

JFK Nun, ich will zweimal nach Lateinamerika reisen, wenn ich kann, oder wenigstens einmal. *(Unverständlich)* Tatsächlich wird Lateinamerika einen Großteil der politischen Probleme ausmachen. Politisch – innenpolitisch – ist das einzige Land, das wirklich verdammt was hermacht, Japan, weil Japan die Amerikaner beeindruckt. Eisenhowers Schwierigkeiten und so weiter. Nach Japan zu fahren und dort einen erfolgreichen Besuch zu absolvieren wäre also sehr hilfreich. Die Philippinen sind ein ziemlich alter Hut. Aber wenn wir Sukarno besuchen würden, der hier noch kein politischer Aktivposten ist, das wäre gut, wir würden mit offenen Armen empfangen werden, und es würde einen ziemlichen Eindruck machen.

NEUN

GLANZ UND BÜRDE

VORIGE SEITE:
DAS OVAL OFFICE, 14. AUGUST 1961

Eine Präsidentschaft wird oft nach ihren glanzvollsten Momenten beurteilt. Das hoffen zumindest die Regierungsoffiziellen – in jeder Regierug –, und ein ganzer Apparat ist ständig in Betrieb, um für den gelungenen Auftritt in der Öffentlichkeit zu sorgen. Ergreifende Reden, pompöse Paraden und Staatsbankette sind nur einige Nummern aus dem Repertoire der modernen Zeremonienmeister, die uns daran erinnern, dass die Demokratie durchaus noch einige Züge der Monarchie aufweist, die sie ersetzt hat.

John F. Kennedy genoss das Zeremonielle durchaus, das er mit seinem Charisma auf ungewöhnliche Weise zu beleben verstand. Dieses besondere Charisma färbt denn auch bis heute unser Andenken an ihn, und viele der symbolhaft gewordenen Bilder seiner Präsidentschaft zeigen ihn bei Ansprachen unter freiem Himmel vor einer großen bewundernden Menge, sei es vor dem östlichen Portikus des Weißen Hauses oder vor dem Schöneberger Rathaus in Berlin.

Die Tonbänder erinnern uns allerdings einmal mehr daran, dass das Präsidentenamt vor allem aus harter Arbeit besteht, aus endlosen Sitzungen, Gesprächen, Verhandlungen. Von »Glanz und Bürde« hatte Kennedy 1962 in seiner Rede zur Lage der Nation gesprochen, und ein Sammelband seiner Reden sollte später genau diesen Titel tragen *(The Burden and the Glory)*. In den folgenden Auszügen macht ein sehr menschlicher Präsident Kennedy seiner gelegentlichen Frustration über die Bürde Luft, die den Glanz des Amtes zuweilen trübte.

Das privat auf Band gesprochene Memorandum vom 12. November zeigt deutlich, dass Präsident Kennedy sich ernsthafte Sorgen machte für das Wahlkampfjahr 1964. Eine Wiederwahl würde seine Politik der »New Frontier« bestätigen und ihm vier weitere Jahre geben, um die erreichten Ziele der ersten Amtszeit zu konsolidieren. Er hätte sein Wahlversprechen von 1960 einlösen und ein ganzes Jahrzehnt nach seinen Vorgaben formen können, wie er es in seiner Parteitagsrede skizziert hatte: Es sollte ein Zeit des Aufbruchs werden, getragen vom jugendlichen Tatendrang einer neuen Generation, um der Stagnation der Eisenhower-Zeit ein Ende zu bereiten.

Ein Scheitern hätte einen sehr empfindlichen Rückschlag für Kennedys Politik der Reformen bedeutet und die USA auf einen schwierigen Kurs gebracht. Für den Präsidenten persönlich wäre es ebenfalls fatal gewesen, mit nur siebenundvierzig Jahren, ohne politischen Posten, nach nur einer Amtszeit das Weiße Haus zu verlassen, geplagt – wie allgemein bekannt – von schwerwiegenden gesundheitlichen Problemen. Seine Memoiren zu schreiben, mithilfe seiner Tonbänder, wäre ihm vielleicht ein gewisser Trost gewesen. Doch all diese Spekulationen sind müßig nach den Ereignissen von Dallas.

Die »New Frontier«-Politik war mit der Ermordung Kennedys indes nicht am Ende. Im Gegenteil scheint Kennedys Märtyrertod viele seiner Anliegen sogar gefördert zu haben, insbesondere seine Initiative für die Bürgerrechte. Präsident Lyndon B. Johnson würdigte auf beeindruckende Weise Kennedys Andenken, als er um Stimmen für den großen Civil Rights Act von 1964 warb. Aber die erzielten Fortschritte hatten ihren Preis. Sie führten vor allem in den Südstaaten zu einer Entfremdung großer Teile der Demokraten von ihrer Partei, darüber hinaus zu einem Erstarken der republikanischen Rechten und zu einer allgemeinen Verschärfung der politischen Debatte in den USA, an der sich bis heute wenig geändert hat. Die Ausweitung des Engagements in Vietnam, die viel weiter ging, als John F. Kennedy vermutlich zugelassen hätte, geht ebenfalls auf Präsident Johnson zurück, der sich mitunter darauf berief, Kennedy hätte es so gewollt, obwohl die meisten Dokumente dieser Theorie widersprechen. Doch wie die meisten Theorien ist sie offen für Auslegungen.

Einige wenige Passagen auf den Tonbändern geben einen Einblick in die bereits im Herbst 1963 anlaufenden Vorbereitungen für den kommenden Parteitag und den anstehenden Wahlkampf. Kennedys Besuch in Texas, einem der wahlentscheidenden Bundesstaaten, war Teil dieser Vorbereitungen.

In seiner »New Frontier«-Rede von 1960 hatte Kennedy die Amerikaner davor gewarnt, im »bequemen Mittelmaß der Vergangenheit« Trost zu suchen, und er hätte sicher nicht gewollt, dass die Menschen von heute die Probleme des 21. Jahrhunderts mit den abgedroschenen Schlagworten einer vorangegangenen Generation angehen. Aber die vorliegenden Bandaufnahmen können womöglich einem Zweck dienen, der so nie intendiert war: Sie können uns in Erinnerung rufen, dass es die Pflicht aller Bürgerinnen und Bürger ist, sich mit den Angelegenheiten vertraut zu machen, die sie betreffen, und immer wieder das offene Gespräch zu suchen, Diskussionen zu führen, so, wie die Menschen auf diesen Tonbandaufnahmen es tun. Das wäre wohl ein Appell ganz im Sinne John F. Kennedys: nicht seine Zeit zu romantisieren, sondern sich, in seinem Geist, mit unserer eigenen zu befassen.

TELEFONAT WEGEN DER AMERIKANISCHEN EISHOCKEY-NATIONALMANNSCHAFT, 13. MÄRZ 1963

Wenn es um den Konkurrenzkampf im Kalten Krieg ging, war kein Schauplatz zu klein, als dass Kennedy sich nicht für ihn interessiert hätte. Auch auf sportlichem Gebiet sollten die Vereinigten Staaten ihre Rolle als führende Nation behaupten. Kennedys Devise: Jederzeit alles geben. Um so – wenn man schon nicht gewann – wenigstens eine gute Figur zu machen. Leider übertrug sich dieser Kampfgeist nicht auf das amerikanische Eishockeyteam, das im Frühjahr 1963 durch eine ganze Serie katastrophaler Niederlagen taumelte.

JFK Dave?

DAVID HACKETT:[1] Ja.

JFK Hallo!

HACKETT Hallo!

JFK Dave, ich habe heute Morgen in der Zeitung gelesen, dass die Schweden unser Eishockeyteam mit 17:2 geschlagen haben.

HACKETT Ja, habe ich auch gelesen.

JFK Zum Teufel, wer spielt denn in dieser Mannschaft? Mädchen?

HACKETT Die haben noch kein einziges Spiel gewonnen.

JFK Ich weiß. Ich meine, wer hat diese Spieler ausgewählt?

HACKETT Keine Ahnung. Kann ich aber nachsehen.

---

1 David Hackett (1927–2011), ein enger Freund von Robert F. Kennedy, war zu der Zeit Leiter einer Arbeitsgruppe im Weißen Haus zum Thema Jugendkriminalität; er hatte einst selbst in der amerikanischen Eishockey-Olympiamannschaft gespielt.

JFK Gott, wir haben doch ein paar brauchbare Hockeyspieler, oder?

HACKETT Ja, schon. Glaube ich auch. Doch.

JFK Sind die alle in ihren Collegeteams eingebunden, oder was? Ich würde gern wissen, wie das zustande ... wer das finanziert und welche Art Spieler die haben. Also, ich halte das für eine Schande, ein Team zu schicken, das 17:2 untergeht. Schlimmer geht's wohl nicht.

HACKETT Die anderen Spiele haben sie ungefähr genauso hoch verloren.

JFK Wenn wir kein gutes Team schicken können, dann lieber gar keins. Können Sie sich da schlaumachen und mir dann Bescheid geben?

HACKETT Ich informiere mich und melde mich dann.

TELEFONATE WEGEN MÖBEL-ANSCHAFFUNGEN, 25. JULI 1963

Kennedy achtete sehr auf die öffentliche Meinung und war daher entsetzt, als er in der Zeitung eines Tages auf die Fotografie eines Marineadjutanten stieß, der ein teures neues Projekt der Marine präsentierte – ein Krankenzimmer auf einem Stützpunkt auf Cape Cod, das bereitstand, falls die schwangere Jacqueline Kennedy Wehen bekommen sollte. Die Ausgaben wirken nach heutigen Maßstäben bescheiden, aber Kennedy war wütend über die Summe und vor allem, dass die Sache an die Öffentlichkeit geraten war.

JFK ... 5000 Dollar dafür ausgegeben! Wir sollten ihnen das Budget um weitere 100 Millionen kürzen.

ARTHUR SYLVESTER:[2] Genau, Mr President. Meine letzte Anweisung gestern nach meinem Gespräch mit Pierre[3] war, die Fotografen nicht mehr hereinzulassen.

JFK Okay.

SYLVESTER Die sind da eigenmächtig vorgegangen. Das Komische ist – vielleicht freut Sie das –, dass die Armee, wissen Sie, draußen in der Walter Reed Clinic ... da sind Sie vor so etwas sicher. Als die das gestern gesehen haben, waren sie wirklich unglücklich.

JFK Na also. Deswegen sollte man dem verdammten Militär, man sollte denen eine Milliarde kürzen.

---

2 Arthur Sylvester leitete im Verteidigungsministerium die Öffentlichkeitsarbeit.

3 Regierungssprecher Pierre Salinger.

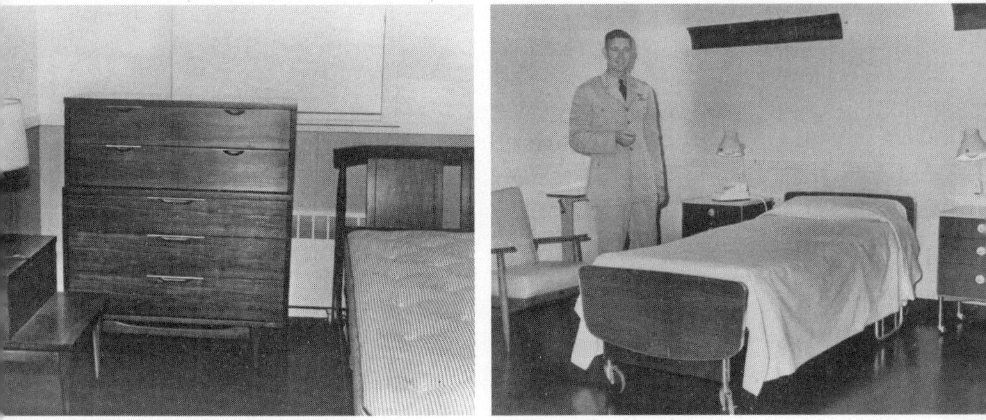

KRANKENZIMMER FÜR JACQUELINE KENNEDY,
OTIS AIR FORCE BASE, JULI 1963

SYLVESTER Sie haben völlig recht.

JFK Angesichts dieser ganzen Verschwendung.

SYLVESTER Völlig unangebracht.

JFK Stellen Sie sich vor, was die anstellen würden, wenn man ihnen nicht ständig auf die Finger sieht. Die würden mir sofort drei Flugzeuge beschaffen statt eins.

SYLVESTER Genau.

JFK Wegen solcher Sachen … so werfen die das Geld raus.

SYLVESTER Absolut.

JFK Und die sind schockiert, dass wir's nicht genauso machen. Das Einzige, was mir dazu einfällt, was man da unternehmen kann … ich würde gern diese Möbel zurückschicken. Haben die die schon bezahlt?

SYLVESTER Ich werde nachfragen, Mr President.

JFK Wir machen das ganz allein. Egal was wir dem Geschäft schulden, ich will die verdammten Möbel einfach zurückschicken. Die sind wahrscheinlich so um die 1500 oder 2000 Dollar wert.

SYLVESTER Als ich sie gestern gefragt habe, wo die 5000 hin seien, für diese Sachen, habe ich noch gesagt, das kann unmöglich

5000 Dollar gekostet haben. Die haben gelogen. Heute Morgen habe ich wieder angerufen und gesagt, ich will die Belege haben, es reicht mir.

JFK Das kriegen wir schon raus. Ja.

SYLVESTER Den Präsidenten im Weißen Haus anlügen ... Wir brauchen erst einmal die korrekten Zahlen.

JFK Wir müssen rausbekommen, wie viel sie dafür wirklich ausgegeben haben. Ich meine, nicht nur wie viel sie ausgegeben haben, sondern auch woher das Geld gekommen ist.

SYLVESTER Wir machen Kassensturz.

JFK Und ob die Rechnungen bezahlt sind ... weil eine Menge davon können wir noch heute ganz einfach zurückgehen lassen.

SYLVESTER Jawohl, ich kümmere mich sofort darum.

JFK Ich würde es gern direkt an Jordan Marsh[4] zurückschicken, und zwar in einem Lkw der Luftwaffe, mit diesem Hauptmann drin.

SYLVESTER *(lacht)*

JFK *(kichert)* Und wie wär's, wenn wir ihn so in einem Monat versetzen? Für den gegenwärtigen Posten ist er ungeeignet.

SYLVESTER Carlton.

JFK Wegen Inkompetenz, nicht wegen der Lügen uns gegenüber.

SYLVESTER Genau. Also, ich ...

JFK Und diesen dämlichen Typen, der sich da neben dem Bett hat fotografieren lassen, den schicken Sie auch nach Alaska. Pierre setzt sich deswegen noch mit Ihnen in Verbindung.

SYLVESTER Alles klar.

(Neuer Anruf)

JFK General?

GENERAL GODFREY MCHUGH:[5] Jawohl, Sir.

JFK Die Luftwaffe hat sich mit diesem Idioten noch tiefer reingeritten. Haben Sie das heute Morgen in der *Post* gelesen?

---

4 Jordan Marsh war ein Kaufhaus in der Bostoner Innenstadt.

5 Godfrey McHugh (1911–1997) war Brigadegeneral und Air-Force-Adjutant des Präsidenten.

MCHUGH Ja, Sir, ich bin …

JFK Das Bild von diesem Typen neben dem Bett?

MCHUGH Ja, Sir.

JFK Und haben Sie diese Möbel gesehen, die sie bei Jordan Marsh gekauft haben? Wieso zum Teufel haben sie die Reporter da reingelassen? Sind die da wahnsinnig? Wissen Sie, wie das aussieht? Die Abgeordneten werden sagen: »Himmel, wenn die genug Geld haben, um 5000 Dollar für so was rauszuwerfen, dann können wir denen auch noch eine Milliarde streichen.« Sie haben gerade eine Milliarde in den Sand gesetzt! Ihr seid ja verrückt! Oder wie? Dieser dämliche Idiot mit seinem Bild neben dem Bett? …

MCHUGH Sir, ich bin entsetzt, aber …

JFK Ja, ich bin auch entsetzt.

MCHUGH Jawohl, Sir.

JFK Worum es mir geht, ist, ich lasse diese Möbel wieder zurückbringen, und das habe ich gerade auch Sylvester gesagt. Mit dem sollten Sie gleich mal sprechen. Ich will wissen, ob wir für diese Möbel schon bezahlt haben, weil die sofort an Jordan Marsh zurückgehen.

MCHUGH In Ordnung, Sir.

JFK Dann möchte ich, dass dieser unfähige Typ, der sich neben Mrs Kennedys Bett hat ablichten lassen, wenn man es so nennen kann … ich meine, das ist ein dämlicher Idiot! Den würde ich nicht mal einen Puff leiten lassen! Und dieser Oberst Carlson *(sic)*, der Larry Newman und diese Reporter reingelassen hat. Ist der auch verrückt? Zum Teufel, die sind alle unfähig! Wird so da oben das Geld zum Fenster rausgeworfen? Sie gehen der Sache besser nach, vor allem wenn man bedenkt, dass Sie mir selbst gesagt haben, die hätten keinen Cent ausgegeben.

MCHUGH Sir, das ist offensichtlich …

JFK Das ist offensichtlich sehr schiefgelaufen.

MCHUGH Das kann man wohl sagen.

JFK Das kann man wohl sagen.

TELEFONAT WEGEN DER DREHARBEITEN ZU *PT-109*, UNDATIERT

Die Geschichte des Schnellboots *PT-109*, die Havarie im Pazifik-Krieg und wie JFK heldenhaft seine Mannschaftskameraden rettet, war ein wesentlicher Faktor seines politischen Aufstiegs in den fünfziger Jahren und des Präsidentschaftswahlkampfs 1960. Als Hollywood eine Verfilmung des Stoffes plante, hatte JFK starkes persönliches Interesse daran und durfte sogar über die Besetzung der Hauptrolle entscheiden, die Cliff Robertson bekam (auch Peter Fonda und Warren Beatty waren in der engeren Wahl). Der Film kam 1963 heraus und war nur mäßig erfolgreich. Das folgende Gespräch zeigt, wie Kennedy sich über die Produktion auf dem Laufenden hält. Er ist besorgt, dass der Film zu lang werden könnte.

JFK Ja.

AL:[6] Aber was mir wirklich entgangen ist, war, dass Peter Lawford[7] bereits mit Steve Trilling gesprochen hatte.

JFK Ja.

AL Als ich also zu Warner[8] kam, sagte er: »Also«, sagt er, »wissen Sie, wieso das kommt?« Und ich sagte: »Gut, ich weiß, dass der

6 »Al« konnte nicht identifiziert werden.

7 Peter Lawford (1923–1984), britischer Schauspieler, verheiratet mit John F. Kennedys Schwester Patricia; 1966 wurde die Ehe geschieden.

8 Jack L. Warner (1892–1978), kanadisch-amerikanischer Filmproduzent; Präsident und treibende Kraft der »Warner Brothers Pictures« (heute »Warner Bros.«) in Hollywood, Los Angeles.

Präsident und seine Familie sich sehr dafür interessieren.« Und er sagte: »Also«, sagt er, »das kommt daher, dass Lawford schon mit Trilling gesprochen hat.«

JFK Wer ist Trilling?

AL Trilling ist Warners rechte Hand.

JFK Verstehe.

AL Also hatte Peter schon mit Trilling gesprochen …

JFK Na ja, ich hatte ihm eigentlich gesagt, dass er das nicht tun soll.

AL … und das hat mir natürlich ein bisschen die Schau gestohlen …

JFK Ja.

AL … als ich mit Ihrer Botschaft ankam.

JFK Ja.

AL Auf jeden Fall behalte ich die Sache im Auge und informiere Sie weiter.

JFK Gut, die wissen natürlich, was sie tun, aber ich denke manchmal, dass zwei Minuten, zwei Stunden zwanzig Minuten für einen solchen Film ein bisschen lang sind. Die betrachten den natürlich als Kunstwerk, an dem man nichts anrühren darf.

AL *(lacht)*

JFK Aber für mich sieht das nach einem ziemlich langen Abend aus, und Pat hat das ganz sicher gespürt.

AL *(lacht)* Gut. Also, wir bearbeiten ihn weiter, und ich glaube, wir kriegen ihn noch dazu, ein paar von den Szenen …

JFK Kann er jemanden hinschicken, dem er vertraut, dass er sich das ansieht?

AL Was?

JFK Kann er jemanden hinschicken, dem er vertraut, der sich das ansieht?

AL Sie meinen, jemanden, der das ganz objektiv beurteilt?

JFK Ja, einfach jemanden, der sich mit Filmen auskennt.

AL Tja, leider hat er ihn inzwischen schon ziemlich vielen Leuten gezeigt, und alle haben ihm auf die Schulter geklopft, nicht wahr, die ganzen alten Ja-Sager von Hollywood.

JFK Verstehe.

AL Andererseits haben ihn sich auch schon ein paar Jungs vom

OBERLEUTNANT ZUR SEE JOHN F. KENNEDY AN BORD DES SCHNELLBOOTS *PT-109*, SALOMON-INSELN, 1943

MANNSCHAFT DES SCHNELLBOOTS *PT-109*, SALOMON-INSELN, 1943

PT-109, SALOMON-INSELN, 1943

Verleih angesehen, und die sind normalerweise ziemlich geradeheraus mit ihren Kommentaren …

JFK Ja.

AL … und die haben gesagt, der Film ist gut, und dem hat er sich sozusagen gebeugt.

JFK Ja.

AL Er glaubt, dass er gute Arbeit geleistet hat.

JFK Ja.

AL Aber wir werden …

JFK Er hat auf jeden Fall einen guten Film gemacht. Die Frage ist nur, ob es nicht ein bisschen viel guter Film ist. Gut, letztlich muss er das selbst beurteilen.

AL Wir bleiben am Ball.

JFK Okay, gut, Al.

AL In Ordnung. Wiederhören.

»DAMIT MACHEN SIE UNS DAS LEBEN SCHWER«, PRIVATES DIKTAT, 12. NOVEMBER 1963

Dieses bisher unveröffentlichte Memorandum gehört in eine Reihe von Aufnahmen, auf denen Kennedy sich gleichsam privat zu wichtigen Ereignissen äußert. Es zeigt ihn besorgt und vielleicht sogar ein wenig entmutigt angesichts einer politischen Lage, die sich im November 1963 unerwartet verdüstert hatte. Die Fortschritte der Bürgerrechtsbewegung hatten in den Südstaaten zu großen Problemen geführt. Bisher verlässliche Demokraten wurden zu Republikanern und sorgten für Unruhe in den eigenen Reihen im Vorfeld des harten Wahlkampfs, der JFK 1964 bevorstand. Wenn er das Datum »Dienstag, 12. November« spricht, klingt dies auffallend erschöpft, ganz im Gegensatz zu den meisten anderen Aufnahmen, auf denen ein weit energischerer Sprecher zu hören ist.

JFK Die politischen Nachrichten sind, so kurz vor 1964, nicht gerade erfreulich. Die Wahl in Texas dreht sich um die Kopfsteuer. Bei ihrem Treffen in Charleston, South Carolina, waren die Republikaner optimistischer als sonst, was die Südstaaten angeht. Die Trägheit des Kongresses, die ihn in Verruf bringt, und daher auch der Regierung, weil sie demokratisch ist. Das Abwürgen der Gesetzesvorlage zur Entwicklungshilfe, das jetzt schon mehr als zwei Wochen dauert, angeführt von den Liberalen, unterstützt von den Südstaatlern und den konservativen Republikanern.

All das trägt dazu bei, dass die politische Lage alles andere als günstig ist. Außerdem sind die Viehzüchter verärgert wegen der gestiegenen Importe und der Preissenkungen, die zwar an ihrer eigenen Überproduktion liegen, die sie aber uns vorwerfen.

Dienstag, 12. November, Probleme in Lateinamerika oder mit der »Allianz für den Fortschritt«.[9] Die Argentinier drohen damit, unsere Ölfirmen zu enteignen. Der Brasilianer Goulart[10] boykottiert die Allianz. Beide spielen deutlich die nationalistische Karte. Und dann das Gerücht, dass die Dominikanische Republik die Beziehungen zu uns abbrechen könnte. Sie sind verärgert, dass die Vereinigten Staaten *(die Bosch-Regierung)* nicht anerkennen und ihnen das Leben schwermachen. All das deutet auf eine Zunahme nationalistischer Strömungen und auf nachlassende Abhängigkeit von den Vereinigten Staaten hin. Außerdem haben sie eine radikale Linke, die zu Hause *(unverständlich)*, und damit machen sie uns das Leben schwer.

---

9 Die Alliance for Progress war eine 1961 angekündigte Initiative der Kennedy-Regierung zur Verbesserung der Beziehungen mit Lateinamerika, die sich auf Handel und Entwicklung konzentrierten.

10 João Goulart (1919–1976), Präsident von Brasilien (1961–1964); er ging mit seiner progressiven Politik oft in Konfrontation zu den USA.

BESPRECHUNG MIT WIRTSCHAFTS-BERATERN, 12. DEZEMBER 1962[11]

Ich würde gern sicherstellen, dass wir ... ich weiß nicht, wenn wir 1963 eine Rezession haben, dann können wir annehmen, dass wir 1964 keine haben, aber wenn die Entwicklung '63, sagen wir, stagniert, dann sieht es für '64 schlecht aus. Ich möchte nicht '64 vor das Volk treten müssen als derjenige, der *(unverständlich)* ... mir stärker schaden würde, wenn die Leute glauben, wir hätten eine Rezession ... *(unverständlich)* Ich möchte gern in der Lage sein, wirtschaftlich etwas vorweisen zu können. Ich glaube, das hat Nixon '60 die Unterstützung in den großen Industriegebieten gekostet ...

Wenn Sie 1964 zur Wiederwahl antreten, worüber machen Sie sich dann am meisten Sorgen? Über die Rezession? Die macht mir am meisten Sorgen. *(Mehrere Stimmen)* Andernfalls bekommen wir nämlich die alleinige Schuld für das Defizit, ohne davon zu profitieren, dass wir die Wirtschaft gefördert haben.

---

11 An der Besprechung nahmen teil: Wilbur Mills, demokratischer Abgeordneter für Arkansas im Repräsentantenhaus und Vorsitzender des Haushaltsausschusses (Committee on Ways and Means); Lawrence O'Brien, Kennedys Verbindungsmann zum Kongress; sowie Chefberater Ted Sorensen.

PRÄSIDENT KENNEDY
AM *RESOLUTE*-SCHREIBTISCH

GESPRÄCH MIT FINANZMINISTER DOUGLAS DILLON, 3. SEPTEMBER 1963

JFK Also, das Problem, um das es mir geht, ist, dass wir alle danach beurteilt werden, dass ich danach beurteilt werde, wenn die es schaffen sollten, 1964 eine Krise herbeizuführen, trotz all der Probleme, die wir hatten, und wir hatten Preisstabilität, und trotzdem kommen sie immer wieder mit den ewig gleichen Sprüchen. Wenn es mir ebenso geht wie der Eisenhower-Administration im Herbst '60, dann kostet mich das die Wahl. Es ist mir sehr unangenehm, so angreifbar zu sein und mich der Gnade von Bankiers auszuliefern, die uns sowieso am liebsten loswerden würden, das ist mir klar.

TREFFEN MIT POLITISCHEN BERATERN ZUM THEMA PARTEITAG 1964[12]

JFK Steve,[13] wegen dieser Filme und wer sie dreht: Ich fand, dieser Film, *Five Days* oder *Cities in June*[14] … hast du den gesehen? Der Typ, der die Musik geschrieben hat, heißt Vershon oder so. Der ist wirklich gut. Warum fragst du nicht mal George Stevens danach … *Five Cities in June*. Also, ich finde, der Typ ist phantastisch. Ich würde gern wissen, was er sonst noch gemacht hat, ob er da nur zufällig ein gutes Händchen gehabt hat … Sollten die in Farbe gedreht werden? Im Fernsehen wären sie sowieso schwarzweiß. Ich weiß nicht, ob NBC sie vielleicht in Farbe senden würde. Eine Million Leute könnten sie dann in Farbe sehen, das wäre durchaus wirkungsvoll. Ich weiß aber nicht, wie viel teurer es dadurch wird. Farbe ist verdammt gut. Wenn man die richtig einsetzt … Wir könnten am ersten Abend einen Film zeigen, vor der Grundsatzrede …

Ich glaube, man kann die Geschichte gut rüberbringen, wenn man einen guten Sprecher hat. Deshalb muss der Film … und man

---

12 An diesem Treffen nahmen Robert Kennedy, Lawrence O'Brien, John Bailey (Vorsitzender des Nationalen Parteikomitees der Demokraten), Kenneth O'Donnell und Ted Sorensen teil.

13 Stephen E. Smith (1927–1990) war verheiratet mit John F. Kennedys Schwester Jean. Smith sollte 1964 die Wahlkampfkampagne des Präsidenten leiten.

14 *The Five Cities of June*, Dokumentarfilm von Bruce Herschensohn von 1963, der die Ereignisse eines Monats an fünf verschiedenen Orten auf der Welt zeigt: die Wahl von Papst Paul VI. in Rom; den Start einer Weltraumrakete in der UdSSR; Kampfhandlungen in Südvietnam; in den USA Gouverneur George Wallace, der vor dem Auditorium der Alabama University Posten bezieht, um den ersten beiden afroamerikanischen Studenten den Zutritt zu verwehren, und in Berlin Präsident Kennedy bei seiner Rede vor dem Schöneberger Rathaus.

könnte mit dem Film anfangen, danach die Grundsatzrede … Ganz klar, ich glaube, dass ein kurzer Film über Franklin Roosevelt nicht falsch wäre.

JOHN BAILEY Also, was man machen könnte, wäre ein Film über die Demokratische Partei, die fünf Präsidenten von … die wir gehabt haben seit Cleveland, Wilson …

JFK Na ja, in diesem Jahrhundert. Ich finde, Wilson, Roosevelt, Truman … Ich finde, dass Wilson gut ist, falls man genügend brauchbares Filmmaterial über ihn auftreiben kann. Roosevelt, Truman, das ist eine gute Idee – vier demokratische Präsidenten – das ist eine gute Idee.

BAILEY Und auf diese Weise können Sie … können Sie am Ende …

JFK Aber was können wir tun, um sie zu überzeugen, für uns zu stimmen, für die Demokraten und für Kennedy? Die Demokratische Partei ist heutzutage nicht mehr so attraktiv wie vor zwanzig Jahren, das ist klar. Die jungen Leute … wie können wir sie als Partei von uns überzeugen? Was müssen wir ihnen bieten? Wir sagen, wir bieten ihnen Wohlstand, aber für den Durchschnittstypen heißt das gar nichts. Er ist nicht arm, aber auch nicht besonders wohlhabend, er wird nie reich werden. Und die richtig Reichen hassen uns abgrundtief.

Also, was bieten wir? Jede Menge Neger, wir sind nämlich diejenigen, die ihm diese Negerfrage aufdrängen. Und was hat er davon? Wir haben Frieden, nicht wahr, wir sagen, es gibt einen wirtschaftlichen Aufschwung … und was noch? Ich fürchte, hier in Washington läuft alles so schematisch ab, dass die Leute sich überhaupt nicht für das interessieren, was sie betrifft. Sie haben keine besondere Beziehung – zu mir nicht, sie hatten eigentlich auch keine zu Truman, erst nachträglich … scheußliche Zeit. Franklin Roosevelt war beliebt, sogar Wilson war beliebt, aber ich glaube, das ist für einen Demokraten angesichts der Macht der Presse generell nicht einfach. Also, ich überlege – was können wir ihnen bieten?

(Ende des Tonbands)

KENNEDY-WAHLKAMPFLIED 1960

Kennedy, Kennedy, Kennedy, Kennedy, Kennedy, Kennedy,
Ken-ne-dy for me!
Kennedy, Kennedy, Kennedy, Kennedy, Kennedy!
Do you want a man for president,
Who's seasoned through and through?
But not so doggone seasoned,
That he won't try something new.
A man who's old enough to know,
And young enough to do.
Well, it's up to you, it's up to you,
It's strictly up to you.
Do you like a man who answers straight,
A man who's always fair?
We'll measure him against the others,
And when you compare,
You cast your vote for Kennedy,
And the change that's overdue,
So, it's up to you, it's up to you,
It's strictly up to you.
And it's Kennedy, Kennedy, Kennedy, Kennedy, Kennedy, Kennedy,
Ken-ne-dy for me
Kennedy, Kennedy, Kennedy, Kennedy, Kennedy, Kennedy!
Kennedy!

CAROLINE KENNEDY MIT IHREM VATER
IM OVAL OFFICE, 10. OKTOBER 1962

DANKSAGUNG

Dieses Buch wäre ohne die engagierte Hilfe der Mitarbeiter von John F. Kennedy Presidential Library and Museum nicht möglich gewesen, die unermüdlich an der Bewahrung der Geschichte arbeiten und das Andenken meines Vaters neuen Generationen von Amerikanern zugänglich machen.

Besonders dankbar bin ich Tom Putnam, dem Direktor der Bibliothek, der dieses Projekt in besonderer Weise betreut hat; der leitenden Archivarin Karen Adler Abramson, die mir mit ihren Mitarbeiten geholfen hat bei der Recherche und Zusammenstellung des Materials; Maura Prieter, die seit 2001 die Veröffentlichung von Aufzeichnungen des Weißen Hauses leitet; Maryrose Grossman, Laurie Austin und Bill Bjelf aus dem Ton- und Bildarchiv; Hannah Weddle und Sara Ludovissy, den Praktikantinnen im Ton- und Bildarchiv, die mir bei den Tonaufnahmen und beim Einscannen von Bildern geholfen haben; sowie Stephen Plotkin und Stacey Chandler von der Indexstelle.

Dank geht auch an Tom McNaught, den Direktor der Kennedy Library Foundation, der sich um alle Aspekte dieses Projekts mit seiner gewohnten Sorgfalt gekümmert hat, sowie an Karen Mullen für ihre Hilfe.

Besonderen Dank schulde ich Cliff Sloan für sein Urteilsvermögen und seine juristische Sachkenntnis sowie Rachel Day Flor und Debra Deshong Reed.

Nicht zuletzt danke ich Lauren Lipani für ihre klugen Kommentare, ihren Humor und ihr Organisationstalent.

Die geheimen Aufnahmen aus dem Weißen Haus sind das dritte Buchprojekt der Kennedy Library in Zusammenarbeit mit dem Verlag Hyperion, und ich bin allen dankbar, denen diese Projekte ihren Erfolg verdanken – ganz besonders Gretchen Young, die eine wunderbare Lektorin und Freundin ist. Auch dieses Mal wurde sie unterstützt von Shubhani Sarkar, der für das Design verantwortlich ist, sowie von Laura Klynstra, deren Umschlag den Geist dieses Projekts so gut einfängt. Dank an die Herstellung, namentlich an Navorn Johnson, David Lott, Allyson Rudolph und Linda Prather. Wieder einmal leistete Jill Sansone wunderbare Arbeit mit den Tondokumenten, und Joan Lee, Maha Khalil, Sally Anne McCartin und Mike Rotondo haben dafür gesorgt, dass dieses wichtige historische Werk die größtmögliche Publikumsresonanz erfährt.

Caroline Kennedy

AUSWAHLBIBLIOGRAPHIE

BRADLEE, BENJAMIN C., *CONVERSATIONS WITH KENNEDY,* New York: Norton, 1975.

BRANCH, TAYLOR, *PARTING THE WATERS – AMERICA IN THE KING YEARS, 1954–1963,* New York: Simon and Schuster, 1988.

CARO, ROBERT A., *THE PASSAGE OF POWER – THE YEARS OF LYNDON JOHNSON,* New York: Alfred A. Knopf, 2012.

DALLEK, ROBERT, *AN UNFINISHED LIFE – JOHN F. KENNEDY, 1917–1963,* Boston: Little, Brown and Co., 2003 [*JOHN F. KENNEDY: EIN UNVOLLENDETES LEBEN*, DVA 2003].

DOBBS, MICHAEL, *ONE MINUTE TO MIDNIGHT – KENNEDY, KHRUSHCHEV AND CASTRO ON THE BRINK OF NUCLEAR WAR*, New York: Alfred A. Knopf, 2008.

FREEDMAN, LAWRENCE, *KENNEDY'S WARS – BERLIN, CUBA, LAOS AND VIETNAM*, New York: Oxford University Press, 2000.

FURSENKO, ALEKSANDR, UND TIMOTHY NAFTALI, *»ONE HELL OF A GAMBLE« – KHRUSHCHEV, CASTRO AND KENNEDY, 1958–1964,* New York: W. W. Norton, 1997.

KENNEDY, CAROLINE, UND MICHAEL BESCHLOSS, *JACQUELINE KENNEDY: HISTORIC CONVERSATIONS ON LIFE WITH JOHN F. KENNEDY*, New York: Hyperion, 2011 [*GESPRÄCHE ÜBER EIN LEBEN MIT JOHN F. KENNEDY*, Hoffmann und Campe 2011].

KENNEDY, ROBERT F., *THIRTEEN DAYS – A MEMOIR OF THE CUBAN MISSILE CRISIS*, New York: W. W. Norton, 1969 [*DREIZEHN TAGE ODER DIE VERHINDERUNG DES DRITTEN WELTKRIEGS*, Rowohlt 1970].

LINCOLN, EVELYN, *MY TWELVE YEARS WITH JOHN F. KENNEDY*, New York: D. McKay, 1965.

MACKENZIE, G. CALVIN, AND ROBERT WEISBROT, *THE LIBERAL HOUR – WASHINGTON AND THE POLITICS OF CHANGE IN THE 1960S*, New York: Penguin, 2008.

MAY, ERNEST R., UND PHILIP D. ZELIKOW (Hg.), *THE KENNEDY TAPES: INSIDE THE WHITE HOUSE DURING THE CUBAN MISSILE CRISIS*, Cambridge: Belknap Press of Harvard University Press, 1997.

NAFTALI, TIMOTHY (Hg.), *THE PRESIDENTIAL RECORDINGS – JOHN F. KENNEDY: THE GREAT CRISES* (3 Bd.), New York: W. W. Norton, 2001.

PRADOS, JOHN (Hg.), *THE WHITE HOUSE TAPES – EAVESDROPPING ON THE PRESIDENT*, New York: New Press, 2003.

PUBLIC PAPERS OF THE PRESIDENTS: JOHN F. KENNEDY (1961–1963), Washington: U. S. Government Printing Office, 1962–1964.

REEVES, RICHARD, *PRESIDENT KENNEDY – PROFILE OF POWER*, New York: Simon and Schuster, 1993.

ROSENBERG, JONATHAN, UND ZACHARY KARABELL (Hgg.), *KENNEDY, JOHNSON, AND THE QUEST FOR JUSTICE: THE CIVIL RIGHTS TAPES*, New York: W. W. Norton, 2003.

SCHLESINGER, ARTHUR M., *A THOUSAND DAYS: JOHN F. KENNEDY IN THE WHITE HOUSE*, Boston: Houghton, Mifflin and Co., 1965 [*DIE TAUSEND TAGE KENNEDYS*, Scherz 1967].

SORENSEN, TED, *COUNSELOR: A LIFE AT THE EDGE OF HISTORY*, New York: HarperCollins, 2008.

SORENSEN, THEODORE C., *KENNEDY*, New York: Harper and Row, 1965 [Kennedy, Piper 1966].

STERN, SHELDON M., *AVERTING »THE FINAL FAILURE« – JOHN F. KENNEDY AND THE SECRET CUBAN MISSILE CRISIS MEETINGS*, Stanford: Stanford University Press, 2003.

BILDNACHWEISE

AP Images: 180
– Bettmann/Corbis/AP Images: 145
– Bill Hudson/AP Photo: 152

Bettmann/Corbis: 359 (*RECHTS*)

Elliot Erwitt/Magnum Photos: 370

John F. Kennedy Presidential Library and Museum, Boston: Titelseite, 41–42, 44–45, 73, 89, 97 (Fotograf unbekannt), 202, 203, 220, 252–255, 292, 303, 310–313, 316, 327, 343, 359 (*LINKS*), 364–365 (*OBEN UND UNTEN*)
– Jacqueline Kennedy/John F. Kennedy Presidential Library and Museum, Boston: 190
– Robert Knudsen, White House/John F. Kennedy Presidential Library and Museum, Boston: 2, 15, 35, 47, 88–89, 135, 244–245, 263, 279, 298, 333, 351
– Abbie Rowe, White House/John F. Kennedy Presidential Library and Museum, Boston: 83, 86, 93, 102, 149, 176–177, 237, 259, 291, 320, 337
– Cecil Stoughton, White House/John F. Kennedy Presidential Library and Museum, Boston: 14, 25, 52, 112, 122, 140, 218–219, 228, 270–271, 287, 300, 375
– U.S. Department of Defense/John F. Kennedy Presidential Library and Museum, Boston: 185, 194–195, 249
Library of Congress, Washington, DC: 229–232

Rolls Press/Popperfoto/Getty Images: 261

Stanley Tretick/*LOOK* magazine: 323